Getting to Zero

How to Work Through
Conflict in
Your High-Stakes
Relationships

衝突歸零

穿越高風險人際衝突
開啟溝通之門

傑森．蓋迪斯 Jayson Gaddis 著
尤志安、郭鋐濬 譯

作者序

首先我想說，這本書是寫給自己的。希望我可以採取並實踐自己所提出的建議，越來越擅長處理生命中的衝突。

給願意學習化解衝突的父母：除非我們每天以身作則，否則別期待孩子會懂得如何化解衝突。感謝你們成為願意面對衝突、處理衝突的爸媽。

給所有的學校老師：社會大眾對你們的期待實在是太高了，這本書也是為你們而寫的，好讓你們和學生可以修補關係，回歸良好的互動。我希望美國每一所高中都有這本書。

給世界上所有追求成長、願意學習化解衝突，好讓人際關係更上一層樓、讓世界更美好的人們。

推薦序

傑森·蓋迪斯在本書中提供了化解親密關係衝突的實用方法，並加以科學佐證，讓我們能夠應對個人與職場生活中不可避免的緊張關係。本書提供了好用的概念與信手拈來的簡單步驟，讓讀者得以感知和解決人際關係中的挑戰，並修補關係的破口。這本書不是要我們一生順遂、永不陷入人際的困境，而是用平靜且澄明的狀態接受衝突的存在。作者把這種狀態稱為「零」，在這種狀態下，我們可以用溫柔和同在感參與內心世界與他人的連結，研究證實溫柔與同在感是互惠互利，以及彼此產生同情、連結與幸福的核心要素。

——醫學博士；Mindsight Institute 執行總監；
《紐約時報》暢銷書《IntraConnected》、《Mind》、
《Mindsight》作者 丹尼爾·J·席格 Daniel J. Siegel

以我們的觀點來看，傑森·蓋迪斯寫了一本最清晰、實用的書來呈現人性的特徵之一：衝突。如果你想知道衝突的本質以及解決的辦法，《衝突歸零》會給你答案。我們把這本書推薦給每一個曾經覺得被拉進黑暗的人，它不僅充分闡釋了淺明的理論，讓你一探你意念和大腦的狀態，還大方地提供了實用的引導，把你從衝突導回連結上。

——《Getting the Love You Want: A Guide for Couples》作者
哈維爾·亨德里克斯博士與海倫·拉凱利·亨特博士
Harville Hendrix & Helen LaKelly Hunt

傑森‧蓋迪斯的新書《衝突歸零》是一本傑出又精彩的入門書籍，讓情侶能夠解決彼此的衝突。本書穿插了傑森自己揭露的個人生活和關係經歷，非常具有啟發性。他還提供了寶貴的概念架構和技巧來管理衝突，對有興趣了解親密關係的讀者來說，他詳盡的見解相當有價值。

——心理學博士、婚姻與家庭諮商師、生物心理學派
伴侶諮商創始人、《We Do》和《Wired for Love》作者
史丹‧塔特金 Stan Tatkin

人際關係複雜到令人眼花撩亂，但也充滿情感，傑森‧蓋迪斯畢生都致力於了解人際關係的本質。如果你希望擁有深層、滿足的關係，他所積累的知識對你來說會是難得的寶藏。這本書是一條救生索，能夠拯救任何想了解人際關係成長的人。

——Mindfulness.com 創辦人、《Stop Missing Your Life》作者
寇瑞‧穆斯卡拉 Cory Muscara

傑森‧蓋迪斯太讚了！他完成了一本既出色又實用的書，不遺餘力地尋求更健康的關係。太多關係之所以分崩離析，因為大家從沒學習要怎麼把衝突轉化為轉機，但這本書拯救了我們，為我們提供了每一段關係都需要的方法和技巧來化解衝突。

——《An Uncommon Bond》及《Grounded Spirituality》作者
傑夫‧布朗 Jeff Brown

身為感情諮商師、教授和關係教育工作者，我很樂意向我的客戶和學生推薦這本書。傑森‧蓋迪斯是一位了不起的老師，他貼心、熱情、愛讀書、實際、睿智，這本書提供的方法能大大幫助我們的身心靈。請好好讀這本書吧！你會非常慶幸讀了這本書……而你所愛的人也同樣會高興！

——西北大學教育和社會政策學院教授、《Loving Bravely》及《Taking Sexy Back》作者　亞歷山卓‧H‧所羅門博士　Alexandra H. Solomon

總算有書本直搗黃龍、教讀者怎麼處理衝突了！傑森‧蓋迪斯巧妙地幫助讀者理解衝突的本質和發生的原因，並提供度過這些衝突的方法與路徑。他傾盡全力將心理學、人類行為和人際互動交織在一起，謝謝你，傑森。許多人都會在衝突中感到迷茫，感謝你為人類衝突貢獻這麼多解決方法，這本書是每個人的必讀之作。

——合格專業心理師、遊戲治療督導、Synergetic Play Therapy Institute 主席、協同遊戲治療開發者　麗莎‧狄翁 Lisa Dion

《衝突歸零》是親密關係的終極指導手冊，適用於任何希望將中斷轉化為連結、將衝突轉化為溝通、將受害心態轉化為贏家心態、將生存轉化為成長、將虛假轉化為真實的人。

——全球暢銷書《The Values Factor》作者　約翰‧迪馬提尼博士 John Demartini

《衝突歸零》是讓你人際關係深化與生活樂趣加倍的關鍵！傑森‧蓋迪斯寫下了由內而外、循序漸進的引導來幫助大家解決衝突。身為人際學校的創始人和關係專家，傑森完美釐清解決衝突的方法，如果你想在關係中受注意、心聲被聽到、被理解，他也讓我們都有辦法使用這個方法了。

　　——心理治療師、人際關係專家、《Boundary Boss》作者
　　泰瑞‧科爾 Terri Cole

作者序 ⋯⋯⋯⋯⋯⋯⋯⋯⋯⋯⋯⋯⋯⋯⋯⋯⋯ 3

推薦序 ⋯⋯⋯⋯⋯⋯⋯⋯⋯⋯⋯⋯⋯⋯⋯⋯⋯ 4

目錄 ⋯⋯⋯⋯⋯⋯⋯⋯⋯⋯⋯⋯⋯⋯⋯⋯⋯⋯ 8

第一部分：衝突前 —— 何謂衝突，何謂零衝突狀態？

第一章　我的衝突人生 ⋯⋯⋯⋯⋯⋯⋯⋯⋯⋯ 13

第二章　衝突是什麼 ⋯⋯⋯⋯⋯⋯⋯⋯⋯⋯⋯ 33

第三章　一般人怎樣面對衝突 ⋯⋯⋯⋯⋯⋯⋯ 53

第四章　如何成為關係中的領導者 ⋯⋯⋯⋯⋯ 69

第五章　關係藍圖 ⋯⋯⋯⋯⋯⋯⋯⋯⋯⋯⋯⋯ 83

第六章　擔心害怕的動物 ⋯⋯⋯⋯⋯⋯⋯⋯⋯ 99

第七章　逃避衝突的代價 ⋯⋯⋯⋯⋯⋯⋯⋯⋯ 119

第二部分：衝突當中 —— 如何將衝突歸零？

第八章　如何化解內在衝突 ⋯⋯⋯⋯⋯⋯⋯⋯ 147

第九章　如何在衝突中與自己的導火線共存 ⋯ 169

第十章　如何在衝突中與他人的導火線共存 ⋯ 193

第十一章　如何在衝突中與衝突後傾聽對方 ⋯ 211

第十二章　在衝突中與衝突後的說話之道 ⋯⋯ 235

第三部分：衝突的注意事項——如何維持在零的位置？

第十三章　五種最常見的爭執類型及應對守則 ················· 263

第十四章　十大關係重建障礙與應對策略 ····················· 289

第十五章　十二條緩解衝突的約定 ··························· 317

第十六章　如何解決價值差異 ····························· 331

第十七章　無法歸零怎麼辦 ······························· 351

結語 ··· 377

謝辭 ··· 381

附錄

更多資源 ··· 390

參考書目與資料 ··· 392

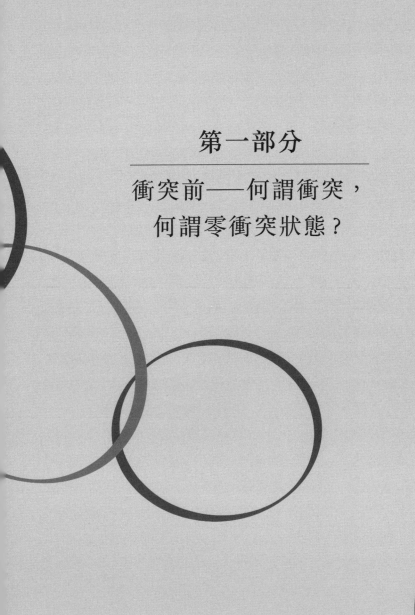

第一部分

衝突前——何謂衝突，
何謂零衝突狀態？

第一章

我的衝突人生

和平化解衝突的能力是我們能夠留給兒女們最珍貴的財產。

——弗雷德‧羅傑斯先生（Mister Rogers）

休息時間結束後，我走進教室，在凱西‧韓德森後面坐下時，不小心踢到了他的椅子，結果他馬上轉頭嗆我，問我是不是放學後要跟他單挑。我整個嚇壞了，腦中一片空白。雖然我看起來很粗獷，但其實我只是個多愁善感又貼心的小六生而已，打死都不想跟他幹架。要麼收下戰帖，然後被扁得鼻青臉腫；要麼順從內心的聲音拒絕，然後被笑是龜孫子或膽小鬼，怎麼選都不對。

結果呢？我整個反常，決定跟他大幹一場。幾乎所有六年級男生都來看好戲，他們圍著我跟凱西，大聲喊著：「打、打、打！」已經無路可逃了。忽然我想起爸爸對我講過幾次的話：「如果要跟人打架，先出拳就對了。」我根本不知道拳頭怎麼使，所以我一巴掌甩在他臉上，其他同學大聲叫好，瞬間我和凱西已在地上扭打著。身為摔跤選手的他幾乎佔了上風，但此時我獸性大發，召喚出腎上腺素，把他摔了出去。

隨後我們重新站穩腳步，我記得他朝我揮來一記重拳，打在我左眼上方，那一刻時間彷彿靜止了一秒。此時有個男同學大喊：「湯尼森校長來了！」校長光速衝向我們，領帶都飛到肩膀上了。所有人瞬間鳥獸散，我一邊哭、一邊用最快速度衝回家，覺得丟臉又害怕。

到家後，我媽聽到我和同學打架，整個人都驚呆了，但她馬上幫我腫脹的眼睛敷藥。我爸下班回家後，我完全不敢看他，可是他邊笑邊問：「你有先出拳嗎？」完全沒有可憐我耶！那天晚上，我覺得困惑和丟臉極了。隔天早上回到學校，我一路上頭垂得低低的。班導詹姆森老師把我跟凱西拉到走廊上，關上教室門說：「聽說你們兩個昨天打架。」我們點點頭。「好，跟對方說對不起。」

「對不起。」我說了，凱西也說了。她讓我們回教室，衝突到此結束，畫下句點。

是嗎？

我在衝突中學到的教訓

雖然我爸教過我打架要第一個出拳，可是爸媽都跟我說過，不管是打架或是吵架，衝突都不好。再怎麼說，他們**從來**都沒打過架。我以為在學校只有像凱西這樣的壞小孩會打架，乖孩子才不會，結果當下我也變成壞孩子了。幾個月後我升上國中，身邊一個朋友都沒有。

那一場架算是處女秀，往後的衝突還多得很。那場架是人生衝突的開幕儀式，會留下陰影的那種。這樣的模式還持續了好幾年，在爭吵、逃避溝通、不歡而散、更多的爭吵、更多的逃避中不斷輪迴。

那次的經驗讓我學到了一個自相矛盾的教訓：要是跟人起

了衝突，只要說句「對不起」就能大事化小、小事化無，一切就會好起來。只是從我跟凱西相處的經驗來看，根本沒有一件事有「變好」。後來發現道歉不過就像OK繃一樣，暫時掩蓋傷口而已：或多或少，暫時解決我跟別人的問題，讓我可以繼續過下去。但就算我一直道歉，我從來不覺得衝突已經化解了，傷口仍在惡化、流膿。

我跟大家一樣，親眼目睹、經歷過無數出了差錯、再也回不去的人際關係。不論是在家中、在學校、在運動的時候，以至後來我的每一份工作，都有這樣的狀況發生，這還不包含多次感情失敗，使我長年深陷憂鬱的泥淖中。小時候，大人一直讓我失望，因為他們好像也不知道要怎麼解決爭執，而這些大人還是應該要照顧和關心彼此的大人。

在中學被排斥、遭受霸凌，孤單的我更深刻體認到人際關係的重要性。我想融入大家、想讓大家喜歡我，這成了我唯一在乎的事情。生而為人，歸屬感是最重要的需求，人際關係比什麼都重要。

哈佛成人發展研究（The Harvard Study of Adult Development）證實，良好的人際關係是幸福人生的基礎。[1]人生的風景，是由我們接觸過的每個人一筆一畫描繪而成，我們身邊最親密的人，就是這幅畫中最重要的景物、色彩和意義。想想你生命中最有意義的經歷，無論是好、是壞，應該都是由他人、朋友、家人、愛人、夥伴甚至是同事形塑出來的。這些人給了我們生命中最大的喜悅，也留下最深刻的痛苦。良好的人際關

係是健康長壽不可或缺的條件，然而我們可能都不知道，未解的衝突往往折磨著我們，導致身體的大小毛病，搞得我們精疲力竭、壓力山大。[2]沒有好的人陪伴我們、愛我們、激勵我們，人生便倍感孤單寂寞。據說寂寞感，比起過胖或是一天抽十五根菸還要致命。[3]

為何衝突很重要？

既然良好的人際關係這麼重要，那為什麼關係出了問題的時候，還要吵個不停、互不相讓呢？最親密的關係中發生衝突是很恐怖的，因為牽扯到太多面向了。要是爭論、衝突持續存在，我們不但會覺得被挑剔、受傷、被批判，還可能會失去婚姻、家庭或工作，這些都是我們的安全感跟生存不可或缺的因素，因此我們習慣極力避免衝突，甚至違背自己內心的聲音，說些口是心非的話，無非就是要留住這些關係。不過諷刺的是，越是這樣，反倒產生越多衝突。內心深層害怕被排擠、被拋棄的感受，主宰了我們的人生，除非我們學習如何坦然接受衝突、化解衝突，不然只能一輩子被恐懼牽著鼻子走了。

我經歷多年心理治療師的學習和訓練，過去二十年裡，也擔任人際關係教練，親自輔導了好幾千人。我持續看到良好、堅強、持久的人際關係，關鍵不在於沒有衝突，而是處理衝突的能力及意願。想要圓滿的人際關係，就一定得學習搞懂衝突，因為衝突是讓關係從壞到好、從好到好棒棒的關鍵。當然

啦，衝突也能讓彼此的關係徹底決裂就是了。

如果你從不跟其他人一同合作、排除困難，你的人際關係就永遠不會發揮最大的潛力，你也永遠無從感受到堅韌友誼或夥伴關係的神奇魔力，可能就一直卡在膚淺或失敗的關係中，沒有安全感、也沒有存在感，更會讓自己失去成就感、失去變強的力量，一輩子都認為千錯萬錯，全是別人的錯。

關係要良好、堅強、長久，關鍵在於化解衝突的能力與意願。

一般人都誤會「良好」的人際關係就是沒有衝突。才怪！接下來你很快就會知道，很棒的關係都是有能力和意願執行「衝突修復循環」（Conflict Repair Cycle）的人歷經時日，慢慢建立起來的。改變你對衝突的看法，這才是讓關係圓滿的不二法門。

我的旅程

當我總算在高中找到一群願意接納我的朋友後，感覺就像是有了家一樣，只是我喜歡的女生仍然都不喜歡我，多年來我就是不斷被拒絕。結束了尷尬的高中生涯、升上大一之後，我總算想出讓女孩子喜歡我的方法了（在此感謝我死黨傳授的獨

門爛招）*，於是我開始在情場上如魚得水，只是依舊與那些
女孩保持一定的距離，避免任何會導致衝突的東西。一旦感情
裡出現些許衝突，我就會把正在交往的對象甩掉，再找下一個
女人，這樣的循環，持續了十年之久。

　　如果我當初有用心，或許就會發現每段親密關係都有機會
讓我與對方更親密，也能更了解自己；或許也會發現我一直在
逃避的外在衝突，是能夠化解我日益嚴重的內在衝突的（之後
會提到更多），但因為受的傷還不夠深、還不夠痛苦，所以我
不斷錯過這些機會，結果，我困在受害者的深淵之中，只想從
自己以外的人事物尋找答案。畢竟，我的人際關係策略滿管用
的——呃，算是管用啦，我有好朋友，跟女孩約會也很順利，
所以一切都沒問題呀，不是嗎？

　　每次只要感情卡關，我就會去喝酒、滑雪、攀山或是工
作，盡我所能在外頭工作，不讓自己思考問題，像是去餐廳當
服務生、在冬天當兒童滑雪教練，到了夏天則帶領被人生問題
困擾的青少年進行各式各樣的野外療程。雖然我熱愛這些工
作，也因為幫助了這些男孩而受到讚揚，但偶爾還是會感到自

---

* 我朋友在情場上無往不利，我也因此感到很沒安全
　感，所以就向他討教了幾招，希望女孩會喜歡上
　我。他說：「很簡單啊，你只要裝作不在乎就好
　了。」我試了，還成功了，只要對她們擺出滿不在
　乎的態度就能吸引到她們，很神奇吧？真該對這現
　象感到憂心……

身的不足，好像自己缺乏能真正幫助他們的能力。有些孩子面臨巨大的內外衝突，例如憂鬱症、自殺傾向、吸毒等，他們都有嚴重的家庭紛爭與問題，我需要更多訓練才能應對。

將我打醒的分手

當時的我，在九年內已經集滿了六次感情失敗，挫折與痛苦來到史上最高點。二十九歲那年，安德莉雅跟我交往也快滿一年了，算是我談最久的一次戀愛。她真的很棒，我的家人、朋友都很喜歡她。她想結婚生子，我剛好相反，所以每次她提到婚姻這件事的時候，我就會想辦法逃避問題、轉移焦點，對我來說，這個話題有點「八點檔連續劇」。這種連續劇般的對話總是讓我覺得自己正和她發生衝突，而衝突是我不能踩的雷區。比方說，每次她要討論她的感覺，我就覺得超級不舒服，於是我會想辦法提供方案來「解決」她的問題，接著找藉口告訴她，我有事或覺得不太舒服要先走，又或者乾脆轉換話題。而每當她想討論我的感覺時，我會把焦點轉回到她本人和她的問題上，藉此逃避我自己的問題。

不知道為什麼，我曾經深信如果我們找到了真命天子或天女、遇到了那個「對的人」，兩個人就能一直活在美好之中，永不吵架。想也知道，這根本不可能呀，但相信這種事情的人多到爆炸。反正呢，我的結論是，八點檔都她在演，都是她讓我覺得不舒服，所以我必須結束這段感情，最好就直接閃人，

就像之前好幾次一樣。

　　但這過程得花上好幾個月，因為分手就意味著衝突，可能免不了對方一哭二鬧三上吊，還會有雜七雜八我根本不想（或不知道該怎樣）面對的事情。就像先前許多和我交往過的女性一樣，我不想傷害她的感情，所以不斷祈禱她會主動提分手，這樣我就不用當壞人了。

　　這想分又不想分的兩難真的很要命，如果我提分手，我就會被迫再次面對孤獨，然後靠著女人（以及藥物和極限運動）來填補空虛感，不斷重複這樣的模式，什麼也不會改變。但如果繼續跟她在一起，就等於欺騙了她，也欺騙了我自己，等於暗示她我還想維持這段感情，而這樣的話，和她在一起的每一天，都讓我感覺是在背叛自己。

　　分手的這一天終究還是來臨了，就在全食超市的停車場裡，在安德莉雅的車上談的。這段感情早該要掛了，因此我們有共識，不要在彼此的家裡見面，而是各自開車前往停車場，一個中立的地點。儘管已經有無數次分手擂台的實戰經驗，但我內心還是抖個不行，不過我決定像個大人好好處理，鼓起勇氣與她面對面分手，這是我欠她的。

　　坐進她車內的副駕後，我不斷在腦中來回排練要說什麼。「我必須要老實跟你說。」我先開口，打破了尷尬的沉默（現在回想起來才發現，我當時覺得很慚愧，還附帶了以前所有失敗感情累積的愧疚感），接著吞吞吐吐地說：「我想要分手。」整個人無地自容，很想找個洞鑽下去。

即使她早就知道我們會分手，還是先問了「為什麼」。

我第一個想法是「還不是因為你」，當時我真心覺得和我交往的女性才是感情走不下去的原因，而不是我的所作所為。結果下一秒，我腦海內蹦出一句老掉牙的話：「不是你的問題，是我的問題。」過去我用這句話來假裝自己有自知之明，好讓我逃避責任，但這一次，我覺得真的是這樣，啊，多麼痛的領悟！「靠，真的是我的錯！」這十年間，我拒絕了許多交往過的好女人，整整十年耶，我根本不曉得怎麼經營親密關係。原來過去失敗感情裡唯一的共通點，就是一切都是我的問題。那一瞬間問題變了，從她身上，轉變到我身上。一切總算撥雲見日了，如果都是我的問題，那麼解決問題的能力，也在我身上，我感到全身充滿力量。

我興奮地看著她、分享我的看法，但她真的沒我那麼爽就是了。她含著淚，不過還是很有風度地建議我去做心理諮商。儘管不知道什麼是心理諮商，我還是答應了她，沒有一點抗拒。分手是最正確的選擇，該好好面對「自己」的問題了。我們擁抱了一下，給予對方最好的祝福。我們分手分得很和平，彼此尊重各自的選擇，算是我有史以來第一次「半成功」解決的衝突。

我回到自己車上，離開時對自己許下承諾：我要學習跟愛情、衝突、人際關係有關的一切，我一定要搞懂這一切。這次我覺得很放鬆，不是因為我逃過另一場痛苦又尷尬的對話，而是因為這輩子談戀愛談這麼久，我第一次為自己負起責任。

　　我沒能幫助生活卡關的男孩解決問題，加上沒有一段感情是成功的，所以我決定重返校園，總算準備好要認真學習了。我到處尋找一個可以逼自己清楚檢視自己問題的課程，得像用顯微鏡觀察培養皿生物般鉅細靡遺。後來我找到了一個心理學碩士班，不但培訓我成為心理治療師，同時要求我以治療對象的身分做三十小時的心理治療，簡直完美！我真的不能再躲了，該是正視自己問題的時候了。

　　我在研究所修了人本心理學、超個人心理學和完形心理學。（完形心理學的基本原則，就是要求治療對象無時無刻都要為個人行為負責，剛好這幾十年來我從來沒為自己的行為負責過。）只要是能讓我解決自己問題根源的書或研究，我全部都讀。過沒多久，我應徵了危機處理專家的職位，在當地的心理健康中心為大家服務，接著從事家庭治療師的工作。我學到了焦點解決治療法、動機訪談法、優勢觀點規劃，也學習如何診斷重大的心理疾病，甚至協同輔導家暴犯。同時我也接受了三年完形治療學程的訓練。再來，因為我下定決心要找到自己人際關係問題的根源，因此我定期接受深度且密集的治療，持續了好幾年。

　　我也開始靜坐冥想，並加入佛教團體。透過佛法中靜坐與正念的教導，我了解到，如果只想要離苦得樂，卻抗拒內心情緒與感受的話，最終只會為自己製造更多痛苦。哇勒，為什麼我沒有早一點知道！還好靜坐冥想幫我面對我的恐懼、感受和焦慮，不久我便成了冥想導師。

　　讀完碩士之後，我就在當地成為野外冒險治療計劃的家庭治療師，算是正式開始做諮商。我發現大家非常害怕處理衝突，這似乎就是問題所在，於是我開始研究創傷的影響，並深入了解如何化解人與人之間的衝突。

　　研二那一年，我開始跟現在的太太交往。交往初期，我便將訓練成果應用在衝突上，幫助我化解它們。雖然我渾身上下每個細胞都想逃走（其實我真的逃了兩次，但兩次我都乖乖回來了），我卻沒有放棄這段感情，我留下來了。你可以想像兩個菜鳥治療師想盡辦法追根究底找出爭吵根源的畫面，有點像──「你把自己的問題投射到別人身上！」、「你才投射，你全家都投射！」就這樣來來回回千百個回合。我透過練習新的療法，花上好幾個小時試著釐清爭執的點，分析她的反應後，再告訴她，她是如何讓爭吵惡化的。後來發現，這個方法實在太折磨情感，也曠日費時，更別說在我們剛開始交往的那三年，衝突還是處理得相當緩慢，也處理得不怎麼樣。但久而久之，我們處理衝突變得越來越有效率，也學到了如何快速化解爭執。

　　接著，因為我不斷在客戶身上看見類似的狀況，我會把在家學到的直接試用在他們身上，他們也漸漸能化解重要（high stake）關係中的衝突了。我持續閱讀、參加許多工作坊，並向最頂尖的老師和導師學習。讓我驚訝的是，原來還沒有人開發出一套能成功化解衝突的系統，於是我就把這套「歸零守則」（Getting to Zero）設計出來了，並持續發掘超棒的工具、

不斷修正，現在我向全世界的人教授這套方法。

　　我真心相信自己這套化解人類衝突的方式，是最管用的方法之一。我把這個方法寫成這本書，讓各位學了之後可以在生活中練習，因為如果我們不開始學習化解衝突的話，狀況只會一而再、再而三地發生，我們最重要的人際關係也無法達至完美狀態。

我寫這本書的原因

　　你們可能跟我一樣，經歷了一段又一段千瘡百孔的愛情，也可能試過責怪對方、一走了之或關上心門，但這些行為都不會改善你重視的關係。已婚人士總想擺脫「難搞」的伴侶，因為他們都還沒學習如何化解衝突，因此選擇直接「休了」對方，只為讓自己好過點，同時斷定一切都是對方的問題，但下一個對象出現之後，真的有比較好嗎？

　　我做過治療師、教練，還創辦了「人際學校」（Relation-ship School），也與不少世界上最勇敢的人相遇、合作過，包含母親、助產士、僧侶、退伍軍人、執行長、專業運動員與攀岩家等。他們幾乎每天都要跟死神打交道，看起來毫無畏懼的一群人，可只要提到跟人衝突，他們就變縮頭烏龜了，無一例外。他們跟我過去一樣，害怕一旦坦誠相對，對方就會離他們而去。這是人類最深層的恐懼之一，也因為這種恐懼，我們就把真正想法吞進肚子裡，只為了得到與他人連結的機會，但你

慢慢就會知道，這種妥協是我們身為群居動物內在衝突的根源。為何我們有話不明說？因為我們都不願意、也沒能力好好化解衝突，就算化解衝突能讓我們提升自我和改善人際關係，我們也沒什麼機會能親身體會。但其實你可以學會克服恐懼，那麼任何與人相處的困難或不愉快便能迎刃而解。

我們來看看傑瑞德這個例子，他是個才華洋溢的極限運動員，幾乎所有人都尊敬他，他在世界各地攻頂的故事簡直令人嘆為觀止。在荒野中與死亡搏鬥時，他是一頭毫不退縮的猛獸，但他的人際關係卻弱到爆，如果跟女友處得不愉快，他只會冷處理，然後二話不說爬山去。最後他意識到如果不想失去女友，就得學著怎麼化解衝突，因此我教了他歸零守則的入門基礎，不久之後女友便晉升為老婆大人了。他們之間的衝突隨著時間減少，也更能有效率地化解爭執。他們的經歷，現在是許多人取經的對象，而他們運用歸零守則的成果，也大大地彰顯在他們生命中。

另外還有黛安的例子，她已經十一年沒跟她妹妹說過話了，但是在她學會本書的方法後，主動聯繫了妹妹，表明她得為多年前的衝突付上責任，於是阻隔兩人的那扇門便悄然打開了。不到兩個月，她們就相約吃飯，一同慶祝失而復得的姐妹情誼。

我每天都見證人們重新敞開心房，但在那之前，他們感到受傷、憤怒、疏離，時間長達好幾小時、好幾天甚至是好幾年。想像一下，如果你把自己當成這些故事的主角，學會書中

提到的技巧，你的生活會有多大的不同？

　　衝突是很棒的成長機會，但在此之前，我們得用全新的角度看待衝突，全心全意相信衝突會讓我們變得更好、更強、更擅長處理人際關係。這就是我要帶領各位一章一章學習、達成的目標。讀完這本書後，我保證你會有辦法處理任何困難的對話，特別是跟你最在乎的人，並且提升自我價值、增加自信，進而改善、深化人際關係。這些改變是持續而永久的，因為歸零守則會從你的根本思維下手。

本書使用指南

溫馨提醒

雖然很多人提到我的方法幫他們解決了幾十年的衝突，但本書的目的不是要解決創傷或擺脫痛苦。本書沒有提及強暴、謀殺、戰爭或其他大規模衝突的處理方式，那些悲劇事件可能都會重創我們的身心，需要更多本書以外的資源才能幫助我們度過。如果你身心曾經受過重創，請尋找專門處理創傷的專業人士持續協助。

這本書也不是教你擺脫恐怖情人，雖然有些方法可能會有所幫助，但歸零守則不適用於天天面對恐懼與暴力的人。如果你被恐怖情人纏上了，務必要找到有用的資源，協助你擺脫他們。

不管你把本書介紹的方法發揮得多麼淋漓盡致，偶爾還是會有怎麼也解決不了的狀況。我懂，有些人無法、也不願意承擔自己的錯誤，那我解決衝突的方法就派不上用場。關於這種人，我之後再詳談，但請記住：不想要別人幫助的人，你是幫不了的；拒絕上談判桌協調的人，你也沒辦法協助他解決衝突。

你會常常看到我在本書中使用「親密關係」這四個字，它指的是你最親的人際關係（家庭、深厚的友誼和夥伴關係），同時也可能是你「高風險」的重要關係。區分「親密」和「日常」關係很重要，因為親密關係比其他類型的關係所牽連的層面更廣，所以與親密對象的衝突也往往更有挑戰。

這本書會帶你了解我用過無數次的方法，如何讓身處痛苦衝突的雙方得以化解衝突，不僅更認識彼此，感情還更加緊密。你很快就會了解，良好的關係得靠努力爭取，而不是天上掉下來的。而且良好的關係都有一個共同點：解決衝突的意願與能力。要是你不學著處理自己的情緒以及控制自我，那麼是誰要學？

在接下來的內容中，我會幫助你把衝突「歸零」。「歸零」這個詞是我用來協助人們在衝突過後，衡量解決幅度以及連結程度的方法。如果我們以0到10來衡量，「0」代表衝突已經落幕，你也能感覺到關係的重建。歸零的流程能恢復你和

對方的連結，讓你們都能接納、理解彼此。歸零代表你可以感受到快樂滿足的狀態。這套廣納百家的方法結合了靈性、人際神經生物學、依附理論、心理學等門派，以及我自身的經驗。

如要善用這本書，建議你準備一本專用的筆記本，方便做筆記、畫圖和製作圖表。另外，可以找個願意盯你的人作為「責任夥伴」（accountability partner），幫你統整資料，這樣你就會得到更多具體的成果。獨立學習不是不好，不過共學會更好，盯你的責任夥伴就是可以和你一起練習技巧、督促你去溝通、劃定界線或把書讀完的人。請找到可以讓你敞開心胸分享學習收穫、陪你一起練習傾聽和說話技巧的夥伴。

本書是本關於個人成長的書籍，所謂「個人成長」，指的是你得投入時間、金錢和精力來學習化解衝突、與你最在乎的人重修舊好。我有必要提醒您：個人成長並不是大家都能享受的，要是你現在入不敷出，飯都吃不飽了，就會更難面對你的內心世界，也很難在生活中運用我接下來要教的方法。因此，你需要具備一定程度的身心安全感，才能用最棒的方式成長發展。我很感謝你現在處於資源足夠的狀態，能夠消化吸收我要教的內容。

如果你這輩子都在逃避衝突，或者從來沒能順利化解過衝突，我可以向你保證，這不是因為你有什麼缺點，不是整個人都「壞掉了」，也不代表你有任何毛病，化解衝突是任何人都可以培養的技能。

接下來的章節會按部就班教大家怎麼化解衝突，包含衝突

前、衝突中和衝突後的做法。第一部分（衝突前）會說明為何衝突這麼難以面對，以及我們得面臨哪些問題。我將深入探討「關係藍圖」（relational blueprint），你會了解到最早期的關係是如何影響日後生活遭遇衝突的處理方式。這部分會涵蓋內在衝突，讓你能夠看到你跟他人、甚至跟自己的卡點所在。第二部分（衝突中）會提供實用的方法，讓你懂得如何在發生衝突時冷靜下來、平息對方的情緒，以及如何好好傾聽、好好說話。第三部分（衝突後）則會列舉最常見的爭吵類型、關係重建的障礙，以及如何做好彼此的約定。如果還是卡關、對方還是不願意妥協讓步，本書整理了一些撇步給你。要是你希望深入探討更多內容、想要下載免費的靜心冥想導引、甚至是聘請教練，可以在本書最後的「資源導覽」內找到。

如果真的很想立刻使用具體的方法，建議你直接跳到最需要的那一章，之後隨時都可以再回頭補完脈絡，但無論以哪種順序閱讀，你都一定要讀〈如何在衝突中與衝突後傾聽對方〉這一章，因為光是這一章的方法就能夠立即改變你處理衝突的方式。

最後，你會看到每一章的結尾都有「行動步驟」。這些步驟會要求你反思、實踐和整合你所學的知識。以下便是行動步驟的範例，建議你在這邊先暫停一下，現在就在筆記本中寫下以下的行動步驟，再繼續閱讀下一章。

感謝你讀到這裡，期望我可以成為引領你的人。

行動步驟

1・用一小段話寫下自己的「衝突故事」，這裡有幾個句型可以協助你照樣照句：

　　A・目前發生衝突的關係是……

　　B・在成長過程中，遇過的衝突有……

　　C・現在跟別人有衝突時，我通常會……

　　D・與我衝突最多的人是……

2・向要好的人或責任夥伴分享你寫的內容，大聲唸出來，請對方不要批評或嘲笑，告訴他們現在只要支持你就好。

3・寫下你責任夥伴或練習夥伴的名字：＿＿＿＿＿＿。

第二章

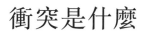

衝突是什麼

> 很多事情都能讓人生幸福，但幾乎沒有比人際關係更
> 能影響、衝擊我們的生活。學會如何不要像喝醉的白
> 痴一樣在關係中跌跌撞撞，以及如何有意識地覺察、
> 控制表達情緒和親密關係的方式，應該是我遇過最能
> 改變人生的技能了。
>
> ——馬克・曼森（Mark Manson）

當你看到或聽到「衝突」這個字，腦海中會浮現什麼？大多數的人認為衝突等於暴力或戰鬥。雖然戰爭、國際糾紛或暴力犯罪很明顯都屬於衝突的範圍，但這些比較極端，不是我想說的「衝突」。

在此，我想說的是與我們個人息息相關的衝突，也就是只討論你最親密的關係。日常生活中的衝突，大多都是不易察覺且微小的，這也是為什麼多數人似乎從來不處理衝突，也能過的好好的。

衝突是你難以啟齒的對話；衝突是早就該分手的感情，好讓彼此能找到屬於自己的未來、遇見更合適的人；衝突是開除不適任的員工；衝突是使你跟兄弟冷戰七年、無法和好的東西；或是你在手機跟臉書封鎖前任的時候感受到東西（很恐怖對不對？）。

衝突也是為了挽救婚姻，必須經歷的一切。

雖然衝突有很多種意思，但我們就先定義為：**兩個人之間（外部衝突）或你內心（內部衝突）的決裂、脫節或是尚未解**

決的誤會和心結。解決這些就是讓衝突「歸零」的過程，也是本書的主軸。

「歸零」的定義如下：透過跟自己內心重新對話以及跟他人重修舊好，從脫節失聯中重新建立關係的過程，這就是「衝突修復循環」，見圖2.1。

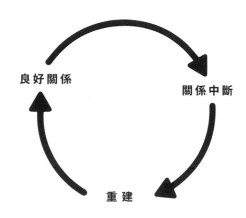

圖2.1　衝突歸零

衝突歸零後，關係就跟著重建、修復，內心的衝突感也一併消失了。本書主要會教你如何重建過往的良好關係，或關係中斷後如何「歸零」。這張圖即是衝突歸零的過程，建議用手機拍下來，也可以直接畫下來貼在冰箱上，直到你將這本書消化完畢，因為衝突修復**循環**，意味著這會在你一生中不斷重複上演，不會一次就功德圓滿。遺憾的是，你不可能永遠活在零衝突狀態中，因為沒有人是完美的，而且生活也會有各種始料

未及的事情發生，所以請不要對自己或你的親密關係有不切實際的期望。但當你學會處理內在和外在的衝突後，你就能更快地將衝突歸零。

我在帶人際關係團體活動時，會問在場每個人這個問題：「這裡有誰曾經和某個人決裂、斷了關係，或彼此之間有些沒有處理的誤會和心結？」沒有一次例外，每個人都會舉手。所以，我也要問你同樣的問題：「你和誰有尚未解開的誤會？」只要誤會還在，就會持續困擾著你，不管誤會是什麼、是誰引起的，都不重要了。想想那個你一直嘴砲、抱怨的對象，或十年前拒絕你的人；想想你不敢老實跟他講真心話的煩人室友或家人。有時衝突就是你沒有說出口的事、你說不出口的真話。

來，現在我們就直接來處理這個人吧！圖2.2是衝突表格，拿出一張紙畫出這個表格，整本書都會重複使用這張圖，之後也會再增加欄位。

首先，在最上面的欄位寫上對方的名字；在第二個欄位用一到五個詞寫下他們做了或是該做但沒做到的事；在第三列，寫下你想到這個人的時候有什麼感覺，這裡有幾個例子：不爽、受傷、難過、惱怒、內疚、厭惡、焦慮、害怕。不要寫「他很爛」之類的話，雖然這可能是你的想法，但釐清你的感覺非常重要，因為這是你們關係決裂的線索。

| 跟我有衝突的人： |
| 他們做了什麼： |
| 想到這個人我有什麼感覺： |
| 衝突程度0-10分： |
| 衝突多久了： |

圖2.2　衝突表格

　　在第四列，你要給你這感覺打個0到10的分數，10最差，0最好。你可以用以下的問題來衡量分數：情況有多複雜？你有多憤怒、多受傷？這個未解的衝突對你的生活影響有多大？把這個數字視作你心裡不舒服的程度、現在的痛苦指數、你反覆思考的次數，以及這人給你帶來多少情緒、你放了多少感情等等。基本上，你打的分數就是你在這段關係中所承受的壓力指數。

　　記住，我們最終的目標是把衝突歸零，你會常常聽到我講這句話。零是起點，代表跟對方的衝突已經結束，而且雙方都覺得衝突化解了；零是甜蜜點，和對方在一起，情緒自在安定、有安全感、關係良好。在衝突表格的最後一欄，寫下跟這

個人的衝突已經持續多久了，一天？兩個月？十年？如果衝突時好時壞，那就抓個平均時間。

跟我有衝突的人：比爾
他們做了什麼：對我撒謊
想到這個人我有什麼感覺：憤怒
衝突程度0-10分：6
衝突多久了：4年

圖2.3 衝突表格範例

現在你的衝突表格應該和圖2.3差不多。

看到人們因為未解的衝突而背負那麼大壓力，還背了那麼久，總讓我感到震驚。許多人已經學會了跟衝突共存，假裝沒事，一裝就是好幾個月、好幾年、甚至好幾十年，這種低層次的壓力對你的健康和幸福都沒有好處。

因此，請誠實回答自己：你想擺脫這個狀況嗎？你想把衝突歸零嗎？假如你今晚會死於某種病毒，你能很誠實地說，自己已經盡全力解決問題了嗎？如果對方明天死於車禍，你真的

能說你一直都是光明磊落，也嘗試過跟他再談談看嗎？我知道解決衝突很難、很不舒服、也很可怕，尤其當你不知道如何解決，而且過去也缺乏順利化解的經驗時。

如果你不太有把握、有點害怕，甚至有防備心，那也沒關係。如果光想到要面對這個人就覺得太可怕，可能就需要另選他人，這樣第一次的衝突修復會順利一些。我鼓勵你挑選你真心想要解決問題的那段關係，因為這過程必須投入時間和精力來完成。說白一點，跟某些人的衝突是注定無藥可救的。這個過程需要優先挑出最在乎的人，所以就挑一個你最關心、最有機會讓你跟他歸零的人吧！不管挑誰，都別忘了這個衝突表格，因為我們還會用到。它現在就像記分板一樣，記錄你當前在這些重要關係中處於哪種狀態。

你是否注意過你在衝突中會變了個人？對大多數人而言，這代表內在成熟的大人消失，變得像個小孩似的。你可能會亂發脾氣或好幾天都不說話，或許你會變得很兇、很刻薄、很可怕，甚至也可能變成行屍走肉、愛搞消失、對世事不聞不問。

我還住在緬因州的時候，曾經對我的一群死黨搞消失。我告訴他們我會在那裡過冬，後來我改變主意了，但我不想令他們失望或引起衝突，所以我沒告訴他們我決定不在那邊過冬。我不打算親口道別，而是在某個清晨趁大家都還在睡覺的時候，收拾好休旅車，就這樣一路開到猶他州，連一張紙條都沒留下。我消失了，他們的電郵我一封都沒回覆。想也知道，後續當然引發了衝突，我也從未妥善處理過。

我不是在為自己搞消失的行為背書，但是對某些人來說，這種平白無故搞消失的行為，可能是他們在壓力之下最常走的退路。

擔心害怕的動物

為什麼我們會有這樣的行為？為什麼我們總會選擇避開衝突？當我們真的陷入衝突時，為什麼我們會像隻受傷的狗一樣狂吠、亂攻擊？

人的生理結構以連結和保護為主，而保護通常比連結重要。事實上為了保護自己，大腦常有負面思考的傾向，總是在注意是否有潛在和真實的威脅。我把這個狀態稱為「擔心害怕的動物」（scared animal），牠的職責是確保你的安全。如果你曾經在動物收容所收養過流浪狗，就會知道這隻狗通常會恐懼著什麼。狗狗可能很高興有新的主人可以好好照顧牠，但也會因為曾經的遭遇而擔心害怕。任何飼主都知道要展現親切且令狗狗安心的行為，才不會讓牠心生警戒。因為我們多數人生命中都曾經受過傷，所以有時候才會表現得跟擔心害怕的流浪狗一樣。

舉個例子，如果你在某一段親密關係中被罵或被批評了，你內心那隻擔心害怕的動物就會有所反應。要是跟某個人的相處、或身處的處境跟過往的不快遭遇有一絲類似，牠就會認為這是危機。不論你怎麼嘗試，也無法關掉這內在的警鈴或擺脫

這份天生的恐懼。這種擔心害怕的警戒心能保護你，但也能讓你與最在乎的人斷絕關係。

如果你很在乎的對象讓你超不爽，黑暗面就會出現，你要麼提高嗓門、要麼沉默不語；或是動也不動、不然就溜之大吉。我們都有一個極端的第二人格，一旦受到挑戰就會現身，這就是為什麼在衝突中學會按下暫停鍵非常重要（很快就會詳談要怎麼做）。

如果你在交友軟體的自介上寫下這些黑暗面，就很瞎了吧？我的自介可能會是：「嘿，我是傑森，要是你惹到我，我會把責任都怪在你身上，然後好幾天都不跟你說話。想跟我交往嗎？」要真這樣寫，我們大概每個人都會單身一輩子吧。

衝突產生的原因

如果衝突是跟自己或是別人決裂、斷了關係，或是有尚未解決的誤會或心結，那到底是什麼原因造成關係決裂？一開始是什麼讓我們切斷關係，並且讓我們那隻擔心害怕的動物嚇破膽呢？很簡單，衝突的引爆點，就是感到**威脅**，只要是你的情緒或身體健康意識、安全感、身分認同、價值觀、道德觀、財產，或是你的愛人受到威脅，就會引爆。沒人喜歡被威脅的感覺，特別是與我們重視或在乎的事物有關的時候。威脅一旦出現，內在那隻擔心害怕的動物就會有所反應。看門狗放出來，不是準備咬人，就是想落跑。

　　但受威脅的感覺究竟是怎麼產生的？簡單來說，大部分關係中的威脅多是因為以下兩種情況：

- 距離太近
- 距離太遠

　　我們討厭也害怕這兩種情況發生，因為我們是需要社交的群居動物，所以對於被攻擊（太近）和被拋棄（太遠）的威脅都很敏感。我們來逐一剖析，好理解它們是如何產生的。

距離太近

　　距離太近可以定義為有人準備跟你起衝突，並做出令你很不舒服的行為，像是向你步步進逼、拉高嗓門、摩拳擦掌、講太多話、講太大聲、眉頭深鎖、頤指氣使、放聲尖叫、大肆咆哮，甚至用肢體動作來威脅等等。如果擔心害怕的動物感覺到某人的動作距離太近，就有可能當作他在攻擊你了。假如對方寸步不讓，絲毫沒有要放棄的意思，而是繼續怒視我們、拉高嗓門，衝突就難以避免了。即便是一個憤怒或齷齪的眼神也會引起我們的警戒，開始環顧四周、評估環境，並準備保護自己。舉個例子來說，伴侶在地下室說話時提高聲音，就足以讓人感到充滿攻擊性，也會引發很多人的恐懼。

　　關於距離過近及顯露侵略性，這裡有個比較輕微的例子：

你剛從壓力山大的工作中回到家，超想躺在沙發上耍廢滑手機，偏偏你的伴侶想與你交流、分享他的一天。儘管你很愛這個人，但現在就會覺得有點不爽，語氣也透露出不耐煩。你想獨處，他想和你交流，如果你沒有講清楚你需要一些獨處的空間，他就會預設你想聽他說話、與他交流。正因為你想要空間，哪怕對方靠過來想要交流的舉動顯得很友善，也會讓你感到威脅，從而導致爭吵或決裂。你會有如此反應，因為你感受到距離過近的威脅。

距離太遠

另一方面，距離太遠也會產生威脅，因為我們會認為對方不關心我們，最慘的情況就是，我們會以為他們要離我們而去了。對方若有以下的行為，對於擔心害怕的動物而言，都可能算是距離太遠的威脅：

- 沉默不語
- 走出房間
- 轉身離開
- 移開視線
- 大力甩門
- 討論中打斷別人
- 不回訊息、電話或電子郵件

- 閃避難溝通的對話
- 再也不和某人說話，形同陌路
- 離開一段關係

在這些經歷中，我們最不喜歡沉默，因為沒人喜歡被蒙在鼓裡的感覺。比方說，你下班回家想與伴侶說說話，但伴侶不在家。照理來說，這時候他應該在家呀，所以你很好奇他到底上哪去了。訊息傳了，卻沒馬上回，要是過了幾個小時仍然沒回，你就開始感到受威脅了。如果你曾經試過遲遲等不到別人回訊息，或他們根本不想跟你說話，你就會覺得對方超沒禮貌，自己也會感到心碎、痛苦焦慮。要是我們覺得受威脅了，可能就會認為對方在跟我們冷戰。有些人非常討厭冷戰，甚至願意違背本性，將問題統統拋諸腦後，無論如何就是要跟深深傷害過自己的人重修舊好。

這其實並不奇怪，許多長期的親密關係最終都會出現這樣的拉扯：一方想要更親近，而另一方想要保持更大的距離，便會經常發生摩擦和感到挫折。不管表面上兩人在吵些什麼，這種相處模式就是爭吵的根本原因，並會因此刺激到擔心害怕的動物。

所以被距離太近或太遠產生的威脅感引爆，是很正常的，但如果一直處於易燃易爆炸的狀態，對身心健康傷害很大。

四種中斷關係的應對

一旦壓力過大，擔心害怕的動物就會開始控制你，而且往往是牠試圖改善問題，結果事情卻更糟糕了。然而，問題不在於擔心害怕的動物，而在於處理問題的方法。要是距離太近或太遠讓你感到受威脅，通常你就會透過四種應對方法讓自己離開中心點，以達到中斷關係的目的，我用「四種中斷關係的應對」（the Four Disconnectors）來稱呼它們（見圖2.4）。

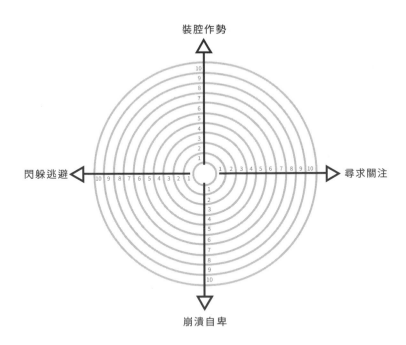

圖2.4　四種中斷關係的應對

　　圖中間的圓圈代表零，表示自己和在乎的人處在最親近的狀態，這裡溫暖舒服，能夠讓你身心合一（這就是我們這本書的目標！）。圖中的外圈是十，是你感到最沮喪、與人關係最疏遠的地方。當你從零的狀態、也就是處在中心點與他人相處時，最美好的關係就會出現，因為你能與內心、愛連結，也能自我關懷。一旦受到刺激，你就會遠離中心，同時關係也會開始中斷。

　　四大中斷關係的應對分別是：

1・裝腔作勢（打腫臉充胖子）
2・崩潰自卑（變得渺小和微不足道）
3・尋求關注（入侵）
4・閃躲逃避（保持距離）

　　只要知道你選擇使用哪種中斷關係的應對，就能更快察覺人際關係的斷裂，也能幫助你更快重建關係。你亦可以讓最親近的人知道自己最常使用哪種應對方式，這樣他們就更能在和你產生衝突的時候準備充足，你們的關係就能像個高度凝聚的團隊。

裝腔作勢

想像自己是隻受到驚嚇的豪豬，在豎起尖刺保護自己的同時，也在攻擊或指責對方。我們裝腔作勢的時候會直接說出為自己辯解的話，像是：「那不是我做的。」、「是你的錯，不是我的錯。」此時我們會為了保護自己免於受到更多傷害而作出反擊。如果再往內探索，可能會發現在反擊之前，你會對前一刻發生的事感到丟臉，這也許是因為你做了、或是沒做到某件事。但是我們沒有放慢腳步去接受或坦承這丟臉的感受（可能是因為太玻璃心），反而裝腔作勢指責他人。我們或許會試圖壯大外表，有事裝沒事來證明自己沒有錯。你可能表現出強勢的樣子，但只是色厲內荏，藉著故作姿態來掩飾你的脆弱、為自己開脫，並逃避你在衝突中該負的責任。

崩潰自卑

崩潰自卑是裝腔作勢的反面，你會像寄居蟹一樣，躲起來保護自己。跟裝腔作勢一樣，丟臉、羞恥可能是崩潰自卑的根本原因。你或許不會在別人面前爆炸，而是內吞內炸、默不作聲，然後覺得更丟臉。「我好白痴。」、「都是我的錯。」此時我們也許會責備自己，認為一切都是自己害的，忘記了關係中斷其實有正反兩面，不純然是壞事。甚至可能在崩潰自卑中感到憂鬱和絕望。這種崩潰自卑的人可以好幾天都對周遭的人

事物不聞不問，有時甚至可以持續好幾年。

尋求關注

有時候在爭執當下，或感到對方正漸行漸遠，就會產生焦慮、恐懼，或是覺得被拒絕、被遺棄，因而使衝突加劇。我們越是覺得侷促不安，就越可能會再次靠近對方，企圖重建關係。我們想讓他們回來自己身邊，但我們尋求重建關係的方式，可能會適得其反，搞得對方更不想靠近自己。這就像一隻金毛獵犬倚偎在你的腿上，一邊磨蹭你一邊搖著尾巴說：「我們沒事吧？我們沒事吧？我們沒事吧？」重新尋求關注沒有錯，只是需要學習怎麼做得純熟一點、不要顯得那麼飢渴，同時收斂自己的情緒，否則對方可能會因為過度的侵略行為而感到受威脅。

閃躲逃避

一旦我們感受到某人「在我的空間裡」，像是對方靠得太近、話說太多，或是對我們予取予求，可能就會產生受困、被吞噬或被侵犯的感覺，這時我們會變得像隻野貓一樣，不想接近對方，而是能閃就閃、保持一定的距離。我們會離開房間、忽略簡訊，或是腦袋放空，沉浸在自己想法與幻想中。端看我們如何刻意維持距離、要求對方保持距離，對方可能會因此變

得更加焦慮，做出更多讓我們想離他們更遠的事情。閃躲逃避只是擔心害怕的動物想自保的一種方式而已。

　　正如你所看到的，這四種中斷關係的應對會把我們與零的距離拉得更遠，也讓我們失去連結的感覺。因此衝突不僅讓你斷了與對方的連結，也斷了自己內心的連結，因為你一旦害怕，壓力一來，就會變得反常。

面對你的恐懼

　　約翰曾向我求助，他說與女友的關係目前處於「持續的痛苦和焦慮」之中。他離過婚，跟前妻有兩個小孩。每當約翰試著修復關係時，女友就會覺得他侵略性太強（距離太近），導致她選擇退避（閃躲逃避），約翰便跟著感到焦慮，因為他覺得彼此的距離太遠了，所以會想盡辦法回到她身邊（尋求關注）。約翰想重建彼此的連結，女友卻想要更多的個人空間。

　　隨著深入了解約翰的情況，我們發現他女友不僅在衝突過後和他冷戰，還會在總算願意開口說話時，酸他太過敏感（裝腔作勢）。坦白來說，約翰之所以繼續維持這段關係，是因為他害怕在人生的這個階段中孑然一身，因此擔心害怕的動物控制了他，讓他相信對女友百依百順就不會被甩了，搞得他心亂如麻。這段感情對他的工作、孩子和健康都產生了不良的影響。最後，約翰意識到，為了突破僵局，他必須說清楚想要修復關係的需求，但這對他來說好像會製造出更多衝突。

　　我向他保證諮商會幫他擺脫這個中斷的循環，把關係修復好，更重要的是，他能如願以償重建跟女友的關係，他才終於鼓起勇氣對女友表明立場，並劃定界限：「我不希望自己在談一段無法補救的感情，我想跟一個就算大吵了，最終也會和好的伴侶在一起。」他意識到，儘管還是害怕失去這段感情，但留在一段沒有發言權或得不到尊重的關係中太痛苦了。想要在關係中得到不同的結果，唯一辦法就是進入衝突，處理問題。

　　如果有人像約翰那樣為自己和他們的關係發聲，另一個人或許就會受到鼓勵、清醒過來，並為兩人的關係努力。但可惜結果未如他所願，他的伴侶依舊固執己見，怪他太敏感了，這讓約翰看清自己真正想要的是忠於自己和得到尊重，他清楚表明在感情中想要什麼：免不了產生衝突的時候，要有方法來重建關係，並扶持彼此。他不斷表達重新建立關係的需求，使得雙方產生了激烈的衝突。經過三個月的諮商後，他和女友分手了。結果雖然令人心痛，但兩年後他找到了超棒的伴侶，隨著感情越來越認真，他們也達成了基本的協議來處理衝突。（我們將在第十五章中講到協議是什麼。）

　　約翰的成功靠的是：學習面對自己內心的衝突，並努力解決外在衝突。他學會如何面對衝突，並改變了對衝突的看法。一旦他學會某些方法後，其他高風險的重要關係也會開始跟著改善。

　　或許你和約翰一樣，一輩子都在道歉、閃躲逃避或是崩潰自卑。如果是這樣，現在該好好來面對你的恐懼了，安撫好擔

心害怕的動物，並嘗試處理困難的對話。或者你比較像約翰的前女友，會閃躲逃避和裝腔作勢。有趣的是，約翰剛好相反：他尋求關注又崩潰自卑。雖然你會發現自己經常使用這四種中斷關係的應對，但情況不會永遠都是這樣對立的，例如在一段親密關係之中，兩個人都可能會選擇閃躲逃避和裝腔作勢（指責）。你也有一些事情要做，沒有人喜歡接受你的指責、批評或攻擊。

從本質上來看，衝突代表了關係中斷。不管衝突有多糟糕，也不管擔心害怕的動物有什麼反應，還是有辦法解決，並將衝突歸零的。在你的生命當中，並非每個人都願意使用「歸零守則」，但對於你和你最親的人來說，為了情感回溫而嘗試這個方法是很值得的。

行動步驟

1・對於與他人衝突，你以前的看法為何？現在的看法又為何？

2・什麼最能威脅到你、引爆你的地雷？距離太近還是太遠？列出三個會讓你發飆的例子（冷戰、講太多話等等），並把它們歸在太遠或太近的類別中。理想來說，做這一步的時候，想想你在衝突表格中寫下的那個人。

3・辨識中斷關係的四種應對中哪一種是你最常使用

的——尋求關注或閃躲逃避、裝腔作勢或崩潰自卑。

4‧你在學習處理衝突的過程中，一定要做到什麼？把它寫下來，像這樣：關於衝突，我承諾我要 ＿＿＿＿＿
＿＿＿＿＿。

5‧寫下這一份聲明，用電子郵件或訊息傳給至少一個你身邊的人，讓他們知道你正在投入這件事。

6‧與你身邊的某個人分享行動步驟的任何或所有內容。

第三章

一般人怎樣面對衝突

如果有人衝過來朝你的心臟射一箭，佇在那對他大吼
大叫是沒用的。注意力應該放在，心臟中箭了。

——佩瑪·丘卓（Pema Chödrön）

　　衝突不一定都會大打出手，但往往是日常壓抑和溝通不良
造成的，尤其當你藉口不想讓人生氣，實際上卻只是在拖延不
愉快的談話，就是在製造更多的衝突而已。當然，短時間內你
確實能逃避痛苦、避免讓對方感到難受。這些道理我都懂，因
為同樣的事情我幹過太多次了，但這麼做，問題的根源不但沒
有消失，還會因此變得更嚴重、更棘手，長久不妥善處理這些
問題，就是在逃避衝突。

　　我們看看這個案例，莫妮卡需要得到婚姻上的協助，想改
善感情沒有連結、缺乏親密肢體接觸的狀況。她觀察了其他情
侶，發現伴侶們會牽著彼此的手、接對方還沒講完的話，還會
定期出去約會，即使結婚多年後也是如此。但在她十二年的感
情中，戀愛的火花已經熄滅。自從生了第一個孩子後，她丈夫
漸漸變得冷淡，只專注在工作上，走頭無路的莫妮卡只能把所
有精力都放在孩子身上。

　　當他們有衝突時，她的老公會裝腔作勢、閃躲逃避，莫妮
卡想處理，但動不動就會崩潰自卑。其實他們都在逃避衝突，
無形中增加了彼此的壓力和距離。隨著他們的孩子逐漸長大，
莫妮卡更加意識到她與丈夫的距離和寥寥無幾的性生活。隨著
心中的怨恨漸漸累積，她想把話講開，然而一談到兩人幾十年

來的感情問題時，便激起了丈夫的防備心，最終沉默收場。

這點證實了莫妮卡最擔心的事情：如果她想溝通，事情就會變得更糟。她想拉近跟老公的距離，但過了這麼多年，她仍然害怕說出來。當我追問莫妮卡為什麼不敢講，她跟我說如果開口，她擔心丈夫可能又會像以前一樣對她不理不睬，連續好幾天都不跟她說話，哪怕性暗示的舉止也會被沉默和消極的肢體語言所拒絕。

「是喔，我確認一下我理解是否正確，」我說，「你想和丈夫更親密，但不想直接說你想做，因為他可能會躲得更遠，對嗎？」

「沒錯，」她說，「就是這樣。」

「那麼，你現在想怎麼做？」

「什麼都不說。」

「是喔……」我說，「那什麼都不說，會讓你們變得更親密嗎？」

「嗯……我想不會吧，但至少還能維持婚姻關係。」她尷尬地笑著說。

這就是一段關係中典型的衝突：雙方對於親密與距離的需求不同，他們的例子也是逃避衝突的極致展現。莫妮卡的情況算滿常見的，大多數人會合理化自己的沉默，找藉口迴避不愉快的對話。但是在這種情況下，你得問自己——這問題也是我問莫妮卡的：「如果跟先生坦誠你的想法，最糟糕的結果會是

什麼？」*

莫妮卡說：「嗯……他會像上次一樣不理我。」

「好吧，如果他不理你，這樣很嚴重嗎？」我問道，「我們來模擬一下劇情：現在他不理你了，然後會發生什麼？」

「嗯……我們絕對不會做愛，現在他對我很不爽。」

「好，他不理你又對你不爽，然後呢？會怎樣嗎？有什麼不好嗎？」

「嗯……我覺得我們就像室友一樣擦肩而過，沒有實質的情感交流。」

「現在不就是這樣嗎？所以你害怕更多相同的情境持續上演嗎？」

「嗯，對呀。」

「如果這樣的情況又持續很多年，那會怎樣嗎？有什麼不好嗎？」

莫妮卡的臉色逐漸蒼白：「我沒辦法這樣生活，我想我們的關係會結束，要麼他走，要麼我走！」

「那你可能要面對什麼？」

「自己孤單一個人吧……」

「叮咚叮咚，答對了。那你害怕自己一個人嗎？這就是讓你害怕跟丈夫溝通的原因嗎？」

「對欸，怎麼會這樣？」她點了點頭，「我從來沒有這樣想過。」

「好，現在我們有些進展了，其實你已經預設了兩種最糟

糕的選擇：要麼說出來，然後孤單一個人；要麼什麼都不說，繼續維持這段很鳥的關係。是這樣沒錯吧？」

我看到莫妮卡哽咽了一下。她嘆了口氣：「是的。」

「那好，你看到為什麼你卡住無法選擇了嗎？這兩個選項都超爛的呀。」

莫妮卡終於懂了，我們開始討論了她以前沒想過的其他可能。主要是如果她把問題提出來，最壞的情況也**不一定**會發生，先生反而可能真的會選擇重建感情和肉體上的連結。一旦莫妮卡知道沉默只會讓她無能為力，她就有動力去嘗試不同的方法了。想突破婚姻的窘境，她就要面對恐懼，往不舒服、可能會引發衝突方向前進。除非真的把問題提出來，否則關係不會改善。

她總是對先生預設很多立場，甚至沒有給他機會說出他的看法。如果我們逐漸了解她的丈夫，就會知道他長期在親密關係中扮演逃避衝突的角色。我們可能會發現他擔心害怕的動物是隻喜歡躲起來的野貓，而且還是內心受了傷的小貓。沒錯，選擇說清楚講明白，她先生可能會不理她，也可能會演變成激烈的爭吵，然後躲得更遠，但至少莫妮卡能知道真正會有什麼後果，而不是獨自在內心上演各種小劇場。而且，就算他們真的吵起來了，丈夫丟下她不管，那麼把感受吞進肚子裡、什麼都不說出口，真的有比較好嗎？

---

* 這是我多年前從導師布魯斯・提夫特（Bruce Tift）那裡學來的。

受害者情結

　　我們都滿會怪責別人的，莫妮卡把缺乏性愛關係的過錯歸咎在先生的疏離。儘管我們能理解她怪罪先生的原因，但怪別人有個問題：會把我們變成可憐的受害者（這觀點或許有點難以接受）。我們往往認為是別人**害**我們的，都是他們的錯。我們也會怪自己把事情搞砸，都是自己的錯誤選擇，害自己成為受害者。

　　我們在親密關係中受傷的時候，難免都會把自己當成受害者，有時候只是一陣子，有時候卻持續好幾年。現在想想在衝突表格中那些跟你有衝突的人，思考一下你在這段關係中是不是受害者，被我說中了吧。你不信嗎？再想想當你被另一個人傷害的時候，我敢說你會認為這不是自己的問題，通常是他們的錯，偶爾才是自己的錯。如果事實是這樣，你已經陷入受害者情結裡了。

　　如果我們是受害者，無論出於什麼原因，我們會一直怪別人，很多人就會因此卡住了。假設我在這個 V 字形的底部（見圖 3.1），身處低谷中的我視線受阻，選擇就會因此受限，見樹卻不見林。我把受害者所處的位置稱為「受害者情結低谷」（valley of victimhood）。

　　身處受害者情結低谷的底部，我們都拼命想從更高的角度「看到」更多。事實上，我們早就失去判斷的視角跟選擇的空間。如果把問題怪在別人身上，我就不必負任何責任了，你來

想辦法就好；如果我怪的是自己，就不干你的事了，都是我的事，反正都是我害的。那麼我們要如何知道自己在怪別人還是怪自己呢？

圖3.1　受害者情結低谷

我們回來看看莫妮卡，她一直希望先生會改變，但因為衝突一直沒能解決而來到人際學校求助。每當她想要切入話題，處理彼此之間的衝突（尋求關注），丈夫就會退縮好幾天（閃躲逃避）。其實，不願吵架的行為，本質上就是種衝突，特別是尋求關注的一方接收到的是對方閃躲逃避的冷處理。在親密關係中，感情問題不處理，壓力會令人喘不過氣。這種行為模式，讓莫妮卡感到焦慮，然後試圖重建關係（尋求更多關注），先生則開始為自己開脫（裝腔作勢），給妻子貼標籤，認為她

太敏感、太情緒化，淡化爭執的嚴重性，認為「有那麼嚴重嗎？」（閃躲逃避），以不理對方作為收場。莫妮卡為此曾經接受過談話治療，但她覺得毫無幫助，因為她只是想抱怨丈夫給治療師聽，情況不會因此而改善。

莫妮卡最後卡關了，該試的都試了，卻依然束手無策，她便認定是自己太脆弱、太黏、太會討愛、不適合談戀愛，還認為天底下的男人都是這樣，一邊納悶是否感情走到最後都會如此。她卡在受害者情結低谷，怪自己也怪她先生，整個鬼打牆，實在是走投無路了。

莫妮卡過去投入大量精力試圖改變先生，她會要求先生閱讀人際關係的書籍、收聽有關人際關係的播客。她覺得，如果先生改變了，感情就會跟著改善，也會讓自己擺脫受害者思維。當我們處於受害者情結低谷時，會傾向於採取「由外而內」策略，即我們希望別人先改變（外），才能讓我們感到好一些（內）。但在諮商過程中，我幫助她覺察反方向的「由內而外」策略，這種方式更有效果與力量。首先呢，她要先改變自己（內），外部（先生）才有機會跟著改變。我提醒莫妮卡，因為她先生會閃避衝突，唯一能幫助她走出受害者情結低谷的人正是她自己。我在輔導她的第一節課中，強烈要求她採取新的相處模式：別再對老公咄咄逼人，請先學會要求自己。

採取由內而外策略後，她會先看看自身能有什麼改變（內），先生也許就會因此跟著改變（外）。

怪罪大三角

莫妮卡漸漸明白過去的法子是沒用的，但我們還得改變她的另一個壞習慣——跟朋友抱怨。老公逃避問題時，她覺得孤單覺得冷，一肚子苦水無處傾訴，有時候就會傳訊息給她最好的朋友伊瑪妮：「他又來了！都不理我，把我當空氣，媽的王八蛋，他根本就不愛我呀（怪別人），我該怎麼辦啦？」

她沒有從專業治療師或教練那裡獲得適切的幫助，也沒有去面對自身更深層的問題，而是選擇向朋友抱怨，在這種情況下對她沒有任何幫助。伊瑪妮回答說：「我懂，我先生也很呆，整個不解風情，哈哈哈，男人嘛都這樣。我只要拿一罐啤酒給他，他就開心不氣了，這招每次都有用。」

這樣的抱怨有什麼結果嗎？她還是一樣卡關呀，而她朋友的安慰對解決衝突一點幫助也沒有。想跟朋友抱怨很正常，我懂，這是情緒的出口，但往往無法幫你解決問題，因為大多數人和你一樣，面對衝突時根本不知道如何正確解決。我們問朋友或家人怎麼解決衝突，不過是外行人指導外行人，根本解決不了問題。

家庭系統理論（family system theory）是一套人類行為理論，將家庭視為一個情感單位，並使用系統思維（systems thinking）來描述家庭中複雜的互動，在這個單位中，任何的兩人關係都是一個不穩定的系統，只能處理有限的壓力或衝突，這就是為什麼我們需要尋求第三人來緩解衝突。第三人可

以穩定關係，因為關係中的緊蹦感可以在三人系統內的三點之間移動。這種緊蹦感能以一種平衡或是失衡的方式（等等就會解釋）移動，這就是發生在莫妮卡身上的情況，我們通常稱為「三角關係」（triangulation）。*「三角」在人際關係中是很自然和常見的相處模式，然而，這並不代表三角關係能幫助我們解決衝突。莫雷‧包文（Murray Bowen）的理論指出，在一個失衡的三角關係中，「分散緊張焦慮雖然可以穩定系統，但不能解決任何問題」。[1]莫妮卡正是典型的例子。如圖3.2所示，她卡在受害者三角中，只好向她朋友這位「救星」氣嘆嘆地發洩（怪罪）丈夫這個「壞人」。

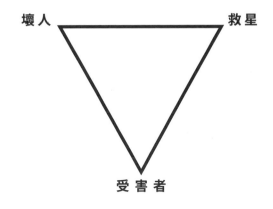

圖3.2　怪罪大三角

任何失調的三角關係都涉及三個角色：受害者、壞人和救星。回想一下第二章中你在衝突表格上寫的人名，你能從與對

方的相處模式中找出三角關係嗎？如果你是受害者，另一位是壞人，那麼誰是第三人——也就是你的救星？仔細觀察生活周遭，你今天可能與某人處於失衡的三角關係中，也許你面對強勢的惡婆婆，就會選擇私底下跟先生抱怨；又或者像莫妮卡一樣向朋友抱怨另一半、徵求意見，而跟你同一國的朋友只會覺得你的伴侶很白痴而已。

失衡的三角關係會創造一種穩定感，造成人們多年來一直在衝突中一籌莫展。我身為受害者，如果一味怪責對方（壞人），並把注意力放在他們是如何冤枉自己的，就是採用了由外而內策略（前面有提到）來尋找解藥，可惜的是這一點用也沒有。受害者會認為，**要是壞人 ＿＿＿＿＿＿ 的話**（在空白處填上任何解決方案），**我受的傷害就會小一點**。換句話說，我們放棄了讓自身對他人行為產生影響力的掌控權，把它拱手讓給壞人。三角關係中的救星繼續向受害者灌輸老套的安慰——壞人是錯的，而受害者是對的。舉例來說，伊瑪妮其實是可以幫助莫妮卡的，但她們卡在三角關係中，沒有人獲得更多力量，因為他們都把力氣花在責怪莫妮卡的先生上。假設沒有人想打破三角關係，它就會穩定地維持下去，變成擺脫不了的問題。

那麼，該如何走出受害者情結低谷，把失衡的三角關係變

---

* 莫雷・包文是公認第一個在家庭相關的著作中使用「三角關係」的人。

成正常呢？你必須開始面對生活中不舒服的衝突，如此一來，你的位置就會開始從受害者身分，轉變為有能力編寫人生故事的作者。

作者身分

　　小時候你可能狠狠受過傷害，成為創傷的受害者，當時的你沒有選擇，也無能為力。但現在你已經成年，擁有權力和選擇了，至少你可以開始以不同方式修補創傷，進而改變你看事情的角度。當你負起責任，了解過去的痛苦，你能成為「作者」，為過去的創傷寫下新故事。

　　成為作者的過程並不是要你否認經歷過的痛苦和掙扎，也不會讓曾經受害的你變成「錯的」。相反，這會讓你從衝突與克服痛苦的過程中獲得力量。當你試著克服衝突時，請從用受害者看待自己的角度，變成握有解決衝突能力的作者。

　　成為作者的訣竅是持續**轉換角度**，從受害者到作者的心態轉變必須成為一種習慣，不是做一次就好。正如你在圖3.3中看到的，從受害者「V」（Victim）翻轉成作者「A」（Author），視野好太多了，就像站在高崗上一樣，你現在可以見樹又見林了，視野更大、更寬廣，也擁有更多的選擇和方向。一步一腳印，爬出受害者情結低谷，人會變得更有自信，但只有你自己可以完成這個過程。你甚至可以反思過去的處境，並從中找到意義。*

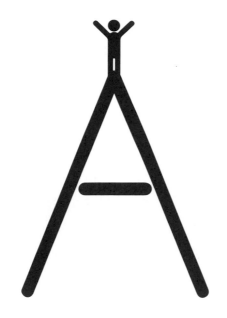

圖3.3 站在高崗上的作者

　　莫妮卡理解這個概念後，馬上就開始改變了，現在她該爬出受害者情結低谷了。莫妮卡要的是跟先生有深厚的感情，後來她才終於明白原來逃避了好幾年的衝突，才是前進的出路。先透過跟我練習角色扮演，接著在家裡跟先生攤牌，她沒有責怪，心平氣和地說出了自己的心底話，也開始變得更加堅強。

> * 從我們的經歷，尤其是痛苦的經歷中找出意義，是建立自信並繼續前進的要素，這也是創傷或痛苦受到治癒的證明。我們培養出一種能力，可以藉由把任何悲劇放在更大的情景脈絡中來賦予自己力量。

我鼓勵她給先生一個機會，希望先生可以妥協、主動接近莫妮卡，畢竟她也拒絕了這麼久。唉呀呀，可是呢，幾個月努力下來，先生也只是出一張嘴說要學習如何解決衝突。她終於接受了丈夫不會改變的事實，現在她轉而為自己的尊嚴和自我價值奮鬥了，她請丈夫坐下來，敞開心扉告訴丈夫她會在月底離開這段婚姻。

她先生不是第一次聽她講這種話，但這次莫妮卡的態度有些不同，這是她第一次把自己擺在第一順位，丈夫也感受到她是玩真的，一種前所未有的恐懼悄悄地蔓延。她先生意識到自己並不想失去這段婚姻，因此在她攤牌的那個禮拜，打電話給一位關係教練，加入了男性專屬的諮商團體，並開始積極挽救婚姻。

作家身分之旅

莫妮卡是如何從受害者變成作者的？她從原本的婚姻開始，承認自己已經準備好徹底改造自己，為自己負責、開始成長、發展、擁抱衝突，進而為自己奮鬥。她曾經好傻好天真，不想因為衝突而失去丈夫，在幾年內一度埋沒了自我。但現在呢？她才不要這樣，她很清楚自己不會再度迷失自我，轉身迎戰內心的衝突，而不是閃躲它，她再也不想放棄自己。

如果想要獲得力量，就必須在衝突出現時面對它，因為這是通往作者身分的捷徑。布芮妮・布朗（Brené Brown）在她

的著作《勇於領導》（Dare to Lead）中引用了羅馬五賢君的最後一位——馬可・奧理略（Marcus Aurelius）——來提醒我們：「擋住去路的阻礙，最終就是前進的方向。」莫妮卡曾經試圖改變她的丈夫，並將問題怪在他身上，直到她受不了這麼大的痛苦，才總算採取行動並作出改變。當你不再逃避衝突，終於肯面對衝突時，這就是你個人成長的大躍進！

行動步驟

1・你目前處於什麼樣的三角關係中？把它畫出來，標出你所處的位置。（提示：想想你成長的家庭。）

2・你是受害者還是作者？想想你寫在衝突表格中的人，以及你跟他的關係，你是位於受害者情結低谷中，還是作者的位置？你對此有什麼感覺？更重要的是，你打算怎麼做？

3・與你生活中的某個人分享以上任何部分或所有內容。

第四章

如何成為關係中的領導者

你要爭對錯爭個你死我活，還是要好人緣？

——史丹‧塔特金（Stan Tatkin）

當你從受害者蛻變成能用不同視角觀看過去衝突的作者時，你便成了關係中的領導者。關係領導者（relational leader）有幾個與眾不同的特點：他們有成長的心態，能為獲取某項技能、克服障礙、解決問題，或是精通某種能力，而不斷從經驗中成長和學習。關係領導者會尋求老師、導師和引導者的幫助，他們無時無刻都在學習。

要成為一個關係領導者，必須做到這四件事：

1‧承認你已束手無策，需要求救
2‧為你想要的結果負起個人責任
3‧學習、成長和發展
4‧接納並參與衝突

讓我們來一一剖析這四件事。

一、承認你已束手無策，需要求救

那天在全食超市的停車場，我終究還是向前女友舉白旗投降，因為我早已跌到了谷底，不知道該如何前進。如果你不能邁出第一步，承認你不夠了解自己，就永遠無法進階走到強大

的下一步，為自己負責，也絕對無法更順利地解決衝突。有時候，我們總要跌個狗吃屎、徹底搞砸之後，才會願意改變。現在，你試著講看看這幾句話：「我不知道怎麼做。」、「我卡關了。」、「我需要求救。」單純感受一下虛心承認束手無策是什麼感覺。

很多時光是要承認自己對某件事不怎麼擅長，就覺得很恐怖很丟臉了，因為我們會覺得自己早該知道要怎麼做。我們可能還會害怕身邊的人「發現」我們還在衝突處理幼幼班，也可能因此感到丟臉，因為我們會認為我們早就「應該要更了解」如何處理衝突。

現在不妨審視一下自己是否不願意承認你不懂怎麼解決衝突的事實，注意一下你是否有些自我膨脹（裝腔作勢）。我偶爾也會這樣，曾經我的膝蓋痛了好幾年，後來實在痛到受不了，才找了物理治療師治療。當時我還沒有準備好去承認我有問題，所以沒問題就表示不需要學習。我不斷淡化問題，告訴自己這「哪有這麼嚴重」。結果因為我的固執，現在我的膝蓋有了永久性損傷。

二、為你想要的結果負起個人責任

在我為感情問題負起責任、說出「我才是問題所在」的那天，我整個人生都轉變了。我從自認為是感情中的受害者、責怪所有交往過的對象都無法滿足自己的需求，到終於看見我才

是問題所在。他們都沒問題嗎？當然有，但我過去無法、現在也無法改變別人。在我的婚姻中，我的妻子也是關係中的一分子，也有她自己的問題，但如果我不願意照照鏡子審視自己，為自己的問題承擔責任，我就無法解決我們之間發生的問題。

莫妮卡也不例外，她把婚姻問題怪罪在先生身上，但當她看到自己的角色，以及她可以如何處理時，一切都改變了。在衝突中，我們內心的受害者會說：「站我這邊吧，我是對的。」然而內心的作者則會說：「幫助我看清我的狀況，我願意承認自己的錯誤。」

當你終於肯為自己的衝突負責時，神奇的事情就會發生，你不再折磨你自己（自責），也不再為所發生的事情責怪別人（剛開始都會這樣，很正常），而是把衝突作為推動你的燃料，幫助你學習、成長，進而變得更加強大。你會意識到你就是你人生的作者，沒有人可以阻止你寫下自己的人生故事，你也不再奢望外面的人事物改變，而是專注改變自己能控制的東西──你的想法、信念、觀點和行為。

隨著你承擔越來越多責任，並且願意改變和成長、跳出目前的迴圈，就像莫妮卡一樣，你就能把受害者的Ｖ，翻轉一百八十度，變成作者的位置，創造一個新的三角形，就像圖4.1中的三角形。

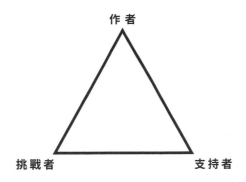

圖4.1　作者三角形

　　如圖所示，你在關係中所扮演角色因此有了明顯的轉換：
救星現在成了支持者，而壞人則成了挑戰者。作者接納挑戰者
和支持者，認為這兩種人都是生活中本來就會出現的，對我們
的成長極其重要。作者知道為了成長，我們必須經常接受挑
戰，也必須經常獲得支持。當然，我不是說要去挑戰那些挑動
我們情緒或踩我們地雷的人，這些人一定會出現，而且滿街都
是。我說的是死黨和同一國的朋友，他們用支持的方式挑戰我
們，目的是為了我們的成長和最佳利益。

　　請注意，從受害者轉變為作者，是為了讓我們成為關係中
的領導者。

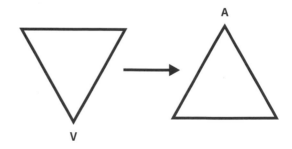

圖4.2　關係領導者的成長路徑

　　舉例來說，身為關係教練，我會支持客戶，同時也挑戰他們，我若不挑戰他們，他們就不會成長，但給太多支持也會造成萎縮。想想厲害的個人健身教練，他們總是在挑戰學員，要他們再用力一點、再撐一下，才能變得更強壯、更瘦或更能維持身材。沒有這種挑戰，學員就不會得到同樣的結果。事實上，當有人在我們身邊以支持的方式挑戰我們時，我們大多都能更有效地離開舒適圈。

　　我跟太太在家總是遵循著「挑戰和支持」的生活方式。比方說，我們的孩子不會有零用錢，如果他們想要錢，就得自己去賺。我們當然會買東西給他們，但假如他們真的想要某個東西，他們要麼出部分的錢、要麼全部都自己付。這種模式教會他們得為獲得想要的東西負起責任。

　　我們也會挑戰我們的孩子，要他們按時睡覺、藉由做家事來幫助家人，以及解決衝突。我們不會讓家裡有尚未解決的衝突。我們挑戰兩個孩子，讓他們承擔自己的責任、參與對話，

直到每個人都將衝突歸零。我們幫助他們看到人們會在生活中挑戰你、同時也支持著你，也提醒他們：世上沒有什麼只有支持而沒有挑戰的神奇國度。儘管我很想看到我的孩子永遠不會受到傷害，且盡可能地保護他們，但我很清楚這不是我們生活的世界，我也希望他們在真實的社會裡成長。

三、學習、成長和發展

成為關係領導者是種過程和實踐，也是從受害者蛻變為作者，這個過程有一部分是虛心求教，願意學習你不知道或不理解的東西。你願意學習、成長，是因為你知道這是唯一能從低谷爬上高崗（從 V 到 A）的方法。藉由閱讀這本書，你就是在學習有關衝突的一切。你在自己不擅長的領域中成長，也在強化處理衝突的能力，幫助你在前方的風暴中乘風破浪。成長是一種心態，在學習新事物的過程中接受挑戰、擁抱不舒服的感覺。當你獲得新的技能和實踐方法後，就像練舉重一樣，將三者的重量一舉扛起，練出處理衝突的肌肉，成長為一個更強大、更有覺察力的人。

你的大腦也會變化和成長。研究指出，大腦有辦法重組結構，事實上，你如何思考、思考什麼，以及你的行為模式都會改變大腦結構。這種特徵被稱為「神經可塑性」（neuroplasticity），[1]因此解決衝突是一種可學習的技能，能夠改善你的大腦。因為我們的大腦是在人際關係的情境下成長的，所以人際

關係能讓我們的大腦得到最大程度的重塑。[2]最早期的人際關係會形塑基因在大腦內的呈現方式,關係要是不融洽,不僅會對大腦發育有害,還會影響身心健康。[3]學校沒有教我們這種厲害的生活技能,但你只需要有學習的意願就可以了。

成長和學習新事物總是會讓人掙扎、痛苦和不舒服。學習,有時候很煩呀,我都懂。我剛出社會不久,有一份工作是在大型滑雪勝地擔任滑雪總教練,訓練由五至十歲的孩子組成的兒童雙板滑雪隊,並協助成立兒童單板滑雪隊。但我只會雙板滑雪,不會單板滑雪,在缺少一個總教練的情形下,我自願擔任總教練,有夠自大!我很快就發現至少有三個孩子的單板滑得比我好,但他們的年紀卻只有我一半。我幾乎每天都和這些孩子一起在山上跌個狗吃屎,在他們面前不知道摔了幾百次,有時他們得等我。我當時覺得自己是個很慘的受害者,也想過要放棄,把工作交給更有能力的人去做。可我還是堅持了一年,結果這個工作反倒成了我超棒的學習機會。當時我並沒有意識到我的成長,但每一天我都會重新站起來、重新嘗試,向孩子們展現如何在自己的生活中屢敗屢戰。確實,我真的進步了。

你會一次又一次地跌倒,就像個剛開始學走路的小孩一樣。和許多自助書籍、個人發展書籍說的不一樣,你不會只停留在作者的位置上,也不會去過一次很讚的靈修聖地、深度輔導或單次治療後就能「擺脫」受害者的身分。以成長發展為導向的人,只要他們還在關係中、還在學習、也還有呼吸,就會

在作者和受害者的角色中來來回回。照理說，你的成長就像圖
4.3中的斜線，向右上方攀升。我把這種向上的趨勢稱為賦能
（empowerment），賦能代表你會隨著時間的推移，在經歷學
習的起伏後，成為一個更有自信的關係領導者。

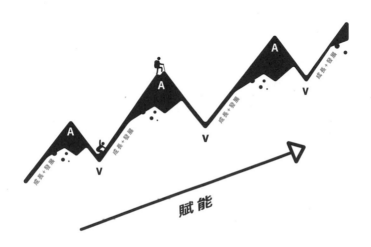

圖4.3　賦能與進化

　　我花了很多年才比較懂得處理衝突，但我還是會害怕、會
怪別人、會對衝突有其他反應，也還是會跌倒。我會不斷學習
關於人類、衝突和人際關係的一切，因為在不斷的學習中，我
的曲線是向右上爬升的。

四、接納並參與衝突

持續注意你對衝突先入為主的看法和判斷。請記住,衝突不是問題,你處理衝突的方式才是問題所在。值得玩味的是,學習如何面對衝突之後,你會更快如願以償。換句話說,有效的爭執是一條讓你從受害者成為作者的路,進而成為關係領導者。只想避免衝突,或祈禱衝突永遠不會發生,是不可能成為關係領導者的。

每當我在生活中碰壁,我就會想起我的偶像——曾經是囚犯、後來成為南非總統的納爾遜·曼德拉(Nelson Mandela)。[4]他在1964年被判處無期徒刑,後來被關了將近二十七年。他在一個極不人道的環境中與世隔絕了幾十年,幾乎所有的權利都被剝奪了,比如他在監獄裡花了十五年的時間抗爭,以確保非洲人、有色人種、印度囚犯的飲食與其他囚犯一樣公平。[5]他在入獄期間,母親去世了,長子也死於車禍,而他卻被禁止參加他們兩人的葬禮。當時規定黑人的小孩在十六歲前不得探監,所以他在十三年後才終於見到了自己的其中一個女兒[6],也就是說女兒三歲之後曼德拉就沒再見過她了!他得一次又一次爭取妻子的探視,妻子也為了見他而與制度對抗。曾經有一次他兩年見不到妻子,更別說二十一年來連她的手都牽不到。

曼德拉之所以成為作者和國際(關係)領袖,是因為他每天都在抗爭,而不是逃避抗爭。隨著時間過去,他學會了如何

更有效地跟種族隔離政府抗爭。儘管經歷無數挫折和失敗，他還是緊緊守著爭取自由的承諾，有辦法讓種族隔離政府倒臺，並成為南非總統。經歷了所有的衝突，他變得更聰明、更強大、更有韌性，成為越來越高層次的作者和領導者。曼德拉的故事至今仍然能激勵我，而你也要找到那個能激勵你的人，誰會在你跌倒時鼓勵你再爬起來呢？

承認你束手無策且需要求救、對結果負責、學會成長和發展你自己，以及接納並參與衝突，這四個強大的步驟會將失調的三角關係顛倒過來，使你從衝突的受害者轉變為化解衝突的作者。

擺脫任何爭執最快的方法

楚蒂成年的兒子很少打電話給她，讓她難過心煩，但當她跟兒子談起這件事時，她會說：「你都不打電話給我，都不關心我。」用膝蓋想也知道，兒子聽到就有種被攻擊的感覺。她每句話幾乎都用「你」開頭，後面接著「總是」或「從來不」，聽起來就是在興師問罪。當她不再著眼於兒子的行為，而是透過察覺自己的反應來引導兒子與她對話時，她才總算有了重大的突破。之後再跟兒子說話時，她會說：「你沒打電話給我，我有點難過。」雖然這可能聽起來沒差多少，但她的兒子不再為自己找藉口了，反而以新的方式主動回應她。他意識到他不想傷害媽媽，他終於能夠以一種以前無法做到的方式聽

見媽媽的想法，因為這一次她以責任來引導，而非怪罪。楚蒂也承認了自己的錯誤，更向兒子坦白：「我很焦慮，覺得你不愛媽媽，所以才會對你碎碎念、攻擊你，但這樣還是無法讓我得到想要的結果。」

擺脫任何爭執最快的方法是負起自己的責任，並了解自己錯在哪裡。把這練習當成你的第一個暖身活動：試著為你在過去幾天內做過或該做沒做的事情負起責任，例如：「我對某人大小聲。」或者：「我沒有回你的訊息，想把你打發掉。」又或是：「我把你推開了，因為我很受傷、很生氣。」要注意的是，在看似負責任的幌子下，你很有可能會忍不住偷偷指責對方。楚蒂之前會說出「你對我很兇」之類的話，我後來教她說：「我覺得被批評了。」

另一個用來練習負起責任的簡單方法，就是用這三個字來引導：「我錯在……」看看你在第二章中填寫的衝突表格，讓我們再新增一行，這樣它就有六行了。

在第六行內寫上：「在我們未解的衝突中，我錯在（填入你的行為、舉動、該做沒做的事）。」這就是負責。寫好之後，表格現在看起來會像圖4.4中的那樣。

如果我們寫下的內容，是關於自己的問題，就能找到我們這邊需要注意和療癒的地方，並擺脫怪責他人的習慣。

注意：在接下來的章節中，我們還會用到這份衝突表格。

跟我有衝突的人：比爾
他們做了什麼：對我撒謊
想到這個人我有什麼感覺：憤怒
衝突程度0-10分：6
衝突多久了：4年
在我們未解的衝突中，我錯在： 承諾太多了

圖4.4　衝突表格中增加責任的範例

　　如果你覺得自己是受害者，或者你把矛頭指向其他人，還是要記得不要讓自己覺得好像犯了什麼錯，畢竟只要是人都會這樣。我也跟你一樣，內心住著一個受害者，有時候還比較希望有其他人把我從感情的痛苦中拯救出來，這樣我就不必面對或感受它了。這種狀況持續了將近二十年，我讓內心的受害者主宰一切，然後我的感情關係讓我好痛苦，苦到我無法怪別人，只能不停自責。

　　後來，我選擇成為一名作者，這是我們每個人都做得到的事。我們會跌倒、覺得自己是受害者、會吵架，也會陷入失調的三角關係中，但最終我們會看清這些東西把我們都困住了，所以我們會站起來、觀照覺察自己、承擔自己的責任，學會以

不同的方式跟人爭執，並帶著我們學到的教訓，爬上作者身分的巔峰。要走出或穿越任何爭執、不合或論戰，負起個人責任是最快的解決途徑之一。在下一章中，我們將時光倒轉，看看為什麼衝突會如此複雜。這一切都要從你第一次見識到衝突的地方，以及到底是什麼原因驅使你逃避衝突開始。

行動步驟

1 · 在成為關係領導者的四個步驟中，你目前在哪裡？哪一步對你來說是最困難的？

2 · 與朋友或責任夥伴分享（但不要找救星喔，確保他們是挑戰者或支持者！）。請他們幫助你在你目前所處的衝突中，看到另一種選擇，然後再想像第三、第四種選擇，還有什麼其他的選項呢？

第五章

關係藍圖

經過二十年的醫學研究指出，兒時的不幸真的會痛到骨子裡，影響孩童的身體長達數十年之久。它會改變孩子的發展軌跡、影響生理狀態，也能引發慢性發炎和持續一輩子的荷爾蒙變化，還可以改變DNA的讀取方式和細胞的複製方式，大大增加罹患心臟病、中風、癌症、糖尿病，甚至阿茲海默症的風險。

——娜汀・伯克・哈里斯（Nadine Burke Harris）

　　你有沒有想過，為什麼伴侶不回訊息時，會焦慮到爆炸？被職場上的同事或夥伴惹怒時，你是否曾發現自己在想：「我覺得自己變回中學生了，不知道怎麼表達感受。我到底該怎麼辦呀！」或者，你是否想過把世界關在門外，完全遠離人群，甚至遠離最愛的人？這些痛不欲生的經歷，能讓我們窺見在最早的人際關係中所面臨的挑戰。年輕時你在這些重要人際關係中的互動模式，會塑造這輩子與他人的關係——包括如何建立關係以及如何面對衝突。事實上，目前為止的所有人際經驗都塑造了你與他人的關係，以及解決衝突的方式。我把這些過往的經驗，叫做「關係藍圖」。

　　如果你最終的目標，是將你與最關心的人之間的衝突歸零，那麼反思並了解關係藍圖是非常重要的。當你從過去的關係中反省，理清楚頭緒，便會讓你在「關係衝突」的汪洋大海中航行時不會感到畏懼，也不會那麼孤獨，亦會更有安全感。我知道，如果成長過程中，沒有好的榜樣告訴你該如何好好處

理衝突，或許你會感到無能為力，無法在成年後以更好的方式應對衝突。不過呢，透過了解過去家中的教養方式，以及你過往的榜樣如何處理衝突，從中得到的體會能讓你在成年後有能力作出不同的選擇，甚至幫助你同理自己和與你發生衝突的人，也更有同情心。

我們來瞧瞧你最早的關係，你誕生在這個世界上，至少要依賴一個成年人才能活下來。一定要有照顧者才能活，因為他們滿足了你的生理、心理需求（精神、情感、關係）。這些照顧者是你依附的對象，*而這一主要關係的本質，稱為「依附關係」（attachment relationship），就是關係藍圖的基礎。

依附（attachment）一詞來自依附理論（attachment science）——屬於發展心理學領域的研究體系，主要研究照顧者和孩子之間的關係，研究人員仔細調查親子關係和他們的心理連結如何左右人一生的發展。

安全依附

涵蓋不同文化背景的長期研究指出，孩子在生活中的表現（特別是人際關係）取決於他們是否至少有一位照顧者持續陪

---

* 我用「家長」或「照顧者」來代指撫養你的人。我理解有些人並不是在雙親家庭中長大的，你可能是由許多人、兄弟姐妹、鄰居或親戚撫養成長。

伴在身邊,給予足夠的安全感。[1]作者、教授兼精神科醫生丹·席格博士(Dan Siegel)將這種安全感形容為「安全依附」(secure attachment)。[2]他提醒我們,安全依附不是要擁有完美的家長,要的是願意了解自己、了解孩子的家長,並且願意修復彼此間免不了的衝突與斷裂關係(待會詳談)。

我是這麼看待安全依附的:孩子可以在依附關係中感到安全、得到關注、被安撫、支持(和挑戰)。[*]你可以把這四種需求當成奠定關係藍圖的基礎(如圖5.1所示)。[†]

被安撫	支持與挑戰
感到安全	得到關注

圖5.1 四大關係需求:安全關係的基礎要素

對我來說,感到安全、得到關注、被安撫、支持和挑戰是人類的基本需求。當這些需求都得到滿足時,兒童就會感到開心自在,也能在最理想的環境下成長。當然,成年人也有這些需求,但穩固的成人關係與安全的親子關係有些許差異:在成人的感情關係中,需求可以互相滿足;但在親子關係中,這些

需求是要靠家長給予才能滿足。在本書中，我把這四種需求稱為「關係需求」（relational needs）和「四大關係黏著劑」（the Four Connectors），因為它們能幫助我們在與另一個人發生衝突或關係中斷後重修舊好。

如果小時候擁有安全依附的關係，你就能學會相信人際關係是一種可靠、可依賴的資源。隨著長大成人，便能從跟自己玩，變成與其他人一起玩耍，這過程中內心不會有太多的衝突。你的真心話會有人傾聽、有人相信，這能夠幫助你培養、相信自己內心的聲音。當衝突和關係斷裂發生時，照顧者會陪你克服，讓你回到安心的狀態。你在這過程中對人際關係和自己的信心也會逐漸增加。根據研究，安全依附最能預測孩子們在生活各個面向的表現，包括有更高的自尊心、更好的情緒控管、更傑出的學業表現、更強的抗壓性、更和諧的親子關係、更強的領導特質、成年後有更多信任和友善的愛情、更大的同理心、更強的社會能力、更有意義的人際關係，甚至是更成功

---

* 這與丹・席格對安全依附的描述略有不同，他對安全依附的其中一個定義是孩子感到安全、得到注意、被安撫和受保護的時刻。我用「支持」和「挑戰」來代替「受保護」，以便囊括我認定更廣泛、更可以創造安全感的範圍。

† 在本書中，我會把這些需求稱為「關係需求」，儘管更準確地說，它們算是社會心理需求，但就本書而言，「關係」一詞更方便使用。

的職業生涯。[3]

安全依附算是人際關係的地基，有了這一基礎，即使生活和人際關係不斷出現挑戰也能迎刃而解。正如席格所說，安全依附就像避風港，**同時**也是發射台，當你被生活中的風暴和強浪襲擊時，你會回到港口（你的依附對象）重振旗鼓；準備好迎接生活的挑戰後，照顧者（和其他人）會幫你加油打氣，你就能「發射」重回世界。這個「安全穩固的大本營」有賴你的四大關係需求持續得到滿足，才能打造完成。

如果在面對衝突時出現問題，你可能會想：「好吧，我的確沒有安全感。」若是這樣的話，可能就是研究人員所謂的「不安全依附」（insecure attachment）。*

不安全依附

如果你的家長或照顧者與你過於疏遠或親密，你可能已經形成所謂的不安全依附。無論原因是什麼，或許你的照顧者反覆無常又捉摸不定，更糟糕的情況是，還會傷害人。當四大關係需求中有任何一項沒能得到滿足，你可能早就知道這段關係是不可靠的。你過去不斷卡在無法順利修復的衝突中，也許曾經在情感上欠缺安全感、對方忽視你、把你當空氣；或是當你表達自己的想法後，遭受攻擊、羞辱或批評，諸如此類的經驗，會讓你認為人際關係是不安全的，所以你選擇隱藏自己的情感，切斷跟自己心靈世界的連結。結果這反而讓你更加懷疑

自己，對人際關係感到困惑和不確定。根據依附理論，與他人的不安全依附「會考驗我們隨機應變、了解自己，以及與他人建立關係的能力」。[4]不安全依附會導致日後生活一連串的問題，例如無力解決重要人際關係中的衝突。

我的媽呀，這樣家長是不是注定會「把他們小孩搞砸」呢？他們是不是應該整天陪在孩子身旁，隨時待命呢？不是這樣的。事實上，認為家長能滿足孩子所有需求的想法根本不切實際呀，因為天底下沒有完美的家長，無論他們多麼努力，都不可能百分之百滿足孩子的需求。在正常的家庭中，當家長因為種種原因，無法滿足孩子的情感需求，或沒辦法在自己心情低落時「陪伴」孩子，關係中斷的次數根本多到無法計算。

根據「面無表情」（still face）實驗†的主要研究者、發展心理學家艾德‧楚尼克博士（Ed Tronick）的說法，父母和孩子關係中斷，也是他所謂的「錯配」，在生活中佔了百分之七十，在兒童發展的過程裡扮演不可或缺的角色。[5]什麼鬼？關

* 在很多圈子中，「依附風格」是廣為人知的說法。而「不安全」和「安全」是兩種主要的依附風格。在不安全型中還有兩種子分類，稱為「焦慮迴避型」和「焦慮矛盾型」，還有第三種叫做「混亂型」，有些人認為這是獨立的類別。為了符合本書的主軸，我只區分安全型和不安全型。

† 「面無表情」實驗使人們對兒童發展和兒童人際關係能力的理解有許多突破。如果你還沒有看過，我建議在YouTube上搜尋一下。

係中斷有這麼常發生、這麼正常的嗎？楚尼克的研究總結出這些錯配不是問題，事實上，它們是正常、健康親子關係中的一環。既然如此，真正導致不安全感的罪魁禍首是什麼？就是沒有修復和重建關係，關係中斷並不是問題，沒有恢復關係才是壓力來源。他的研究指出，中斷的關係要是沒有修復、解決，對孩子而言是種壓力和失調，為了彌補這種情況，會產生一大堆其他的問題，當中最主要的就是在親密關係的不安全感。

因此，父母如何回應和滿足成長中的孩子需求，以及如何處理無可避免的關係中斷，對孩子關係藍圖的影響非同小可，足以影響他們一輩子。為了好懂秒懂，我會把安全依附看作是照著良好關係、關係中斷和重建的循環而產生的，尤其重建是最重要的部分。回顧一下第二章中的衝突修復循環，我希望你把這個循環看作是人生中很正常而且健康的事，所有的安全依附和良好關係當中都有這樣的循環（見圖5.2）。

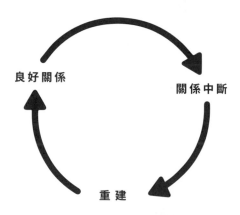

圖5.2　利用衝突修復循環將衝突歸零

　　這裡有兩個重點：一、關係中斷（通常是因為衝突和錯配產生）是人類人際關係中正常且必要的環節；二、如果你想獲得穩固、靈活和絕佳的關係，重建關係是衝突修復循環中最重要的部分。儘管與重要的人關係中斷很痛苦，但這都是正常的。話說回來，如果你只想要從本書選擇一件事來學習，請把重點放在重建關係上，而不是衝突本身。你目前執行衝突修復循環的方式，其實已經受到了當年大人的影響。然而，你學習和精進自己的意願，會決定這個循環如何向前發展。

　　在關係中斷的情況下，孩子身上會發生一些滿有趣的事情。如果關係中斷沒有修復、對人際關係的需求一直都得不到滿足，這種狀況發生太多次或太頻繁的話，孩子就會開始蒐集資源並擬定策略，並提高警覺來避免受到威脅。這會佔用、浪費掉正常孩子要用來學習跟發展的可貴內在資源。關係天天中斷不會是問題，問題在於天天中斷卻沒有修復它。如果關係中斷後沒有妥善解決，對兒童發育中的大腦、神經系統和自我意識都會有害。

　　兒童有一些重建中斷關係的策略，其中一個是修飾自我表達的方式，以避免被排擠、丟下或拋棄。我們身為人類，最深層的恐懼之一就是被拒絕、沒有人愛真正的自己，以及被別人拋棄。當嬰幼兒感到不安、不受關注和不被支持時，他們就會發展出一些策略來避免受到傷害。通常，因為他們覺得別無選擇，所以只能改變自己的行為，希望自己的需求能得到滿足。對兒童來說，這可是攸關生死的大事。在下一章，我們將探討

更多兒童採取的策略，以及該如何因應這些策略。

　　請記住，如果照顧者用孩子習慣的方式，及時處理中斷的關係，並努力重建，孩子的發展就會回歸正軌，他們會覺得世界很美好，「我很好、我們都很好」。真正的問題不在錯誤、不在關係中斷、也不在兩方之間的衝突本身，而是在於中斷的關係能多快修復好，以及修復得好不好。

　　相同的道理，也可以運用在成人的重要人際關係中。你目前執行衝突修復循環的方式不僅反映了過往經驗，也說明了現在的親密關係有多安全或不安全。好消息是，衝突修復循環與歸零守則是同一個循環，你很快就會學到。我稱它為循環是因為根據經驗，它會在你往後餘生中一再發生，所以不妨好好掌握它。在這個簡單的循環中，也很容易看到你的弱點在哪。對你而言，最困難的是維持良好關係、面對關係中斷、還是重建關係呢？

關係中斷不可能避免，所以我們需要把大部分的注意力放在中斷後發生的事情上：重建。

長期關係中斷

　　我們都喜歡與親近的人有所連結，與他們關係中斷的感覺可不是普通的糟糕。照理來說，這種孤獨感應該要成為重建關

係的動力，但如果小時候經歷的關係沒有得到修復和順利重建，你可能早已習慣關係中斷的狀態了。長期中斷的狀態並非衝突歸零，你的起點可能是一個更高的數字，但因為你長期處在這種環境之中，導致你可能從沒注意過。舉例來說，如果在一個沒人理你、大人不重視家庭關係、從來不一起解決衝突的家庭中長大，你會習慣宅在房間、把自己埋在書堆中，或自己一個人出去玩。你的起點是關係中斷，人際關係沒能滋養你、帶給你好的影響。聽起來很單純，但許多人從來沒有體會過在關係出問題之後，重新建立起來的愉悅，他們還會認為關係長期中斷的感覺，**也算是**一種連結。

事實上，許多人這一輩子都認為他們與世上其他人有連結，因為他們的臉書有五百個好友，但實際上，無論有多少朋友，他們可能依舊**覺得**關係是中斷的。換句話說，有朋友或某個人在身邊，並不能保證他們會**感到**與社會有連結，當另一個人滿足你的四大基本需求：感到安全、得到關注、被安撫、支持和挑戰，才能體會何謂連結。所以，如果你曾經和某個人在一起，但他看起來並不在乎，甚至沒有發現你覺得孤獨、覺得關係交流中斷，很可能是他兒時的關係藍圖造成的。

不要擔心，過往的經驗不代表你未來的命運。大腦是靈活的，可以藉由學習如何掌握衝突修復循環來重構這個過程（這被稱為依賴經驗的神經可塑性），[6]特別是在互相照顧的成人關係中。如果因為創傷、忽視或過去不好的回憶，而忘記或不知道你過往的依附模式，該怎麼辦呢？不要擔心，在成年後最

親密的關係中，你的行為會說明一切，特別是處於壓力之中和衝突發生的當下，想想上次在最親密的關係中，你表現得跟五歲小孩一樣，或選擇不說實話的時候。你逃得了，卻躲不了關係藍圖的影響。

史考特和洛詩妮有三個孩子，他們倆陷入了一場大衝突。洛詩妮希望史考特能放輕鬆點，家裡的規定不要那麼死板；史考特則希望洛詩妮能照他的規矩來走。然而，每當史考特試圖要她遵守時，她就會有被控制的感覺。洛詩妮認為他太固執，史考特覺得她很敷衍、不尊重人。感覺是很常見的爭吵吧？那麼，他們倆是如何將衝突歸零的呢？

隨著我們深入了解，我們發現史考特是一個在複雜家庭中長大的孩子，家裡時常沒有大人，家中的一切也很混亂、缺乏規律。因此長大成人後，當他覺得失控、混亂時（例如現在他家的三個小孩），自然就會更要求守規矩。他覺得很孤單，彷彿洛詩妮和三個孩子都在跟他唱反調，史考特的關係藍圖在他的婚姻中真實上演。就在他們倆都明白關係藍圖的原理後，一切都不一樣了，洛詩妮終於能夠理解史考特在成長過程中有多麼害怕，他感到多麼孤單和無所適從；史考特也開始理解為什麼洛詩妮可以這麼自由奔放，他可以更真誠地欣賞洛詩妮的教養方式。他們擁抱彼此，流下感動的淚水，衝突歸零了，關係也比以前更加緊密。

另一層安全感

　　我們需要討論另一個建立人際關係安全感的必備要素，事實上，這可能是最重要的因素——家長的自我反省能力。席格博士的研究證實，對孩子來說，安全依附是否穩定，就看家長是否具有自我反省能力，以及家長是否能從自己的人際關係經驗中得到教訓。[7]你或許不是家長，但你還是希望有更多穩固的關係。如果真的如此，那就得學會自我反省，而好消息是，本書中會帶你做很多自我反省，讓你快速增加擁有穩固關係的機會。

　　無論是否為人父母，你越了解自己、越懂人際關係，你在人際關係中就越有安全感，這是我親身的體驗。要是沒有大量的自我反省、不斷做內在的功課，我絕對不可能擁有現在的婚姻。此外，我們夫妻倆都能自我反省，讓我們可以用很穩固的方式撫養孩子一年一年地長大。如果在我改變自己以前就有了小孩，真心不騙，那一定是場災難，我不僅會因為孩子情緒化而把他們罵到臭頭，還會不停逃避跟太太的衝突。

你看見的慣用模式

　　關係藍圖的最後一塊拼圖是：你的榜樣怎麼處理衝突。你生活中的大人如何執行衝突修復循環，攸關你對衝突有多大容忍度、是否會逃避或引發衝突，以及在親密的成人關係中如何

重建衝突爆發後的關係。舉例來說，如果你在一個幾乎不會重建關係的家庭中長大，很可能會發現長大後你也處於類似的成人關係中。這種長期輕微的關係中斷，短時間內可能不會有任何影響，但經年累月沒解決的話，人際關係間的信任、緊密程度和安全感最終都會消失殆盡。此外，如果在外聽到有人說「衝突不好」、「衝突不對」、「必須要盡力避免衝突」時，你的發展和成長過程就會產生阻礙，進而在充滿壓力的重要人際關係中苦苦掙扎。（除非，你練習成為關係領導者。）

希望你現在能理解為什麼衝突對我們所有人來說都是一件困難的事，我們沒有學到怎麼與人起衝突就算了，我們還是按照過去家庭和成長環境慣用的模式來面對和修復衝突。請你把這種經驗當作養分，好好升級執行衝突修復循環的方式。不要故意忽略關係重建的過程，因為你的身心健康都靠它了。

衝突修復循環的重點不是要做到完美。楚尼克博士的研究清楚指出，我們不可能永遠處在良好關係連結的狀態之中。人不可能永遠都能把衝突歸零，並保持和諧的關係，因為在人生中，衝突和關係中斷會不斷發生，需求常常無法得到滿足，內心就是會出現瘡疤和傷痕，畢竟關係中斷在所難免，所以我們需要把大部分的精力，放在關係中斷後應採取的行動上——也就是修復和重建。這並非為傷害行為辯護或開脫，你在衝突修復循環中做得越好，你的重要人際關係就越穩固，內在自我也會感到更安全。

有了這張關係藍圖，我們下一章要探討童年衝突沒處理好的話，後果就是：內在衝突。

行動步驟

1 · 反思你的關係藍圖，注意你跟照顧者之間，是屬於不安全還是安全的依附關係。這對你現在面對衝突時的表現有什麼影響？你是否願意從過去的關係藍圖中汲取教訓，以改變你目前的狀況？

2 · 回顧四大關係需求，你覺得目前在最重要的人際關係中，有多少關係需求獲得滿足？你能覺察自己的人際關係是傾向安全或是不安全嗎？你是否同樣為對方提供了這四種關係需求呢？

3 · 畫一個簡單的衝突修復循環圖。你準備好利用這個循環度過往後餘生了嗎？如果還沒準備好，是什麼想法或恐懼阻礙了你？

4 · 與你生命中的某個人分享書中部分或全部的內容。

第六章

擔心害怕的動物

當你關閉情緒、面無表情的同時，免疫系統和神經系統都會連帶受到影響。因此，原本壓抑情緒被視作是生存策略，結果變成生理疾病的起因。

——蓋博·馬特（Gabor Maté）醫生

　　有沒有想過，為什麼另一半的某個表情會使你壓力很大？或者為什麼最好的朋友跟你冷戰時會讓你特別心煩？有沒有想過為什麼會為了一個職場上惹毛你的人半夜睡不著覺？當內心擔心害怕的動物察覺到別人在做威脅我們的事情時，我們就會作出反應，這隻動物的情緒沒處理的話，我們的狀態就很難改變。對於任何威脅，神經系統都會作出反應，幫助我們應付威脅。衝突帶來的挑戰是，很多時候事情其實並沒那麼嚴重，但我們經常會誤判，因而過度放大威脅的程度，結果導致我們講了、做了讓自己後悔的事。

　　生活中最難受的經驗很可能會牽連其他人，不幸的是，從來沒有人好好教我們怎麼解決衝突，難搞的人會一直出現在我們的生活中，但沒人教我們怎麼和他們打交道、如何處理自己的反應；或是自己也很難搞、自己才是那個混蛋的時候，該怎麼辦？

　　我大約每週都會被我妻子惹毛一次。我們從2003年開始在一起，所以簡單算一下，我們在一起的時光，她至少激怒了我八百八十六次（她會拉高嗓門、不理人、遲到等等）。我想我惹毛她的次數，比這數字還多得多。我們是人，會被別人搞

到很不爽在所難免，就跟衝突一樣，是任何良好關係的一部分。這是無可奈何的事，所以不要幻想可以跟很紅的精神導師艾克哈特・托勒（Eckhart Tolle）那樣，心如止水、不起嗔恨心。每個人都有自己的地雷，有些人就是喜歡去踩。不信嗎？搬來和我一起住幾個月或幾年，你就會知道。*

為了了解我們的地雷，還有更重要的——除雷，我們得先認識大腦和神經系統，以及它們的運作方式。了解自己身為人類的思考方式，有助於讓自己不會那麼抓狂、那麼瞎，也會讓自己正常一些。還有，這能幫你更快把衝突歸零。

我們體內有著非常古老的警報系統，當你警覺到有威脅，不管是真的還是自己想像腦補的，警鈴就會啟動，保護你的安全。你會逃跑、對抗、動也不敢動，極端一點，還可能會暈倒或是連想都沒想就裝死。請把這個威脅偵測系統當成是最頂級的保全系統，守護你身心的「家」。是這樣的，難就難在這偵測系統是全天候開啟的，沒辦法關閉，系統有時候會把感覺到的威脅當成是真的威脅，日常中衝突都是這樣來的。

舉個例子，之前我在播客節目訪問史蒂芬・波奇斯（Stephen Porges），這位仁兄發明了備受推崇的「多重迷走神經理論」（Polyvagal Theory），同時還身兼作家跟科學家。他提到了他和妻子蘇・卡特（Sue Carter，對催產素做過大量研究）

---

* 我認真希望艾克哈特搬來跟我住，我絕對有辦法在幾個禮拜內把他逼瘋。

發生過的真實事件：某天早上，他醒來後太快站起來，差點暈倒。為了不要昏倒，他只顧著讓自己站好，結果臉上出現了一個他無法控制的表情。蘇看到他的臉，不清楚他是不是不爽她。同一件事，實際發生在他身上、跟妻子看到的，變成了兩件不同的事情。雖然這看起來不是什麼大事（他們倆後來有跟對方說清楚到底發生了什麼），但這些誤會就會引發戰火，而且對人際關係、甚至是健康有害。

擔心害怕的動物敏感的偵測系統是把雙面刃，如果你常常處於高度警戒的狀態，會造成身體較嚴重的發炎。體內發炎越嚴重，身體就越會攻擊自身的組織，導致疾病和各種自身免疫失調。[1] 然而，你的威脅檢測系統也能保佑你，因為如果你晚上獨自走在停車場裡，卻感到有人在跟蹤你，大腦真的可以救你一命，因為它會讓身體準備好採取安全行動。這個威脅偵測系統很聰明，只做一件事：評估人們是否安全、有沒有危險、性命是否受到威脅。* 你要做的事，就是了解它怎麼運作，學習如何善用它，因為我跟你保證，再過幾個小時、幾天或幾個禮拜，就會有人「威脅」你了。

威脅當下的前後腦

為了簡單起見，我走極簡風，讓我們把大腦分為兩部分就好，† 好讓你消化複雜的內容，方便實際應用。在本書中，你會聽到我用「後座」（back seat）和「前座」（front seat）這

兩個詞來描述大腦的這兩個部分，如圖6.1所示。

圖6.1　簡化版前後腦示意圖

一、後座

　　後座，也叫做擔心害怕的動物，是大腦中最古老的部分，由腦幹和邊緣系統組成，裡面住著杏仁核，是大腦中像顆杏仁

---

* 波奇斯把這個系統稱為「神經覺」（neuroception），是多重迷走神經理論的一部分。

† 我知道大腦不是真的分為兩大區塊，我也了解保羅・麥克萊恩（Paul MacLean）的「三重腦假說」（triune brain），但我想讓內容簡單、實際一些。

大小的部分，負責追蹤任何形式的威脅，把皮質醇和腎上腺素等激素當成警報，並持續發出。這些荷爾蒙擴散到全身，幫助你起身應付威脅。擔心害怕的動物只負責一件事：保護你。它不會思考，只想保護你，讓你沒有生命危險。

二、前座

前座由新皮質組成，有時也叫做前額葉皮質、前腦或PFC，它是大腦負責邏輯或思考的地方，也是人類跟所有動物不同的地方。正如神經內分泌學家兼作家羅伯‧薩波斯基（Robert Sapolsky）所說：「如果這件事情是對的、該做的，哪怕是件難事，前額葉皮質也會逼你去做。」[2]當你坐在前座，就能往解決衝突的終點「開」過去。你可以擔起責任，駕馭自己的人生，並與他人建立關係。在擔心害怕時，新皮質就是理智、負責講道理的部分，會探究問題所在；在解決爭執時，它也會負責讓你看到你在衝突中究竟錯在哪裡，還會讓你產生同理心。

在自然情形下，如果你處於壓力之中，你的新皮質——也就是你的前座——會受到損傷。當你陷入爭執或處於某種威脅反應時，新皮質（掌管邏輯、理性思考）就會閃人，由更原始的大腦區域（或叫做後座大腦）來主導，搞得就像邊擔心害怕還要邊開車的動物呀。一旦你化身為擔心害怕的動物，就沒那麼理性了，只會更衝動，可能盡說些愚蠢的幹話，或做出一些

很瞎的事。想想看，動物不開車呀，車是人在開的。這個原始的系統已經為人類服務了好幾百萬年了，但它的運作方式始終沒變，在人際關係中爆發出來的反應，跟遭受大型食肉動物攻擊時是一模一樣的，這會讓長期陪伴的家人或現代伴侶很傷腦筋。在不知不覺中，你的愛人就觸發了一個非常古老的生存系統，而你忽然變得很低能，完全忘記該怎麼好好解決衝突。依據你的地雷區、以前的經驗、天生特質和敏感程度，很可能一下子就會對你的伴侶或家人產生威脅、把他們當成空氣，反之亦然。

當你回過神，爬回前座，新皮質就會奪回掌控權，讓你冷靜下來、恢復理性，並搞清楚到底發生什麼事。你可以把車子停在路邊，喘口氣、深呼吸。你接下來很快就會學到很多幫助你回到前座的技巧。

刺激量表

讓我們用數字量尺來搞清楚前座和後座的差別。我把這個0到10的數字量尺稱為「刺激量表」（trigger scale），10分代表最活躍，0分最不活躍（見圖6.2）。零代表你的衝突已經落幕、重新建立好與他人的關係。0和5之間就是我們講的前坐，而6和10之間就是後座。還記得在衝突表格的第四部分，你給自己與表格裡的人的關係打了個0和10之間的分數，代表你們的衝突程度，其實這也是你的刺激量表分數。

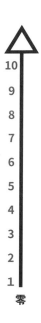

圖6.2　刺激量表

　　要注意幾個重點：自律神經系統分為交感神經和副交感神經，它們會跟大腦一塊運作。當你因為生活壓力或與他人的衝突而離開零、往更高的數字移動時，交感神經會讓身體準備好，好讓你處理看起來危險或威脅的事。一旦你的地雷「引爆」，或是防護系統啟動了，身體就會出現許多反應，像是心跳加快、腹部收緊、視線變窄、冒汗等等。刺激量表上的10分代表你處於交感神經最活躍的邊緣，你要知道，平日即便真的與他人發生衝突，也很少會達到10分，這是一個滿極端的狀態，強烈的恐懼、羞恥或憤怒亦會隨之而來。[*]

　　打個比方，假設你室友的生活習慣很糟糕，總是把自己的東西到處亂丟，而且幾乎不洗碗。一起生活了幾個月後，你開始覺得很不爽，如果你習慣閃避衝突的話，就更有感了，現在刺激數字可能是3或4，沒那麼嚴重啦，是不是？但是，如果狀況持續下去，你還是什麼都不說，他又把髒襪子丟在沙發上，尤其剛好那天你特別煩躁的話，你可能就會暴怒，並說出一些傷人的話，甚至可能還會威脅他、嗆他。這是擔心害怕的動物在後座主宰你情緒的時刻，前座此時沒啥用，理智的建議沒人聽。

　　在日常生活中，當你感到平靜、安心和有安全感時，你處在迷走神經的副交感神經主導的狀態，數字趨近於零，這狀態有時被稱為「休息和消化」。身體處於一種可以休息放鬆、消

* 如果你的刺激量表超過10分會怎樣？你就會進入另一個類別——11分，這代表問題現在已經威脅到了生命，你已經完全離開車子了。自律神經系統的另一部分「副交感神經背側」會啟動，避免你死亡，這被稱為「昏厥反應」，你擔心害怕的動物完全不動了，所有血液離開四肢，轉移到你的核心器官，你的心跳減慢，開始保存能量，讓你不管是戰是逃都站得起來。身體正在保存所有的資源，把不需要和不必要的都排除掉。你的身體在執行任務時，會聰明地保存資源，以便威脅離去後可以再次動身前往安全的地方。在日常人際關係中，我們大多數人不會遇到生死關頭的威脅，但了解我們的大腦和神經系統是怎麼設計來幫助我們度過各種衝突，其實是很不錯的。

化食物、消化吸收你遇見的人事物和社交連結的正向狀態。*
零就是你與自我連結的時候（你能夠控制想法，並能感受到對
其他人的關心和興趣），基本上，這種狀態會讓你覺得舒服自
在，而且有辦法與人交流連結，這就是波奇斯所說的「社會參
與系統」（social engagement system）。

當你受到威脅時，會遠離零，為了保護自己而作出應對來
中斷關係——尋求關注或閃躲逃避、裝腔作勢或崩潰自卑。感
受到的威脅越嚴重，你的交感神經系統就主宰越多（見圖
6.3），你在刺激量表上的數字也跟著越大，因此在你受到刺激
的那一刻，車子就不開了，放開油門、放開方向盤，溝通能力
也跟著下降。你心跳加快，沒意識到自己已經把車子交給擔心
害怕的動物了。當你室友把髒襪子丟在沙發上，而你羞辱、臭
罵他的時候，這一連串的反應在背後默默運作著。

這種從前座爬到後座的轉變有時候只是一瞬間，擔心害怕
的動物最神奇的地方是，發生危險或某件事威脅到性命的時
候，它不需要先跟你前座的大腦「報備」，就能全面控制你。
舉例來說，如果你曾經聽到很大聲的**碰**，你可能馬上就會閃開
或有所反應，之後才會想到，喔我應該要閃啊。這個威脅偵測
系統會罩著我們，保佑我們不出事，但有時候就不是這樣了，
我們可以迅速判斷當下發生什麼事，可是也常常會誤判、誤
解，前面提到蘇誤解史蒂芬的表情，就是這種情形。

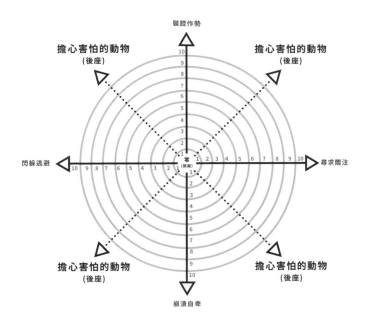

圖6.3　擔心害怕的動物開車

　　如果你從來沒有下功夫好好了解這個超級複雜的系統，你會把歸零的工作分派給擔心害怕的動物去做。動物心想：誰理你呀，幹麼歸零呀？因為牠在乎的是生存。在衝突發生當下和衝突之後，你主要的挑戰不光是對方以及他們的反應，還要思考怎麼處理擔心害怕的動物。

---

* 為了本書目的，我故意將神經系統過分簡化。如果你想了解更多神經系統的資訊，我推薦你去看看席格跟波奇斯的著作。

與擔心害怕的動物共處

如果你用不同角度看擔心害怕的動物，把牠當作是護佑你的神獸，只是牠比較敏感一點，是不是還不賴？牠只是需要前座的成年人開導一下而已。在衝突的情境下，大多數的人都把自己或對方認定為「太怎樣」或「不夠怎樣」。可能有人跟你說你心思太細膩、太情緒化、太黏人；或者說你不夠關心、不夠細膩、不夠感恩；還可能有人會告訴你，衝突還是越少討論越好。正常情況下，大家都會不計一切代價來逃避衝突，要它趕快消失，可以多快就多快。

布蘭登一生都在逃避衝突。當他的同事或伴侶談到一些不好處理、會引起衝突的話題，他內心就會開始不爽，只是布蘭登從來都不明說，還試圖粉飾太平，讓事情快點過去。當布蘭登還是個孩子時，他的父母總是叫他「過兒」──「過度反應的兒子」。他還只是個孩子呀！你這樣叫他怎麼辦？他會回到自己的房間，打好幾個小時的電動，拼命隱藏擔心害怕的動物。他試著想出許多策略，讓自己的心思不要那麼細膩，不要敏感到靠北，畢竟他的「過度反應」確實也給家人帶來許多困擾。久而久之，他總算學會忽略自己的感覺和情緒了，就算在面具之下，內心已經不爽到快要爆炸，他一樣若無其事。在他眼中，爸媽對他的感性、細膩沒有太多耐心，所以情感也沒有宣洩的出口，於是他就像多數男生一樣，把自己的情緒隱藏起來，但把情緒埋在心裡並不能幫助他解決衝突和化解受傷的感

受，年紀越大越是如此。

補充說明一下，當父母要求孩子停止感受，就是在要求孩子忽略、不要相信自己內心的小聲音，正正就剝奪了小孩擁有幸福人際關係所必備的衝突處理能力。拒絕感受孩子情緒的父母，本身很可能也是拒絕感受自己情緒的人，這就是為什麼他們很難忍受孩子的情緒，也很難建立處理孩子情緒的能力。

布蘭登深入歸零守則的輔導後，他發現不能再繼續使用成長過程中學到的應對策略。他決定接受自己就是一個多愁善感的人，並開始在最親密的關係中展現這個特質和自己的真實感受。布蘭登選擇了第三條路，在這條路上，就不得不面對他始終都在逃避的各種衝突。這條路不好走，但生活中無法應付他敏銳度的人開始被他一一剔除，他也開始認識偏愛覺察力、敏銳度高的人，他的親密關係也自然而然變得更加穩定了。

為了讓你擔心害怕的動物好好發揮，還有覺察牠怎麼看待威脅、學習哪些反應是最恰當的，你得學會如何與你擔心害怕的動物共處。這代表什麼呢？代表你必須學會接受你內在一切的體驗、感受，並與它們共處：好好感受自己所有的喜怒哀樂與感動，賦予它們生命，像看到小嬰兒哭泣那樣，溫柔地抱在懷中呵護。

發掘負面和消極

大腦還有一點很妙，你知道大腦避免痛苦和威脅的傾向，

是尋求快樂和連結的兩倍嗎？沒錯，這就是負面偏誤（nega-tive bias）。瑞克・韓森博士（Rick Hanson，相當傑出的研究人員、心理治療師兼作家）在某次播客訪談中告訴我，大腦生活在一個紅蘿蔔加棍子的遊戲中，它會試圖尋求紅蘿蔔（食物和快樂），但也會閃避棍子的攻擊（威脅和痛苦）。[3]一天沒有吃紅蘿蔔不會怎樣，但如果沒注意其他有威脅性的人帶了棍子，那麼「鏘」的一聲，瞬間你就死翹翹了。因此，幹麼追逐紅蘿蔔？聰明人就要小心棍棒。從痛苦中學習，也比從快樂中學習來得快，這樣大腦更能夠幫助你在未來閃掉棍子，是不是超聰明的？正如韓森博士所說：「我們人類，生來就是會因負面經驗而改變。」

　　儘管從負面經驗中學習的效率更快，但我們還是把找尋快樂作為擺脫痛苦威脅的主要策略。這對許多人來說是個容易上癮的循環，也是為什麼現代社會有這麼多人用甜食、Insta-gram、電玩和其他數不清能分散注意力的東西來自我麻醉、自我療癒，就是為了擺脫讓我們覺得不舒服又充滿威脅的負面經驗。與其說我們的文化追求享樂主義，不如說我們是藉由享樂來避免痛苦，這就是佛陀所說的「所有痛苦的根源」。*

　　例如我二十幾歲的時候，因為內心諸多衝突，充滿了低層次的痛苦、不滿和焦慮情緒。我不知道這些痛苦從何而來，只知道我不喜歡這種感覺，所以我藉由喝酒、抽大麻和攀岩來擺脫。我尋求快樂，好擺脫那些不知道如何解決的痛苦。

　　如果想藉由尋求快樂來避免痛苦和難受，等於剝奪了自己

成長的機會，也無法承擔個人責任，還失去了跟你關心的人一起鑽研解決衝突的深度學習機會，這就是為什麼學習如何與你內心的痛苦、煩憂和知覺共存是如此重要。為了戰勝動物本性，你得花更多時間坐在駕駛座，學習如何駕馭後座擔心害怕的動物。這樣做將有助於你處理人際關係中免不了的衝突和壓力，也就是說，我們可以學會用大腦來管理自己。

低層次壓力的代價

如果你一直迴避衝突，把感覺深藏心裡閉口不言，拒絕所有難過與痛苦，真的有那麼嚴重嗎？是的，很嚴重。研究清楚顯示，這種策略會長期影響健康狀態。1980年代有個前所未見的創新研究，叫做「童年經驗量表」（Adverse Childhood Experiences，ACE），當中有17,421人完成了體檢和保密問卷，問卷的內容關於他們的童年經驗以及現在的健康狀況與行為。[4]研究人員將童年不良、有害的經歷定義為身體虐待、性虐待、精神虐待、忽視、目睹家庭暴力、藥物濫用、精神疾病、離婚和其他創傷事件。[†]他們發現，這些未解的衝突會讓

---

* 學習佛教幫助我看到人生擺脫不了痛苦，而痛苦的根源是追求「更好」的東西（尋求關注）與企圖擺脫痛苦的無知（閃躲逃避），有求就有苦。

† 這是創傷與未解衝突帶來的所有症狀。

生活更痛苦，有害的負面經歷越多，日後面臨的生活挑戰就越嚴峻。

> 美國十大死因中的七項，會因為童年創傷而增加死亡的風險。在重大創傷下，大腦發育、免疫系統、荷爾蒙系統，甚至我們的DNA讀取和轉錄方式都會受到影響。暴露在極大創傷下的人，一生中患心臟病和肺癌的風險會增加三倍，壽命也會少二十年。
>
> ——娜汀·伯克·哈里斯醫生，
> 《深井效應》（The Deepest Well）作者、
> 青年健康中心創始人、加州衛生局局長

所以你會發現，如果我們的童年或幾十年來都處於關係中斷的狀態，沒有得到修復或重建，時間久了，造成的傷害可不容小覷。

最小化關係壓力

如果你常常說你「沒事」，也長時間忽略衝突修復循環，你就會對壓力習以為常，還懂得要「忍受」壓力、「療癒」未解的問題。換句話說，我們有些人已經適應了長期低層次壓力的生活狀態，直到我們年紀較大之後，才清楚感受到壓力的代價，這就是為什麼壓力會被認為是「無聲的殺手」。*

　　舉例來說，你可能在一個表面氣氛上看起來很好或很安全的家庭系統中長大，但在表面之下，你的神經系統長期處於輕度警戒狀態，因為實際上你的四大關係需求——即感到安全、得到關注、被安撫、支持和挑戰的需求沒有得到滿足。你的父母可能因為「從不吵架」而沾沾自喜，或許他們把任何難受痛苦的事都深埋在心中，但衝突從來沒有處理，你甚至可以感受到他們的緊張、怨恨，並把你丟在一旁，當作空氣。你已經習慣這種程度的壓力，到了已經不覺得有什麼事是明顯有壓力的狀況。這種情況下，人身是安全的，但精神上卻不是很安全，因為情感都被否定或輕輕放下了，特別是負面的情感。父母否定你的負面情緒，沒有完成衝突修復循環，並不斷告訴你：「沒事的，你會好好的。」或者：「沒有必要傷心，沒有什麼問題，你應該要感恩。」

　　孩子自然而然適應了這種環境，並告訴自己他們確實很好，沒有什麼問題。他們長大成年後繼續否定負面感受或經

* 馬特醫生在他的《當身體說不》（When the Body Says No）一書中提到童年的慢性壓力如何在往後的生活中變得有害，他說：「根本的問題並不是外部壓力……而是環境條件下的無助感，讓戰或逃這類的正常反應都做不到。由此產生的內部壓力會受到壓抑，因而無法透過觀察得知。最後，需求得不到滿足或必須滿足他人需求不再被當作是壓力，反而會被當作是正常的。」換句話說，無論你的應對策略有多強，逃避衝突的代價都很高。

驗，當親密關係出現棘手的問題時，他們便會持續怪別人或逃避、刻意淡化問題、自我孤立。

如果你關上心門，壓抑未解的人際衝突所產生的情緒，體內就會分泌更多的皮質醇。皮質醇也被稱為壓力荷爾蒙，對我們的健康是不可或缺的。然而，皮質醇分泌過度會造成失衡，對健康產生許多長期的負面影響。[5]約翰和朱莉・高特曼（John & Julie Gottman）是人際關係健康的先驅，也是臨床心理學研究人員，兩人研究過三千多對夫妻。他們告訴我，擅長處理衝突的夫妻比選擇逃避、對解決衝突有困難的夫妻多了十年的壽命。[6]換句話說，在面對衝突的時候，過去跟現在的處理方式、做了哪些事、哪些事該做卻沒做，都可能會對你的身心健康造成傷害。

根據我的經驗與大量的研究結果，沒能力或不願意化解衝突所造成的壓力，是導致感情失敗、離婚與往後慢性健康問題的主要原因。[7]

壓力的好處

務必記得：我們需要一定程度的壓力（衝突），否則我們就不會成長、進化（「良性壓力」（eustress）就是指這種「好的」壓力）。試想一下，人際關係壓力的好處是，挑戰你價值觀的人，可以讓你在他們面前可以不偽裝、做自己。理想的情況下，壓力能幫助你面對自我和痛苦，因而你能學會利用壓力

借力使力。有了適當的工具、理解和支持，你可以把任何有壓力的人際挑戰當作成長的機會，讓你變得更強大、更有適應力、更有韌性，或許還更善於與人連結。逆境培養、淬煉品格，而衝突，則可以孕育出堅強穩固的人際關係。

在人際衝突當中，你一定得用腦——連同本書中的其他方法——爬回前座、回歸到零，並重建良好關係。衝突和我們的人際關係每天都在形塑我們，讓我們成為現在的樣子，而這一切都從大腦和神經系統、你對威脅的覺察和看法，以及你處理壓力的方法出發。

行動步驟

1 · 你不是擔心害怕的動物，但你現在是否知道不學習如何跟這動物相處，得要付出什麼代價？如果你退居老二，讓擔心害怕的動物當老大，代價可能是什麼？請把它們寫下來。

2 · 刺激量表：只要有人踩到你的雷，你開始不爽，就拿出來用。至少讓另一個人知道你的反應，讓他了解你有多不爽。

3 · 反省一下你以前如何處理壓力，你能不能發現未解的衝突和你的幸福之間的關聯？

4 · 跟你的練習夥伴交流，分享你在本章中，認識了自己的哪些面向。

第七章

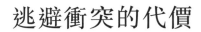

逃避衝突的代價

如果利用逃避衝突來維持和平，就是在自己內心發動戰爭。

——雪柔‧理查森（Cheryl Richardson）

我這一生大半輩子都在逃避衝突，當時我不知道逃避衝突其實就是在製造更多衝突，直到我遍體鱗傷後才了解到，如果逃避與他人的衝突，自己的內在就會產生衝突。如果我們在衝突中或衝突後無法、或是不願意誠實說出心底話，內在衝突就會出現。有時是我們太害怕說實話；有時是我們年紀太小，跟另一個人的權力差距太大。如果你也習慣逃避衝突，就得了解總是逃避衝突的根本原因，以及逃避不面對的代價，如此一來，你才有能力化解衝突。

核心內在衝突

我以前是一個敏感、情緒化、富有同理心的小男孩，如果我看到受傷的小鳥、身心障礙人士，或是在有人在遊樂場哭，我的世界就會停止轉動，心也跟著痛。我的感受力很強，哭泣這件事有時候會惹到我爸媽，害我遭殃。有時候我爸看到我哭，會說：「你再哭，我就扁你，讓你哭個夠！」如果我在遊樂場哭，就會被笑、被欺負；如果在公共場合找媽媽討抱抱，我就有可能被當成媽寶。*到最後，我竟然學會咬自己的手背，讓自己不要哭（這個詭異的習慣一直維持到三十幾歲）。

父母對我的呵護無微不至，用滿滿的愛、關懷和資源教養我，我心懷感激。我知道有時候自己心思細膩的一面很難處理，因為我很需要關愛，但對他們來說，這叫「反應過度」，甚至覺得我會耍心機來得到我想要的。他們能用的辦法都用了，但我還是感覺得到，我細膩與敏感的心思讓他們感到很困擾，最後我甚至想把它藏起來，克制自己不要那麼細膩（但根本不可能）。我發現，當個搞笑、帥氣、很會運動的人，比起心思細膩、多愁善感要來得討喜，在球場上展現這些特質也比較吃香。時間一久，我將最真實的我（敏感、愛哭、充滿負面情緒）改造成另一個我（展現能力、成就、裝成熟），戴著面具讓我獲得歸屬感、友誼，也讓大家接受我。我就跟一般小孩一樣，只要內心有安全感，表達自我就沒障礙，但只要內心不安、感到威脅，我就不跟人往來，從而找出因應的策略。

大多數的孩子會覺得他們有兩種面貌或個性：一個是天真、熱情和自由的人格，另一個則是收斂壓抑的人格，後者是為了減輕威脅和遵守場所規定而存在的，我把這兩個自我之間的分歧稱為「核心內在衝突」（core inner conflict），對許多人來說，這種內在衝突可能會持續一輩子。

---

* 這個社會可以接受男孩跟男人叫其他男性「媽寶」（mama's boy），但「爸寶」（daddy's girl）這種說法，聽起來就很可愛、討人喜歡，這個現象實在很有趣（也很悲哀）。這是社會根深蒂固貶低女性、期待男孩該有的樣子所造成的。扯遠了，或許下一本書再來聊這個。

我覺得幫這兩種個性取個名字比較方便，為了簡單起見，我把我們真實的自我表達稱為「真我」（True Self），而改造後的稱為「假我」（Strategic Self）。真實的自我，或稱真我，是孩子天生最真的樣貌，而假我是指孩子根據長時間觀察到的衝突處理方式，結合外在環境的複雜性、訊息和需求之後轉變而成的角色。

我知道人類哪能只分成兩種這麼簡單，但是我發現這種分法可以幫我解釋大多數人在成長過程中處理過的內在衝突。我從真我離家出走，因為表達真實情緒造成我的痛苦，害我被排擠。我不想再繼續痛苦下去，也不想一直被排擠，所以我改變了表達自我的方式，制定應對策略，將任何會破壞我跟最依賴的人交流（依附），以及任何會影響他們對我的認同感的因素降到最低。如圖7.1所示，請把這種內在衝突想像成一個有兩根針的指北針，把你拉往兩個方向。

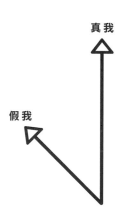

圖7.1　核心內在衝突

　　如果小時候有安全感，我就能展現真我的樣貌，但如果沒有安全感，就是假我在主導我們了。這兩個「方向」之間的差距造成了緊張對立，也就是核心內在衝突，導致日後你總覺得哪邊「怪怪的」。

　　每次衝突，都有機會讓我們將指北針調整成真實的真我表達，或是策略導向的假我表達，就看當下採用哪一種方法比較有安全感。衝突發生當下，大部分人很容易就會啟動中斷關係的四種應對：要麼裝腔作勢怪別人，要麼羞愧到崩潰自卑；不是用個人魅力尋求關注，就是在恐懼中閃躲逃避。

　　回想一下你的關係藍圖，再想想你的童年，以及你展現本色時別人的反應，你是過度反應、過度「不反應」、還是都不會犯錯的完美「模範生」？你會放空、拒絕感受真實的感覺，然後躲進美好的夢幻泡泡中？又或者是你個乖寶寶，因為你都不會亂哭？還是你都用哭來得到想要的東西？如果你不聽話，大人是不是都說你「很皮很不乖」？大人有支持你嗎？還是你覺得小時候都孤零零一個人，處處令人失望，是個討人厭的累贅？掉眼淚、抓狂、鬧脾氣、悲傷、沉默、生氣、快樂、遲鈍、不遵守規則、感到害怕，以上哪種自我表達是不允許的？你又用了什麼方法來處理？你選擇的是哪一種中斷關係的應對方式？你向人群靠近，還是孤僻不理人？

　　你很可能改變了自己的個性，並制定應對策略，以維持歸屬感，避免諸如被扁、被噓、被當空氣、被霸凌、被忽視、被排擠等等負面後果。請記住，嬰兒和兒童沒得選擇，但是進入

青春期，你的應對策略就是刻意挑選的——你可能會為了得到同儕的肯定而拒絕家人。在社交場合中，你一派輕鬆、開開玩笑，或故作堅強，並嘗試新的手段來避免衝突發生，以獲得更多外界的認可、接納和歸屬感。如果你為了避免被排擠或傷害，而放棄表達自我，那你可能已經產生內在衝突了。

孩子們把未解的外在衝突放在心裡不處理，往後的日子裡也會重演著相同的模式。

- 「我在這裡無法做自己。」
- 「我最好不要太情緒化，不然……」
- 「我不想在這裡太開心或太嬉鬧，因為……」
- 「我還是閉嘴不要講話好了。沒用的，反正講了事情又不會改變。」
- 「我還是討厭自己好了，這樣的話，就只有我才能傷害自己。」

除非孩子的自我表達是在安全依附的關係中培養出來（請回顧四大關係需求），否則外來的訊息將會主導孩子的社交行為，假我將擊敗真我，畢竟有人可以依附才是第一優先。

我的策略

我進入青春期後，假我贏了，我成了父母與別人眼中期許

的樣子。我媽在學校當老師，後來專職家庭主婦，撫養我們兄弟姐妹；我爸則是三屆全美滑雪選手，後來從商去了，他曾是世界上最頂尖的滑雪選手之一。此外，他大學時還參加過高爾夫校隊，完全是超強的全能運動員，結婚之後就拼命工作養家糊口。他的認真讓我很崇拜他，我不想因為自己細膩敏銳、多愁善感、充滿文藝感的特質而讓他失望，因為我這些無拘無束的特質是沒有人在比賽的。

　　儘管我父親總是鼓勵我追隨自己的夢想，但我還是採取了別種策略——投入父母支持的運動：高爾夫、網球和滑雪比賽，因為參與這些活動才能讓我感受到他們的愛、獲得他們的認可、讓我們的關係更加深厚。他們支付所有運動的費用，比賽時在場邊為我加油。我跟我爸一樣都是非常優秀的運動員，也因此獲得許多表揚，順應父母特質的策略當然就持續下去了。我的假我多次得到父母和教練的肯定，他們會說：「你真是天生的運動員呀！」或：「只要你全心投入，你會是最強的運動員。」可是在內心深處，我毫不在乎是否能贏得比賽，甚至根本不想參與這些運動。我常繞著網球場跑、在練習場上打高爾夫球，或穿上緊身的連身滑雪服參加滑雪比賽，但我從來沒有因此興奮過，尤其在暴雪中滑雪的時候更是生無可戀。

　　到了高中，我覺得比較有能力做自己的選擇了。我在高中參加的網球隊贏了州冠軍，但我根本沒上場打，因此我認為有沒有我都沒差了，反正我的心思也不在這上面。高中時我也放棄了高爾夫球，最終在大一跟著放棄了滑雪比賽，父母和教練

都很不高興。但對我來說，退出的感覺很自由，表示你再也不需要討好他人、可以放掉對你沒幫助的策略了。

我在青少年時期學會了怎麼交朋友、找到歸屬感，並獲得認同，但我常常需要付出犧牲真我的代價，把真我藏得一年比一年深，畢竟好好隱藏起來，對我交朋友超有幫助的。結果我變得很會利用假我來讓別人喜歡自己，卻忽略了日益加劇的內在衝突。

假設你能倒帶看看自己的童年記憶，不管回憶有多完美、或多糟糕，應該都能看到自己曾經為了討好別人、維持友誼，而壓抑自己真正的想法，但請你問問自己：「我在青春期時，為了得到歸屬感做過什麼事？」或者想想最近的事，像是最近的約會或應徵的工作，你很可能隱藏了真我，才能避免被對象發好人卡、被公司拒絕。我們確實需要某些「策略」來應對複雜的人際關係，但如果我們成了自己策略裡所扮演的樣子，我們的內心會得不到滿足，總覺得哪裡缺了一塊。時間一久，過多的策略和面具，都會讓自己徹底背叛自我，核心內在衝突也跟著變得根深蒂固。打個比方來說，如果你（或你認識的人）照著父母或其他具影響力人士所期望的路去走，或許可以滿足他們願望，滿足個幾十年吧，但你的內心永遠不會滿足，接下來還可能陷入中年危機。這種內心的糾結最終會找上你，我就是這樣。

哪裡可以接受我，我就去哪

到了十八歲，我的內在衝突越來越嚴重。上大一的第一天，某個同學問我想不想要嗨一下，當時我從來沒哈過大麻，當然要答應呀。過沒幾個月，我完全淪為呼麻的嬉皮廢青。如果我那天遇到的是某個運動員，搞不好我就會變成運動員了，但其實沒差，我就只是想要朋友而已，並不是要化解我的不安全感。

我開始留長頭髮，聽「死之華樂團」（Grateful Dead）的歌，還因為在朋友的寢室裡呼麻而差點被大學開除。「晨則吸，昏則睡」、作業複製貼上、成績都在及格邊緣，耍廢了一年後我覺得也許是學校地點的問題，所以轉學到更大間的大學，這邊沒人認識我，等於我可以砍掉重練。我不想再當廢青了，於是把長髮給剪了、加入兄弟會，每週一穿西裝打領帶，參加兄弟會的聚會活動。

這是我能重新定義自己、嘗試跟團體做一樣事情的時候了。他們大多數都會喝酒——喝超多的那種，所以我就喝更多，因為我想跟上腳步、更融入大家。我一喝酒就會變得更有自信，也更有安全感，既愉悅又放鬆，內心的拉扯與困惑都拋到了九霄雲外。我們喝得很兇，也玩得很兇，會用很糟糕的方式整新入會的成員，整人的方式根本變態、天理不容。我有很多年都覺得羞愧到無地自容，只因為了得到歸屬感而背叛自己的正直。但是，因為我當時都是用假我的身分在生活，也因為

常常感到迷茫、與他人毫無連結，甚至也支持不了自己，所以我就隨波逐流，接受這樣的日子了，也沒有要擺脫這種生活的意思，直到後來我才有所改變。通常我們遇到問題都可以逃避很久很久，直到生命裡出現了某個契機才有機會打破這種惡性循環。

參與兄弟會的那幾年，我們幾個人會溜到猶他州的沙漠，騎登山車、攀岩和開派對，我們經常喝很多酒、吃迷幻藥或迷幻蘑菇。有次我經歷了特別強烈的「幻旅」，我在沙漠中漫無目的地走，忽然看到一百英尺外有個人長得跟我很像，靠近後才發現原來他就是我！一股無底洞般的恐懼朝我襲來，怎麼可能同時會有兩個我？後來我才明白，我看到的是兩個自我之間的核心內在衝突。這體驗很恐怖，但也令我茅塞頓開，那是我第二次的迷幻藥體驗，假我的面具開始被一一揭穿。雖然後來我把那段經歷稱為「糟糕的迷茫體驗」，這卻是我生命的關鍵時刻，假我的面具裂了，真我的光從中透了出來。

然而，過去的慣性是很難改變的，我還是繼續對約會對象採用假我策略。吸引這些女性的策略之一，就是想辦法幫助她們解決問題，這樣她們就不會關注我和我的不安全感了。外在的我表現細膩，但內在的情緒則藏在面具底下，故作神祕、綁架她們的心。我那一票男性朋友整個驚為天人，他們的認可無疑給我打了一劑強心針。我跟每一任女友總維持著若即若離的關係，總是逃避不面對衝突。當她們說出「怎麼了？」或「我們可以談談嗎？」這樣的話時，我就會渾身不對勁，接著拉開

我們之間的距離，把我的脆弱和真面目深藏起來。我猜和我約會過的女性都能察覺到我內心的混亂不安（我的核心內在衝突），所以想要理解我或幫助我，她們要的其實是面具**底下**的那個男人。

核心內在衝突，加上外在未解的衝突，搞得我這十年的感情生活都跌跌撞撞，這種痛苦實在大到難以忍受，才讓我走上個人成長的道路。如果在成人的人際關係中，總是帶著面具掩飾真實的自己，內在衝突就會應運而生，受盡焦慮、憂鬱、羞愧、絕望的折磨，反正就是一個慘字。此外，如果我們看得更仔細點，可能會發現生活中未解的外在衝突之下，還有一個更深層、更原始、更根深蒂固的內在衝突，使我們難以成為真我，甚至連認識它都無法。

這就是為什麼你看到成年人總是留在有害或冷淡的關係中。通常有一方會選擇在關係中隱藏自己的真面目，他們寧願和某人在一起，也不願意冒險把話說開，因為這可能會讓關係出現裂痕，導致最後單身沒人疼愛。這也是為什麼人們一直在做他們討厭的工作，寧願接受一份不能講真話的爛工作，至少有錢賺呀，總比太誠實還被炒魷魚要好。

這是超級重要的觀念，我們在任何時刻做的選擇都是為了趨吉避凶，*只要好處比缺點多就好。想像一下：你放假去拜訪伴侶的家人，有時候最好就是閉上嘴巴，因為怎麼可能跟婆

---

* 這個非常棒的觀念是約翰・迪馬提尼博士教我的。

婆或岳母說你不怎麼喜歡她煮的晚餐，或是你討厭她支持的政
黨呢？這一點都不值得。或者，你很想辭掉出賣靈魂的工作，
但後來又決定再待一下，等領完年終獎金再走好了。

　　如果某些需求依舊得不到滿足，衝突修復循環沒有完成，
我們就會藉由適應環境來滿足核心的依附需求。因此，只要我
們認為這些策略對我們利大於弊，就會使用這些策略。我們都
有逃避痛苦的策略來獲得想要的東西，或是去融入環境。不管
我們有多「健康」，也不管我們變得多麼善於處理衝突，有時
候我們還是會不得不拿出某個策略來渡過難關。

　　弱勢族群有避免偏見和歧視的策略。舉例來說，有色人種
懂得如何避免種族歧視；女性在男性充斥的環境中，也知道如
何避免性別歧視；同志伴侶懂得不要在公開場合牽手，避免引
來仇恨，這些都是幫助我們避免衝突、暴力、甚至是死亡的策
略。這些策略都很有用，且沒有對錯與好壞之分，但我們需要
辨別策略，搞清楚到底這些策略是在幫助我們還是在害我們，
以及何時會引發內在或外在的衝突，關鍵就在選擇。我們大多
會不知不覺部署策略，「人人好」這個詞就是個很好的例子，
他們總是企圖討好別人來獲得回報，搞得有些人很討厭他們，
因為他們的行徑給人不誠懇、很假的感覺，好像在執行策略一
樣充滿目的性，沒錯，討好別人也算是種策略。許多「人人
好」的人甚至沒有意識到這種習慣，他們不假思索地討好別
人，因為童年的經驗已經在他們內心中根深蒂固，而且他們可
能還會因拍馬屁而得到好處。然而，小時候有用的策略，長大

成人之後卻不一定有用。

　　在莎拉還小的時候，母親就罹患了憂鬱症。雖然她的父母確實陪在她身旁，但感情卻相當疏離。她父親經常壓力山大，工時很長，莎拉則是三個弟弟妹妹的大姐。她很快就發現，只有在她幫忙做家事的時候，家裡才最有家的感覺。她從來不和鄰居的孩子一起玩，而是經常幫忙做晚飯和打掃家裡，甚至會送飯到媽媽床邊，因此莎拉得到了「你真是個樂於助人的小女孩」和「沒有你幫忙媽媽怎麼辦」之類的讚美。這些訊息強化了她的假我，她便漸漸習慣這種生活了。此外，她在學校用功唸書，想說成績優秀會讓媽媽病情好轉，爸爸也會更愛她。無論她走到哪裡，大家都對她讚譽有加，說她多麼樂於助人、多麼會照顧別人。

　　如你所見，她成為好幫手的策略，讓童年少了很多痛苦、多了更多連結，但成年後，這樣的策略開始成為阻礙。

　　後來莎拉專攻醫護，成了護理師，並結婚生子。一開始婚姻很美好，但孩子生下來之後，她和先生就漸行漸遠了，兩人都專注於工作和照顧孩子，因而忽略了雙方之間的情感連結。先生常常把他們的問題怪在她身上，而且他們教養小孩的方式也經常有所出入。她沒有專注於自己和自身的問題，而是試圖改變另一半，這只會讓衝突加劇。先生覺得莎拉都在罵他，所以漸漸就不理她了，有時候還會連續好幾週不理她。他們大部分的衝突都沒有解決，年復一年持續累積。她對先生有很多嚴重的不滿，對他和孩子的脾氣也變得很糟。每當家人想關心她

的時候，她都避而不談，只說是醫院工作壓力太大了。

很多人都沒有意識到自己有核心內在衝突，除非，或是直到他們發生了外在衝突，把核心內在衝突推到表面，才有機會看見內在衝突。莎拉來找我的時候，已經走投無路了，還準備採取激烈的手段。

兩顆爛蘋果的選擇

我們處理外在衝突的方法，有部分會讓我們受困於內在衝突。許多年前，莎拉的婚姻衝突產生了令她左右為難的選擇，因而被恐懼給支配了，頓時不知該怎麼選才好。我把這個狀況稱為「兩顆爛蘋果的選擇」（two shitty choices），以下便是她的所看到的選擇：

選項A：打開天窗說亮話，告訴丈夫她對婚姻不滿的所有原因。如果她選擇A，她擔心婚姻會變得更糟，丈夫可能會更疏遠她，最壞的結果是失去婚姻、經濟困頓、孤獨終老。媽呀！

選項B：什麼也不說，維持現狀、死守婚姻，不要沒事找事。如果選擇B，她擔心什麼都不會改變，她會在缺乏性愛、毫無生氣的婚姻中過得愁雲慘霧，天天獨守空閨。吼唷！

　　我幫助莎拉看清楚她的卡點，她漸漸明白為什麼會進退兩難了，原來是她讓自己陷入兩敗俱傷的局面。不處理跟先生的外在衝突，就會造成內在衝突，你看到了嗎？外在衝突沒處理好，內在衝突注定會出現。莎拉看見的兩個選擇之中，都有她不想面對的痛苦和不安，這就是問題改善不了的原因。睽就睽在，就如前一章莫妮卡所發現的：她已經處於痛苦之中了。我們能理解莎拉的窘境，因為她只看到兩個爛選項，所以不願意擁抱和面對生活中最明顯的衝突。她其實有很多選擇，只是鬼遮眼罷了。

　　莎拉其實很清楚選項Ｂ會比選項Ａ更痛苦。如果選擇Ｂ，她就不得不活在謊言中，對自己說謊，也對家人不誠實，搞不好她得說一輩子的謊才行。

　　但到了這個節骨眼，莎拉的痛苦已經讓她難以忍受，就算選第三條路會讓她失去婚姻、逼得她獨自辛苦賺錢、承擔一切的屈辱，這樣冒險也沒關係，於是她選了第三條路，人生才總算有了重大的突破。我把這第三條路稱為「選項Ｃ」，Ｃ指的是「衝突」（conflict）。

逃避困難的事情（起衝突）會製造出更多衝突，讓你受困之餘也無法得到滿足。

　　我提醒莎拉，她的處境已經把她困在受害者情結低谷了，

唯一的出路是殺出重圍，但這條路不會很好走，甚至可能會有所犧牲。儘管莎拉想成為人生的作者，但她當前是在為其他人而活、順他們的意行事。如果你還記得，從受害者到作者的轉變是一種選擇，而衝突是在所難免的，所以她必須學習如何處理衝突，並藉此練習成為關係領導者。也就是說，她必須開始在家裡、甚至在職場的重要人際關係中表達自我。

莎拉開始告訴朋友她確實過得非常不好，之前她從沒告訴過任何人有關婚姻的狀況。此外，她也開始在婚姻中表達自己的意見，說出自己真實的感受，讓先生知道她很不開心、內心壓力滿載。她學習人際關係、學習好好傾聽，開始接納不舒服的情緒與內在的不安，最後她總算願意起衝突了。有時候跟先生吵架根本是生不如死，但一年後的現在，她實現了兩顆爛蘋果之外的不同成果，全因為她選擇成為一名關係領導者（選項C），並帶領自己走出受害者情結低谷，進入一個她可以作主的人生。

你的選擇

現在請回想你在第二章衝突表格中寫的那個人。你很可能已經卡關卡很久了、進退兩難無法動彈，或都在怪罪對方是他們的錯。我們現在就來看看你的兩顆爛蘋果：

選項 A：把話說開，說些什麼都好──說實話、真正

的實話，然後擔心最糟糕的結果會發生。對方會反彈，關係也可能會結束（想像最糟糕的情況）。

選項B：一如既往地過活——什麼都不說，維持表面的和平，儘量不讓狀況惡化。繼續卡在你目前的狀態中，永遠都不學如何解決衝突，也體會不到美滿關係帶來的好。

現在哪個聽起來比較好？如果你還不夠痛苦，就會選擇B；如果你已經生不如死了，就會比較想考慮選項A。你過去可能至少選過一次A，但都不太順利，所以就卡關了，擔心如果把話說開，他們會為自己辯護、不理人、火山爆發，或者更糟的——結束這段關係。但是，如果你像往常一樣死不把你的問題講出來，內在衝突與不滿就依然會持續。嗯，該怎麼辦才好呢？

如果你像我們其他人一樣，把話吞下去（選項B），你的自我表達就會像水管打結一樣，**沒說出口**的話無處宣洩，久而久之就累積在心中轉化為怨恨（稍後詳述）。真心話不容易隱藏，所以它會漸漸以八卦（三角關係）、緊張、抱怨、酸言酸語、刻薄批評的形式透露出來。若衝突持續發生，而我們卻一直隱藏真正的自我表達，一旦突破臨界點，像是水壩裂了，真心話就會潰堤、傾瀉而出了，這些真話可能間接隱晦，也可能直接尖銳，使你的人際關係受到傷害。因此，你有三個問題要

處理：一、你最初逃避的外在衝突；二、逃避造成的內在衝突；三、因你隱藏真心話而產生的新衝突。要是你沒有解決衝突，反而使它變得更加複雜，這種情形我稱之為「衝突蔓延」（conflict creep），指逃避衝突後反而製造出更多的衝突。此外，對方可能會因為你沒有早點說出來而感到受傷和憤怒。

你看到了嗎？逃避最初的外在衝突後，不但對內產生內在衝突，對外也跟他人產生更多外在衝突。真是嚇死寶寶了！請不要怪別人讓你陷入這般田地，如果你選的是B，就是你害自己掉進去的。

那選擇A，把真心話說出來呢？我們經常想辦法逃避真心話，也一併逃避衝突，因為老實說，這真的是恐怖到靠北啊！誰想失去朋友、夥伴和家人？或是被罵、被傷害、被批評？莎拉都懂，但她只是在想辦法「不要輸」，而不是「贏」得關係。選擇A的話，代表已經下定決心，並開始自我預言：「反正我已經把話說出來了，但沒有用呀，只是讓情況變得更糟而已，而且搞不好還會再發生。」哦？所以你就寧願讓選項B困住你，以及讓你背叛自我、刻意淡化問題的嚴重性？還是乾脆就罵爆對方、讓他永遠都當衝突中的壞人？如果你選擇B，就承認你自己腦袋進水吧！既然都選擇B了，就請你摸摸鼻子別再抱怨了。如果真要選B、選擇一切**照舊**、選擇**背叛自我**，隨便你啦。來，大聲地說：「我選擇B，逃避衝突又背叛自己，我還沒有準備好，也不願意改變這種情況。」

但如果你想要不同的結果，那麼讓我們來探討第三個選

項，這個選項能讓你忠於自己，**得到**你想要的關係：選項C。
C即**衝突**，唯有藉由衝突，你才能蛻變為真實的你。從選項B
的困頓走向選項A的誠實，便能在選項C走出新的方向，如圖
7.2所示。

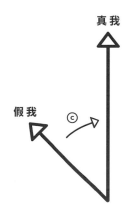

圖7.2　選項C

　　請注意，選項B少不了痛苦（內在衝突），選項A也是
（外在衝突）。嗯哼……正面反面都會痛，到底要哪個呢？你
想要哪都去不了的痛，還是成長帶來的痛？不好意思，沒有可
以逃避痛苦的方案，我也不在乎你目前的衝突有多困難，但有
一個從選項C出發的方向，可以讓你擁抱衝突，並學習如何化
解衝突，這才是正道！有點緊張也沒關係，你只是因為不知道
要怎麼做而小小害怕而已，沒問題的！請回到學習模式，你要
從受害者進化成作者，學習如何成為一個關係領導者。

兩種阻止你看見選項C的恐懼

隨著你探索全新路徑——選項C，恐懼感越發強烈是正常的，讓我們來探索一下這種恐懼。如果你對衝突中的對方毫不保留地說實話，並想辦法（再次）解決衝突，最壞的結果可能會是什麼？你最害怕的又是什麼？

恐懼一：如果你向他們開誠布公，他們很可能會不太高興，對吧？他們可能會跟你冷戰、指責你、羞辱你、拒絕你，或者更糟糕的，跟你絕交、從此不再聯絡。哎呀，真的有夠慘。但這些結果之外還有另一個微妙的層面。

恐懼二：如果所有恐懼一中的壞事都發生了（冷戰、提防你、跟你絕交等），你會有什麼感覺？你可能會覺得很不舒服，沒錯吧？而且你很想避免這些不舒服，因為如果你一輩子都在壓抑自己的情緒、逃避衝突，這種不舒服的感覺可能就像地底下即將爆發的火山，但同時你又想要控制得了的感覺。換句話說，如果你讓對方不爽了，你也會覺得很糟糕，對吧？

　　這裡有個簡單的方法來思考這兩種恐懼。首先，把你的衝突表格向下新增三個欄位，這樣總共有九個了，如圖7.3所示。暫時空下第七行，我們之後再來討論。在這個新的衝突表格中，填上第八行和第九行的內容。

　　第八行：如果你跟對方說出心裡話，你擔心他們會做什麼（冷戰、提防我、指責我、與我絕交等）？第九行：如果第八行的「壞事」真的發生了，你會有什麼感覺？想想諸如**害怕、難過、生氣、緊張、雙手緊握、呼吸困難**等等的情緒反應，並以「我……」開頭的句型寫下你的答案。

　　回來看莎拉的婚姻，她擔心先生會離開她（或她離開先生）、每個人都發現了她的問題（人際圈的恥辱）、她的孩子更會因為離婚而留下永久的傷痕。如果這些「壞事」都發生了，她便會感到極度不安，主要是恐懼、悲傷和羞愧。這也代表她的生活會全盤顛覆，也許得賣掉房子、搬家，或者經濟上變得沒有保障，因此，她的恐懼不僅僅是要感受這些不好的情緒，還有現實生活中的實際問題得面對。

跟我有衝突的人：
他們做了什麼：
想到這個人我有什麼感覺：
衝突程度0-10分：
衝突多久了：
在我們未解的衝突中，我錯在：
如果我把話說開，我會害怕他們做出什麼（行為、反應、無作為）：
如果以上發生了，我會必定體會到什麼感覺：

圖7.3　衝突表格範例：恐懼一與恐懼二

填寫第九行可能會有困難，因為我們會專注在對方可能的反應和指責上，很難想像如果最壞的結果發生了，我們到底會有什麼感受。莎拉一心只想著不要得罪別人，卻忽略了自己的感受。因此，徹底探索你的恐懼之後，你會發現自己不斷容忍、不想起衝突的點在哪——因為你不想得罪他人，也不想感受得罪他人後產生的不舒服和不安（列在第九行）。*如果什麼都不說（選項B），你可以維持表面上的關係，怪罪他人以求自保。請你唸出來：**你是在保護自己。**

你的恐懼，以及你保護自己避免感受不安的方式，就是讓

你卡關陷入困境的原因。請你承認這一點：「我很害怕，我是在保護自己。」你越早承認這種想法，就能越早從受害者蛻變為作者，就有能力做出不一樣的選擇。但首先你得承認，你在恐懼中就是會僵住動彈不得。

有趣的是，你如何在衝突表格上寫下的人面前表現自己，跟你小時候掩飾自己的樣子有很大的關聯。例如莎拉從小就很照顧家人，別無他求，她長大後依舊如此。所以，看看你現在的困境是否與你的童年環境有關。你很快就會學到如何與任何強烈的情緒「共處」，包括恐懼，這會賜給你考慮選項C的力量，朝水深火熱之處前進，而不是繼續逃避衝突。

超越選項C

既然你看到了選項A和B是如何讓你卡關的，你可以準備好選C了，這是通往作者思維**以及**更多連結的捷徑。是的，一定很恐怖呀，但它也是帶你穿越困境的不二法門。從現在起，請把選項B當成是背叛自己（betrayal）吧！大聲說：「我選擇選項B來背叛自己。」看看這樣有什麼感覺。你也可以說：「為了符合別人的期望，我得要背叛自己來維繫關係。」同

---

* 我們會在第九章討論如何面對內心的不安，該是學習怎麼接納內心不安感受的時候了，你說這樣好不好呀？

時，請把選項A當成是做最真實（authentic）的自己，也把選項C當作達成目的之途徑。

朝著選項C前進就是本書的主軸。選項C就像個宣言：「想要獲得自己要的關係與連結，並有辦法講真心話、做自己的不二法門，就是透過衝突來達到。」穿上關係領導者的盔甲，拿出承擔責任的大刀，你我都可以學會如何化解衝突。不過，別天真地以為有什麼捷徑可以讓你閃掉衝突帶來的不舒服，你已經嘗試過替代方案、把錯誤合理化、走捷徑了，但現在你真的得正視問題的核心才行。對，問題核心就像燙手山芋，靠太近會燙傷，不過你也有可能安然無恙，因為一切的感受可能都只是假相，是你的恐懼製造出來的幻覺而已。選項C會藉由擁抱衝突和說出真心話來縮小假我和真我之間的差距，它是提升自己和人際關係不可或缺的存在。

行動步驟

1 · 逃避衝突：請誠實反思你如何在生活中逃避衝突。你能看出逃避衝突是怎麼產生或加劇內在衝突的嗎？

2 · 想想你寫在衝突表格上的人，你跟他之間有沒有兩顆爛蘋果的選擇？把選項A與選項B都寫下來，然後問自己，你是否願意採取選項C。願意嗎？很好，那什麼時候執行？負起責任，勇敢執行，讓朋友知道你什麼時候會採取選項C。

3．依照本章的指示，填寫衝突表格中第八、九行的內容
　　（你的兩種恐懼）。

4．檢視這兩種恐懼：你覺得如果說出真心話，會發生什
　　麼事？你覺得發生這種情況會讓你有什麼感覺？如果
　　採取選項C，你最怕發生什麼事？你願意面對這種恐
　　懼嗎？

5．與一位好友分享閱讀本章的收穫，說出本章帶給你的
　　感受，讓他們從中理解你的心情。

第二部分

衝突當中——
如何將衝突歸零?

第八章

如何化解內在衝突

我是依循本心自性過活，還是為了滿足別人的期待而
活呢？

——蓋博‧馬特

　　我們的核心內在衝突可能就是我們體驗過的最大衝突。二
十多年來，我一直有輕微的憂鬱和焦慮，後來選擇傾聽這些
「不好」的感覺、把它們當成為某種回饋，情況才開始好轉。
我用缺乏成就感和痛苦來激勵自己，谷底翻身，從受害者變成
更真實的自己。

　　你離自我越遠，就越難達到內在的滿足狀態。如果每天都
有內在衝突，是不可能覺得滿足充實的，不但無法指望透過偽
裝出來的人格得到滿足，也不可能擁有令人滿意的關係。當你
用的是策略，而不是誠實說真話來解決衝突，你的衝突便很難
歸零。先前已經討論過，無論你有多少朋友，真我和假我之間
的落差會產生某種程度的焦慮和憂鬱，看起來就像圖8.1這樣。

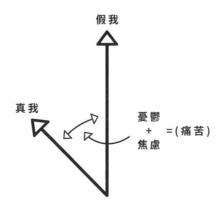

圖8.1　核心內在衝突的代價

認識你的假面

在你打算跟假我結合、戴上更漂亮的面具，藉此獲得想要的人際關係之前，一定要看看假我會對自己產生什麼影響。請記住，任何策略都是為了達成某個目的而存在。其實我們每天都在運用策略，但我們要縮小這兩根指北針之間的間隙，將它們合而為一，怎麼辦到呢？就是把話說開、說清楚講明白、擁抱衝突（選項C）。加強化解衝突能力的用意，就是讓你見證、體驗在重要人際關係當中完全做自己，是多麼有力量。

因此，我們要進一步了解假我。我想要你知道，你的樣子是由一連串的價值堆砌起來的，不管當中有多少真我或是假我的成分。例如，我的假我可能很重視你或其他人對我的看法，但真我重視的是做真正的自己，哪怕你會因此而拒絕、不喜歡我。如果你習慣避免跟人起衝突，你可能比較重視在某些場合以和為貴，會傷和氣的真心話就不說了。但這種策略會讓你跟內在的真我分裂，時間一久，也會影響你真正重視的人事物。驚人的是，這不但會影響人生方向，也會改變你在重要人際關係中的模樣。

舉例來說，菲利普從常春藤盟校畢業了，但畢業後不知道要做什麼。他想要利用空檔年來旅行，好好認識自己（真我），搞清楚下一步往哪走，但他感受到家人的壓力，要他認真找份好工作，畢竟他每個朋友都被新創企業和《財星》（Fortune）雜誌全球五百大企業聘用了。因為他主修金融，

父親又在大銀行上班，所以他就到一家大型金融公司工作，照著別人的價值觀和他的假我過活。薪水很不錯，可以痲痹他、讓他暫時不去面對想到真正渴望的生活時，內心所感到的焦慮與不安。菲利普在這家公司上班的八年間，獲得了外界大量的讚賞和認同，這種地位和表揚對他的假我來說非常重要。

畢業後不久，他開始和女友交往。剛開始一切都很順利，但久而久之，他變得鬱鬱寡歡，開始用酒和工作來轉移自己的注意力。想也知道，一週工作超過七十個小時，會讓人累到暫時不去想自己的問題。女友一直都是他的加油隊長，她很清楚菲利普做的不是他真心想做的工作。她努力了很久，想要說服他辭職、接受治療獲得幫助，但她發現一直催他，反而讓事情更糟，造成更多衝突、關係變得更僵。每當她試圖修復中斷的關係時，菲利普總是輕描淡寫、淡化問題，並拒絕溝通。他把自己的感受和真心話壓在心裡，他的策略一向都是逃避情感，因為在他的經驗中，情感只會帶來麻煩。最後，她受不了了，怨恨滿到漫出來，毫無預兆把他甩了、搬了出去，菲利普的世界一夕之間破碎崩毀。

目前為止，如果我們仔細探討菲利普重視的事物，我們會發現他排第一的是地位、金錢、酒和符合社會期待，後面才是他跟女友的感情，但突如其來的分手改變了他價值的優先次序。沒過多久，菲利普就清楚看到他雖愛美人、但更愛江山，把身分地位遠遠排在女友前面，所以搞砸了自己的戀情。因為他根本沒那麼重視感情，所以他能夠逃避與女友的外在衝突，

而酒精可以麻痺他的內在衝突。

在你對衝突的看法改變之前，你是不會改變的，也很難「找到」你的真我。因此，在這個節骨眼，請誠實面對，你究竟重視的人事物為何，以及背後的原因。這點非常重要，因為你的價值觀塑造了你的為人、你的選擇，以及你的人生方向。

我把這個方向稱為「指北針」，價值的次序決定了你指北針的方向。你會朝著你認為最重要的東西（而且有最多好處的地方）前進，迴避或遠離你認為最不重要（而且有最多壞處）的東西。

以指北針來說，當你忠於自己並誠實表達自己（記住，選項C），你的指北針就會定向到真正的北方（即使過程不甚順遂）。當然，這在重要的人際關係中是最困難的，你必須用別人的指北針，來橫渡衝突與分歧之海，而這個指北針可能與你的很不一樣。如果你像菲利普一樣，無法學習和解決衝突時，你的指北針就會定向到磁北（選項B），而你的真北就會被你採用的任何衝突迴避策略所干擾。*通常，磁北代表你成為別人希望你成為的人、做別人希望你做的事，而不是遵循心之所

---

* 在真實的指北針上，真北是一個固定點，而磁北則與地球的磁場保持一致，且永遠不會靜止在一個點上。我選擇這種比喻，是因為我相信真我是固定且與生俱來的，而磁北在我們試圖弄清或找到我們的真我時會不斷變動。雖然這不是完美的比喻，但我覺得滿有用的。

向。菲利普隨波逐流，選擇盲從別人的價值觀，把人生方向定在磁北。

當我們照著磁北的方向走，過生活不需要太多思考、不需要有目的、也不需要用心，感覺就像自動駕駛的狀態，因為不必考慮太多，也不會不自在。當我們被「吸」去做其他人也在做的事情，或者去做我們一直以來習慣做的事情，例如菲利普被磁北吸去追逐地位、金錢和酒精（外在事物），如果我們得到足夠的認同和獎賞，可能一輩子就停留在偽舒適圈、沒有麻煩的地方了，但我們也可能困在受害者情結低谷裡不斷掙扎求存，遇事只會依賴本能反應，選擇及時行樂，而不是選擇更困難的任務——踏上衝突的旅程，成為表裡如一、擁有美好關係的作者。

越是透過面對衝突增長自己的力量，你就越能開始朝向真北前進。這種感覺好得不得了，因為對自己、對別人，你都說真話，即使偶爾不舒服也不會怎樣，真北是生活中最能滿足自己的方向。

這時候問題變成：我要怎樣才能既忠於自己，又能在重要人際關係中活得好好的？這是任何超棒的重要人際關係中都有的癥結點，任何團隊、夥伴關係或家庭之中，各種價值觀不同的人聚在一起，也會因而產生摩擦。但最強大的夥伴、伴侶關係和團隊能夠好好面對和解決外在衝突，並且在過程中減少內在衝突。

下面的指北針練習將幫助你確定你的磁北（外在——你認

為別人希望你成為的人）和真北（內在──你內心深處真正的
樣子）。這個練習可以幫助你看到你指北針目前的指向，它或
許能讓你看清你多年來的內心衝突。指北針練習的靈感來自於
約翰‧迪馬提尼博士（John Demartini）的「價值確定過程」
（Value Determination Process，VDP），並加以改動。*

　　我調整、簡化了約翰提出的一系列問題，這些問題會揭露
你的個人價值，你的答案會顯示你所重視的事物，以及你的生
命方向、達成目標的方式。在這種情況下，「價值」（value）
一詞並不代表「誠實」或「信任」這類的東西，那些可能是你
欣賞或喜歡的個人特質，可能是你自己或別人的特質，然後
啊，在某些圈子裡，這些特質會被當成某某價值觀或美德。在
這個練習中，價值指的是你最重要的東西、你正在追求的東
西，無論是出於恐懼、挫折、習慣或靈感的都算數。還記得
嗎？菲利普重視身分地位、金錢和酒。

找出你的磁北──你的假我

　　在你開始接下來的步驟之前，有幾個撇步給你：務必要誠
實、認真思考你生活真正的樣貌、思考並反省日常的選擇和行

---

　　* 如果你想要深入探討這個主題，我推薦去看迪
　　馬提尼博士的著作《價值因素》（The Values
　　Factor）。

動，還有你想要的自我價值是什麼（真北）？實際的價值又是什麼（磁北）？這兩者是有區別的，儘量不要搞混了。一開始你只要寫下你「現實中」的價值，而不是你期許的價值，這個練習在你著手解決外在衝突時相當管用。

第一步：思考、反省、釐清

在下列每個問題後面寫下**四個**簡短的答案。當你完成這個練習時，你總共會寫出三十六個詞（或短語）。現在請花點時間做這個練習。

1・你如何打發時間？（例如：工作、家庭、滑新聞、健身、看運動比賽）

2・你大部分的精力拿來做什麼？

3・你把大部分的錢花在什麼地方？看看你的支出，以及你在亞馬遜之類的購物網站和其他地方最常買什麼，檢視一下月帳單、想想每週到底花了什麼錢。

4・你最常看或收聽哪些播客、部落格、書籍、雜誌、電影和文章？你最常上網搜索、找什麼資料？

5・你花最多時間在誰身上？

6・當你感到壓力大、害怕、受傷和挫折時，如果你沒有好好解決衝突，你都會做些什麼？

7・你內心的小聲音最常講的主題、內容和模式是什麼？

你都在想什麼？你半夜不睡覺，擔心、思考或想個不停的是什麼？

8・你生活中有哪些領域是即便在高壓或緊繃的情況下，仍最值得信賴和最不會亂了方寸？

9・你的配偶、家人或你生活中最親密的人認為你的前四大價值是什麼？他們說什麼對你來說最重要？

第二步：更具體地釐清你的答案

假設你在第一步中寫下了八個「工作」，那麼工作就是你最重視的價值，然而你要確切指出你重視工作的哪些面向：工作能給你帶來什麼？是身分地位、意義、領導能力成長，還是使命感？對許多人來說，工作代表經濟穩定、生活目標、自由或某種生活方式。

如果你重視的價值寫的是「家庭」，請區分原生家庭、配偶、孩子（育兒教養）和核心家庭（你、孩子和配偶）。光寫**家庭**太模糊了，你要清楚定義你的意思是什麼。

如果你寫下不喜歡做的事情，比如「煮飯和打掃」，因為你花了很多時間處理替家人維持家中整潔之類的事情，那麼你要弄清楚做家事對你來說，代表什麼意義。這些家務更深層的價值可能是「家庭」、「整齊」或「育兒教養」。許多父母都知道他們願意做很多不喜歡的事情，那是因為他們愛自己的孩子。探討你在家務中發現的更深層意義，可以幫助你用不批

判、更中立的角度來擁有這個價值。

跟很熟的朋友分享你生活指北針的結果，會對你有很大的幫助。問問你這位朋友，根據你的日常行為和你表現出來的樣子，你寫的這些答案是否屬實，聽聽他們的回饋。

第三步：將答案分類到你的個人指北針

你應該總共有三十六個答案，或許你會發現某些答案重複出現了，請在每個答案上畫圈或打勾，統計重複的答案。如果你提到「養育小孩」七次，而且是你提到最多的價值，那麼養育小孩就是你最高的價值或你擺最優先的行為，因此將「養育小孩」寫在圖8.2中金字塔的第一行。

下一個被提到最多次的價值寫在第二行，以此類推。假設「工作」被提到六次，你就把「工作」或「經濟保障」放在第二行。你可能需要把一些相關的價值放在一起，例如「健康」可能涵蓋了運動、照顧自己和治療腰傷等範圍較小的價值。

金字塔的頂端，就像指北針的箭頭一樣，是對你最重要的價值，也是你注意力最集中的地方；而金字塔較寬的部分代表了你所做的那些不怎麼重要的事情，也比較提不起勁去做。

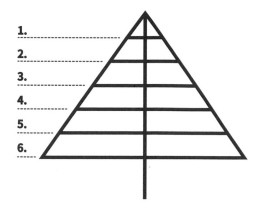

1. ------------------
2. ------------------
3. ------------------
4. ------------------
5. ------------------
6. ------------------

圖8.2　磁北金字塔

　　你的第一優先是你花最多精力的那件事，也是你最有紀律、最可靠的事情（即使你不喜歡做）。例如菲利普很看重身分地位和金錢，所以就算不喜歡一直工作，他還是願意每週工作超過七十小時；奧運選手不需要任何人提醒都會每天練習；如果家庭主婦／主夫的孩子生病，需要請假離開學校，不用別人提醒，他們也會把本來的計劃或行程取消。正因為他們重視這些事情，所以他們一定會去做，毋庸置疑，哪怕養育孩子的工作有一部分既單調乏味又辛苦，像是做不完的清潔、整理、跑腿和千篇一律的家事。

　　接下來，如果你有某種生活環境背景、處事心態；或是某種優良習慣、生存之道，就把它列在指北針的縱軸（指北針的「針」）或金字塔圖的脊椎線上。脊柱是你價值的實現之道，比如我的指北針脊柱是「個人成長和發展」，貫穿我所有的日

常活動以及我實現價值的方式。自我成長和發展不僅是種價值，更是生活之道。其他的例子還有誠實、樂觀、宗教觀、對更高力量的信仰，以及正直。如果你沒有實現重視價值、貫徹所做之事的心態，就不用在脊柱寫上任何東西。看你的狀況，這邊不一定要寫。

　　讓我們來看看莎拉的指北針。你可能還記得，莎拉總是避免衝突。隨著我們一同深入面對問題，我問莎拉：「當你不幫助別人時，你會是誰？」她一臉茫然。當個小天使幫助他人已經成了她的代名詞，拿掉這個身分，她就什麼都不是了。她也承認，就算她的婚姻很完美，完美背後仍有某些地方不太對勁。無論她幫助了多少人、得到多少外界的認可，她都有種奇怪的空虛和孤獨感。此外，她的健康也開始出狀況；她睡不好，還得靠甜點和咖啡來撐過工作日。她甚至無法忍受原來自己只要獨處個幾分鐘，就會寂寞到受不了，然後就分心去做別的事，幫更多忙、忙更多工作、瞎忙、繼續替孩子的生活安排太多活動。當她做指北針練習時，她列出了以下價值：

1・養育小孩
2・工作（兼職護理、有意義、經濟有保障）
3・社會責任
4・看Netflix、看電視、滑Instagram、滑新聞讓腦袋放空
5・與丈夫的伴侶關係
6・身心健康（瑜伽、散步、照顧自己）

7・親近大自然的時間

8・旅行

9・編織

10・其他有的沒的

　　莎拉提到了八次養育小孩、五次工作、四次社會責任。當我們往下看時，就不太清楚她的優先順序了，她一開始把婚姻列為第三大價值，但當我在諮商過程中挑戰她的觀點後，根據她的行為，婚姻很明顯排行第五。她承認比起跟丈夫相處，跟朋友閒聊和放空更能給她心安的感覺。有點妙，但其實可以猜得到，她把照顧自己和健康置於其他人之下。莎拉在脊柱上寫著「當個好人」，後來我們把它修改為「利他主義」，因為這是她的生活之道與為人處世的原則。做過指北針練習後，莎拉能夠客觀審視自己重視的是什麼。

第四步：你的真北

　　現在你已經有了指北針指向磁北，我想要你寫下你**希望**它成為的樣子。問問自己：「如果我不害怕，安全需求也得到了滿足，我的價值觀會是什麼？」挖掘真我的另一個方法就是回憶小時候，沒有人在看你的時候，你是什麼樣子。有什麼事是你小時候喜歡做的，但現在已經不做了？小時候的我，比起體育，我更在乎大自然、歸屬感和社會議題。所以後來我花了很

多時間親近大自然，並開始研究人際關係和自己，這都是有原因的。最後，我的細膩與敏銳成了一種真正的超能力，讓我成為人際關係教練和老師。真我的線索就隱藏在你生活中最痛苦和最愉快的經歷中，請從人生高潮跟低谷中發掘吧！

我敢斷言你跟我一樣，在生活中有兩個方向，一個是比較害怕的（磁北），一個是比較以心為本和勇往直前的（真北）。現在畫一個新的指北針，跟上面的一模一樣，但在裡面寫下你心目中期盼的價值。有些讀者在做這個練習時腦中可能會一片空白，但沒關係，寫不出來也很正常，因為我們當中某些人已經把真我給深埋起來了，已經太習慣戴上假我的面具，使得假我成了日常。過去很長一段時間，我就是這樣。

我們再來看看莎拉，我叫她寫下她的真我指北針。「如果你不害怕了，也可以做你真正想做的事情了，你的價值觀會是什麼樣子？」一來一往討論溝通後，她搞清楚自己真我指北針的樣子：

1・家庭／養育小孩
2・婚姻
3・工作
4・照顧自己
5・健康

你看，是不是清楚又明瞭。她發現她的磁北和真北之間有

差距，可以清楚看見她的核心內在衝突。多年以來，她一直告訴自己應該辭掉工作來當個全職媽媽，但丈夫工作賺的不足以負擔他們的生活方式，所以她不得不工作，因而錯過了更多參與孩子生活的機會。還有，她雖然喜歡幫助別人，可是她已經厭倦得到那麼多的讚美了，這些讚美對於內心感受已經沒有任何加分作用。另外，她父親是醫生，所以她很有壓力，怕離開醫學領域而讓父親失望。她想過進入公共政策領域來改變醫療保健，但她也不想讓朝九晚五的工作，剝奪自己跟孩子相處的時間。

她曉得自己想做的就是幫助人們成長和康復好轉。她喜歡看著人們改變自己的人生，這也是她當初進入護理行業的部分原因。因此，儘管她的假我是從事護理工作（取悅父母、害怕失去金錢），但護理工作背後的目的和驅動力（幫助他人）與她的真我是一致的。事實證明，她沒有偏離中心，所以辭職或改變職業並沒有什麼意義。對莎拉來說，最大的不同在於，她的假我只顧著幫助那些希望得到幫助的人，這樣她就能得到認可與肯定（回想她與憂鬱症母親的關係），這才是害她累垮的原因。她的真我想幫助別人，因為幫助人很有成就感。（沒有其他目的，毋需外界讚美，她單純就是喜歡幫助別人成長。）

在莎拉的婚姻中，她沒能看到與丈夫的衝突其實是讓她表裡一致、真我與假我得以合一的**唯一**道路。她擔心丈夫不同意她減少工作以及優先考慮家庭的心願，所以她自己落入了兩顆爛蘋果的選擇（如上一章討論的）。要麼「做自己，然後失去

工作和丈夫」，不然就是「維持現狀，然後感到沮喪和疲憊」。她看不到選項C（向丈夫誠實說出她在婚姻和工作上的痛苦），也無法想像衝突會是突破僵局的不二法門。

如何解決內在衝突

如果你在現實中的價值與你希望的價值之間有差距，或兩者產生了內在衝突，第一步就是要承認差距的存在、正視這個事實，然後弄清楚核心內在衝突使你損失多少東西。衝突當中很可能夾帶些許痛苦，線索就在，你痛苦的點是什麼，對什麼感到不滿意，或你渴望什麼東西。最後，看看你是怎麼讓自己落入兩顆爛蘋果選擇這般田地的。

現在，請你正視選項C。

你必須踏上旅程，學習在衝突中和衝突後說出自己的內心話，藉此縮小假我和真我之間的差距，這將會是趟真正的英雄之旅。想想你看過的好電影，主角總是要面對自己真實樣貌與他人期許兩者間的矛盾對立。

莎拉畫出了兩個指北針後，我們就評估她離真北有多遠，她看到差距後，很難承受，整個僵住了。想要穿越，就得熬過這個階段，這很正常。莎拉崩潰了一個禮拜左右，她問我：「我該怎麼辦？」我回她：「開始跟先生吵架吧。」我們都笑了。笑歸笑，她得開始行動。她現在知道了自己的想法，渴望趕緊設定些目標來改變她的價值，朝向真北去走。

我們優先處理了她覺得最痛苦也最有壓力的三個價值：

1・婚姻
2・事業
3・照顧自己

以上每一項都有個別的內在衝突。在莎拉的婚姻中，她不再對丈夫坦承，還逃避與他的衝突，讓坦白說實話跟維持基本感情連結兩者產生了內在衝突。他們很快就吵上一架，婚姻也因而開始轉變；她在事業上的內在衝突呢？她在幫助他人（真我）以及領取薪水、取悅父母、獲得外界讚美和得到認可（假我）之間感到糾結；在照顧自己的部分，她用了以往的策略，犧牲自己來幫助別人，因而造成另一個內在衝突。我讓她知道，為了改變她的價值層次，她必須變得善於處理衝突，這會是一個過程，也許要六個月到一年的時間，才能真正看到她在這三方面的努力成果。莎拉答應了，沒多久她就停掉了Net-flix帳戶，從手機刪掉Instagram，並花時間和資源，和先生一起進行婚姻諮商。

如果你像莎拉一樣誠實，然而當你看到自己口口聲聲表示很在意的事物，其實在清單上墊底，可能會覺得很不舒服，你可能會覺得它「應該」要更高，但當你客觀、誠實地看待它時，你會發現它的確是排名較低的價值。無論你從這個練習中看到什麼結果都沒關係，寫下的東西不要出差錯就好。不管你

得到的資訊是什麼，都要誠實以對。如果你不喜歡你的指北針
所指的方向，就務必要下定決心，花時間慢慢改變方向。

第五步：找出你的恐懼

　　害怕衝突（採取選項C）是內在衝突的常見根源（磁北和
真北之間的差距）。如果是恐懼在主導，你就會把自己的選擇
合理化，甚至為自己的選擇開脫，怨嘆自己因為種種合理的原
由才「做不到」。「我沒時間」、「我不知道怎麼做」、「我
沒有錢」，這些都是讓你停留在原地的藉口。*你必須開始看
見，你每天真的都在選擇自己的方向，如果你覺得這不是你選
擇的，你便讓自己處於**沒有**力量改變選擇的狀態了。

　　選擇就是**王道**，即使你正處於受害者情結低谷中最痛苦的
時刻，你的職責還是要找到選擇，選擇就是出路，出路始於個
人責任。「我怎樣才能離開這裡？」、「我的第一步是什
麼？」如果你還是害怕，就對自己說：「我選擇留在這裡，直
到我有更多資源和頭緒再說。」

　　把你知道沒有展現真我的地方列出來。場景為何？隱藏真
面目的理由是什麼？如果你不再隱藏了，會有什麼代價？以下
給你參考：

無法完全做自己的場景	職場	家庭	伴侶關係
原因	讓我保有工作	顧面子	維持感情
展現真我的代價	可能會被解僱	與家人斷絕關係	失去感情

以重要人際關係來說，你寫下的任何正當理由都要特別注意，為什麼這是你不能做自己的理由？在一張白紙上，寫下這句話：「我不能做我自己，因為 _____。」列出所有你不能做自己的理由，再跟朋友分享。我是說真的，快試著做做看這個練習吧。這只是另一種說出內心話的做法，如此一來，你就已經做好暖身，準備面對接下來的衝突了。

當你學習碰觸你真實的內在，並放下其他人對你的種種期待時，你可能會讓生活中的某些人感到不安，他們可能認為你很奇怪或反應過度，或兩者都有；你也可能會覺得自己被否定了，背後有人指指點點，還可能寂寞到想死，但請試著記住一點，你永遠不可能取悅每個人。你正在拓展你的視野，看見更多的選擇，只是還不知道結果是什麼而已。而且呀，有個結果可能是，你放棄卡關已久、又逃避衝突的人際關係，這一定會讓你不太舒服，但你必須了解放生那些不尊重你真我的人後，

---

* 我知道我們當中有些人有合理的生存恐懼，像是糧食短缺、衣物短缺、流離失所等。因為你已經在閱讀這本書了，因此我也假設這些基本生存需求對你來說已經不是問題了。

你就能挪出空間來獲得重視成長的人際關係，這是可以處理壓力和解決衝突、可以講真心話的人際關係。你自己提升，人際關係就會跟著提升。無法處理衝突的關係可能會結束，但學會如何化解衝突的關係會接著啟程，並隨著時間漸漸深化。

縮小假我與真我的差距只是歸零——「良好關係、關係中斷、重建」——的過程，而歸零的唯一方法就是把方法學起來。歸零的過程很振奮人心，因為是**你**在了解真實的你，也是**你**來把它重新奪回你的手中。

如何重排價值次序

你要怎麼改變你的價值來朝著真北前進？我從某位導師那裡學到了這句格言，你要好好記住：「人總是看哪邊有最多好處來做決定，而不是看缺點。」如果這是真的，那麼為了改變，我們必須改變想法，相信某些選擇和行動對我們比較有利，否則我們就不會想去改變，價值也就一成不變了。你要承諾調整自己指北針上的磁北，而且要訂個期限。到哪一天，你會有個新版的、更符合自身真北的指北針呢？如果你還沒有準備好作出重大的職涯變動也沒關係，先改變你在重要人際關係衝突中的表現，確定好你需要的支持、挑戰和行動步驟，讓你的改變成真。

假設你想在某段重要人際關係中說出心底話，藉此擁抱衝突，但你什麼都不說，這讓別人看到你其實只想要逃避，不在

乎真心表達自己。為了改變這種情況，你要清楚明白，跟對方坦白對彼此都有幫助。坦承有什麼好處？列個清單吧！如果你只看到負面的結果，你就會繼續卡在目前的處境中停滯不前。

也許你希望落實本書中的技能，能給你更高的價值，但你被工作時程壓得喘不過氣（你的最高價值），只好告訴自己沒有時間（我們所有人最常找的藉口）。如果你真的想改變，不妨想想投入時間、金錢與精力學習化解衝突，會對你的職涯有什麼幫助。列出十到二十種方法，說明學習這些技能和方法會對你成為公司裡更好的員工有哪些幫助。也許它會讓你加薪，因為你學習成為關係領導者了，而你老闆看重的是那些夠成熟、能化解衝突的人；也許你會轉換到新的管理職，因為大家開始認定你是有能力溝通、也有辦法讓團隊互動的人。

幾年前，山姆還在努力安排規律運動的優先順序，之後他也有了類似的價值轉變。他改變了自己的價值、克服了某些障礙，再也不走回頭路。他了解到規律運動對釋放體內的壓力和緊繃感有多大幫助，緊繃感少一點，身心更舒暢一些，這讓他成為相處起來很舒服的人。運動還幫助他不會在午後精神不濟，相對提高了他的工作效率，這些都有助他成為更好的領導者、老闆、伴侶和朋友。

希望你開始了解為什麼你的每個外在衝突都有核心內在衝突的影子。無論你選擇怎樣的生活步調──結婚、領養孩子、搬去和朋友一起住，或者和某個人做生意，衝突都會發生。如果你擁抱衝突，它會是讓你徹頭徹尾改變的正道。如果能練習

把你跟別人的衝突歸零，你的磁北遲早會跟真北重疊在一起。

行動步驟

1 · 寫下你小時候為了交朋友而使用的三種策略。如果你不記得你的童年，看看你現在或過去的重要人際關係，從中尋找慣用的模式。

2 · 完成磁北和真北的指北針練習。

3 · 洞見你內心的拉扯，反思這種感覺，並把它寫在日記本上。

4 · 如果內心沒有得到滿足，就開始改變你的價值吧。先把「學習衝突」的優先順序往前排，看看你能列出多少最高價值的好處。

5 · 冒個險，跟朋友分享你的答案。看看你是否能在不修改任何內容的情況下，赤裸裸地分享這些資訊。承認你現在的處境，大方接受你承諾要改變的地方。

第九章

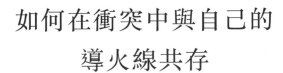

如何在衝突中與自己的
導火線共存

每個心理師都會跟你說，療癒的過程一定會不舒服，
而拒絕接受治療也會很不舒服，時間久了，它就會是
更痛苦的事了。

——雷斯瑪‧麥納肯（Resmaa Menakem）

　　你可能自以為懂得在衝突中控制自己，但請你看看以前的
紀錄吧。如果你仔細檢視一下，就會發現你和那些跟你發生衝
突的人一樣難搞，只是難搞的點不同而已。有時你的伴侶在與
你發生衝突時可能不會回訊息，你可能會因此散發負能量、拉
高嗓門，或把自己的問題怪在他身上。我訪問了幾十位世界頂
尖的人際關係專家，發現我們有不少觀點是一致的，其中一個
是：如果人們不能也不想學習如何在衝突中與衝突後，處理自
己和對方的反應，人際關係就會失敗，就是這麼簡單。用白話
就是：媽的大家都不知道怎麼解決自己的問題呀。

　　看看你自己的感情生活，感情變差的原因很可能是因為你
擔心害怕的動物主宰了你，或者對方的動物決定要爬到駕駛座
握方向盤了，但你們都不知道如何管好自己，好讓關係復原。
根據我的經驗，大多時候未解的衝突歸根究底，都是因為大家
都很掙扎，不想「面對」所有在衝突中會引起的不愉快，這些
大大小小的不爽包含情緒、身體感官和恐懼感等，因此有效解
決衝突的關鍵第一步，就是學習如何跟內心的感受相處、學習
不受心裡的感覺影響。

　　當你跟自己或對方中斷連結時，你會受到原始本能驅動，

也就是說擔心害怕的動物變成老大在主導你。還記得小時候發生衝突或被別人搞得很不爽的時候，你做了什麼嗎？不管你做了什麼，我猜你並沒有學著如何面對你內心的不舒服和痛苦。相反地，你可能像我一樣不去感受、分散注意力不讓自己想東想西；或者開始做白日夢，只想著開心舒服的畫面；又或者你把衝突內化了，覺得一切都是你的錯、自己就是個壞人爛人；或是使出渾身解數讓衝突快點落幕，覺得自己必須不惜一切代價當個和事佬。但真相是，根本沒什麼人知道怎麼與內心的痛苦和不舒服相處。好消息是，這是可以學習的，而且學會之後，可以使用很久，使生活中必然的衝突都有解決方法。所以，就讓我們一起專注學習如何與衝突引發的不舒服和不爽相處吧。

由外而內 VS 由內而外

比方說，你和某人發生衝突了，而對方開始疏遠你（距離過遠），或是開始咄咄逼人、挑釁你、責怪你（距離過近），你擔心害怕的動物感受到威脅後就會中斷關係（四大中斷關係的應對：裝腔作勢、崩潰自卑、尋求關注或閃躲逃避）。這感覺很強烈，而你想要它們統統停止。首先你需要了解的是，威脅究竟從何而來？是來自外在還是內心？你要怎麼判斷這兩者的差別？

為了回答這個問題，讓我們回想一下電影《空前絕後滿天

飛》（Airplane!）中的角色泰德·史屈克（Ted Striker），他從空軍退伍後就改行當計程車司機。在一次飛行的旅程中機師陷入了昏迷，患有飛機恐懼症的他必須接手駕駛。在飛機即將墜毀之際，泰德感受到巨大的恐懼、眼前閃過人生跑馬燈，並且瘋狂懷疑自己，結果他逃離駕駛座，把一個充氣的機師娃娃放在座位上說：「壓力太大了，我受不了。」他幾乎要放棄拯救即將墜毀的飛機。在這個情況中，他的壓力是來自外在還是內在呢？

大多數人認為，他們在衝突中感受到的壓力來自外在，因為當飛機著陸後或是風暴過去後，他們就感覺好些了。大家的結論是，壓力的來源單純是飛機和壞天氣而已，但這些其實都只是導火線，而不是深層問題的根源。換句話說，你可能認為對方才是問題所在，而不是你內心被他們點燃的不舒服和不爽。多數人接受的教育讓他們認為，我們的感受，都是別人「造成」的，但這只對了一部分。沒錯，他人的行為會影響我們，挑起我們內心的各種感覺，但處理被點燃的導火線是自己的責任，因為情緒是我們自己的。衝突大多是內部和外部威脅的結合，所以關鍵在於，要懂得如何獨自把衝突歸零，要是對方願意配合，還可以跟對方一起把衝突歸零。

泰德無法直視人生跑馬燈，滿頭大汗流下臉頰，內心壓力大到難以承受。我們都聽過太多飛機差點墜毀的真實故事，但不同的是，這些機師在生死一瞬間（外在）都夠冷靜（內在），因此他們最後都成功降落了。（泰德也做到了！）

雖然我們的衝突可能永遠不會像《空前絕後滿天飛》那麼誇張，但這些衝突帶來的壓力往往大到讓我們想跳機閃人，可是一走了之不解決衝突，只會在你心裡和人際關係中製造更多壓力。

不舒服的臨界點

你能承受的內在感受的不舒服是有臨界點的，我稱之為「情感不適閾限」（the Emotional Discomfort Threshold，EDT）。

我二十幾歲的時候，算是個「硬」漢，但我不舒服的臨界點卻很低。當女生跟我提到他們的需求或情緒時，像是「嘿，我覺得我們沒有交流了，我想跟你談談」，我就會很不喜歡，也不知道該怎麼做。所以，我就會默默地把這位女友給「休了」。呀，真是身心舒暢！不舒服的感覺都消失了。但真相是，她的需求和情緒引發了我內心的不舒服，而我不會處理，因為我的EDT大小就像輛多美小汽車那樣而已。活見鬼的是，想成為極限運動員的我，可以處理任何其他在生活中出現的不適，例如在荒野中連續幾個月睡在地上、不靠繩索爬到海拔一千英尺高的地方，以及在附近滑雪勝地從高聳的雪丘上高速滑下。但對我來說，人與人之間情緒導致的不愉快，根本就像是外星人一樣陌生。

關於感受內心的不舒服，要是我們沒有受過訓練，也沒有

培養技巧，我們的人際關係就會開始變得混亂、開始走歪，此時我們一心只想怪別人、覺得丟臉。如同我曾犯過的錯，大多數人都搞錯不舒服的感受是從何而來的：「是你讓我有這種感覺，都是你的錯。」接著，我們要麼試圖改變對方，要麼就直接離開他們。這是人之常情，很容易理解，但這樣做，只會錯失學習的機會，EDT還是維持不變，永遠沒有成長。

問題不在於生活中難搞的人，其實每個人都有難搞的一面，你也不例外！問題在於，我們不知道如何處理那些難搞的人帶給我們的不舒服。與其問對方為什麼讓你覺得不舒服，不如問問你自己：「這個人讓我覺得不舒服的地方，有哪些是我要負責處理的？」

為了提高你的情感不適閾限，你得學會兩件事：一、自我調適；二、自我反省。這兩件事都可以幫你成為有能力與內心感受共處的達人，這些技能會帶給你強大的力量，因為你可以在不逃避任何不舒服的情況下，以及在對方不作任何改變的情況下，學會讓內心更自在一些。

學習如何與你的感受、情緒、痛苦、壓力和不爽相處，對良好的大腦發展與人際關係至關重大。

學習如何與你的感受、情緒、痛苦、壓力、不爽相處，對良好的大腦發展與人際關係至關重大。

我在幾年前加入了佛教團體，一部分原因是我想研究東方心理學和實踐做法，另一部分原因則是我需要學習如何做自己之餘，還能活得自在。當時我成天戴著面具，幾乎跟內在的真我脫節了。最終是靜坐冥想教會了我如何與內在感受相處，並提升了我的情感不適閾限。我慢慢學會了如何感受我的情緒、感覺，覺察自己的想法時也漸漸不再批判自己。在嘗試靜坐冥想之前，我根本無法用言語表達內心到底發生了什麼鬼。曾經有整整六個月，我的第一位心理治療師總是問我感覺如何，而我的回答一律是「我不知道」或「沒什麼」，因為我已經花了將近三十年壓抑自己的情緒，過了一段時間之後，我漸漸學會如何去感受、哭泣、憤怒、標記和表達自己的各種情緒。這突破非同凡響，給了我和他人深交的能力。在那之前，我並不知道，分享真實感受時，尤其是分享的當下，原來可以這樣深化我的人際關係。我學會如何去**感受**之後，我的人際關係就躍升到全新的層級了。

NESTR冥想

你可能會問：「那，我怎樣才能提高我的感受力？」在我學習靜心冥想多年，並成為一位冥想導師之後，我終於開發出一套基本的冥想法則，協助大家自我調適和自我反省，我把它稱為「NESTR冥想」（NESTR meditation）。我很喜歡鳥巢（nest）這個雙關譬喻，因為鳥巢是個安全的地方，可以讓蛋

成長和孵化。透過NESTR冥想，你會懂得如何像鳥巢一樣，接納、環抱你的內在感受（蛋）。NESTR冥想不像一般傳統冥想那樣專注在呼吸上，而是聚焦在你的痛苦和不舒服。你將學習如何「抱著」身心靈深處強烈的情緒和情感上的不舒服。NESTR冥想也會幫助你學習如何持續坐在前座，同時觀察和控制後座發飆的動物。以下是NESTR這五個字母的意思：

N──Number「數字」：套用刺激量表，從0到10挑一個符合的數字，0是你的安全基地，即舒舒服服地坐在駕駛座；10是指你被關在後車廂，覺得超火大，幾乎快要爆炸了。

E──Emotion「情緒」：用一種情緒來標記你的感受，如快樂、悲傷、生氣或害怕。

S──Sensation「感受」：注意你感受到的感官刺激，如流汗、發熱、發冷、刺痛酸麻、下背疼痛或脖子緊繃。

T──Thoughts「意念」：注意你的意念為何，你現在在想什麼。

R──Resource「資源」：使用你前座的大腦，在你的身體或心裡找到平靜安穩的感覺，找到一個讓你感到安全舒適、能量滿滿的地方。

當你在做這個短暫的靜心冥想，你的腦海裡就會悄悄地響起這樣的聲音：**我發現我被惹毛了，程度大約是5分（N）；我感到受傷，有點難過（E）；我覺得下背部有些發熱，我左**

膝的血管用力地跳動著（S）；我在想我妹妹不回家過節的事情（T）；然後我覺得自己很堅強，雙腳踏在地上的感覺也很棒（R）。

NESTR最多只會花你個五分鐘，如果不確定該怎麼做，可以下載冥想引導（見本書最後面的資源導覽），然後每次覺得不爽、準備發飆的時候都要練習。透過練習，你的數字應該會越來越接近零，因為你越來越能接受自己的感官及感受。

讓我們提高情感不適閾限，深入探討這個冥想的每一部分，如此一來你就能更理解，也更有動力練習。

自我調適

像我這種心理學狂，喜歡用「自我調適」（self-regulation）這個詞來說明如何與你的感受、感官刺激和內心感覺共存，但許多人卻把掩飾情感和自我調適搞混了，這兩者絕對不一樣！掩飾情感有時候是必要的，算是很好的生活技能，例如當你參與運動競賽、專心工作，或不同意鄰居的選擇時，都能看見掩飾情感的好處——與其向對方全盤托出你所有的感覺和意見，還不如表現得和善一些。

自我調適是一個過程，很像衝浪，你要「駕馭」情緒和感覺，直到它們消退。就本書而言，自我調適與保持平靜也不太一樣，平靜是指暴風雨過後的感覺，而自我調適則是指，不管多大的驚濤駭浪，你都能在風暴中穩定自己，與感覺和情緒一

同乘風破浪；自我調適是指在任何外在或內心的風暴中都不畏縮，並與你的感覺共同進退的能力。自我調適是十分珍貴和有價值的生活技能，我們每個人都應該要知道怎麼使用。知道內心起了什麼波瀾非常重要，這樣你才可以安撫擔心害怕的動物，才能真正為自己而活。使用NESTR冥想，我們能學會調節三個內在因素：我們的情緒、知覺和意念。

與情緒共處

幾乎沒人教我們如何與自己的負面情緒、負面知覺和不適相處，尤其是面對親密關係所產生的感受，*都不懂怎麼處理。如果你的父母不善於幫助你面對自己的感受，那你成年之後也會很難去面對你的感受；如果你在童年就壓抑或逃避情感，那你在成年後也會無法處理你的情感生活，或面對「情緒化」的人。你不會懂得把其他人的情緒當成資訊來源，來幫助你了解自己和他們，反而會把他們視作威脅。但採用這種策略造成的危害，會傷害你的內心：你會覺得別人不認識你、不了解你，因為**你自己**根本都不知道內心在想什麼，怎麼可能有辦法跟別人分享自己的想法或感受呢？

情感能力是指在與環境交互時，能維持負責任、不受傷害、也不自我傷害的關係。它是我們必需的內在基礎，用來面對生活中免不了的壓力，也能避免產生不

必要的壓力，並推動療癒的過程。

——蓋博・馬特

　　你學會如何與情緒相處後，就會有一種衝突迎刃而解的感覺，同時，你也能好好放鬆，清楚知道萬事萬物都有解；你會欣賞情緒的消長，就像天氣般變化萬千；你會重視其他人的情緒，也能夠同理和認可他們正在經歷的一切。

與知覺共處

　　知覺是你體內的感受，而我們大多都能辨識簡單的感覺，如汗水滴落、冷、熱、身體疼痛，以及高強度訓練或發生事故後的全身酸痛。大多數人都不喜歡痛苦或不舒服的感覺，這就是為什麼我們會想盡辦法尋找可以消除痛苦的方法。

　　如果你有突然被甩的經驗，或者莫名其妙就被解僱了，你會知道翻腸攪肚、聲音顫抖、椎心刺骨的感覺。但當你對不舒服的感覺「處之泰然」時，你就能在苦海中遊刃有餘，不會把一切變成問題。你可以感覺到自己在顫抖，但沒什麼大不了的，根本不需要刻意停止感受。雖然它可能會讓你既害怕又不

---

* 許多個人成長形態都不承認負面情緒的存在，我能理解。但因為我們大多都不喜歡感受怒火、恐懼、挫敗、狂怒、絕望、噁心、受傷等情緒，所以會把這些情緒貼上負面的標籤，這也是合情合理的。

舒服，但身體的反應是值得信任的，因為這是讓卡住不動的能量再次運轉的方式。練習後，你的情感不適閾限就會提高，最後你就能更堅強地面對衝突。

與意念共處

和伴隨著情緒及感知而生的意念共存，則是在另一種層面與你擔心害怕的動物「相處」。有些冥想者把噪雜的意念稱為「心猿」（monkey mind），因為有時候它會像一隻失控的動物，在話題、想法間跳來跳去，無法真正專注在同一件事上。在衝突中，你的意念（往往是由擔心害怕的動物引發的）還會亂下結論，不僅跳到最壞的情況，還把本來想說的話忘得一乾二淨。舉例來說，如果別人沒有秒回訊息，我們就會腦補出各種情況：「他們一定不在乎我。」或：「他們一定在對我發飆！」這就是為什麼訓練你的心思是如此重要，因為這樣才不會妄下結論。同時，這也是冥想的核心目標之一。任何會冥想的人都知道，冥想的出發點是從注意和觀察心中的雜念開始，而意念的鍛鍊，有一部分是把你的意念引導到當下的任務——把衝突歸零。我們可以藉由「自我反省」和「自我探索」來做到。

自我反省和自我探索

研究依附理論的科學家發現，你越是能反思、並持續理解自己的過去，就越能在未來建立安全的關係。事實上，父母能不能持續自我反省，決定了他們是否可以教養出能安全依附的孩子。[1]

你越能覺察自己，就越可能處理、管理好自己，也越能覺察他人的感受。*更重要的是，你就越有可能成為團體中的作者、領導者和支柱。

自我探索練習

只要地雷被踩到、開始不爽或停止感受、疏遠，或是中斷交流時，我就會暫停對話，只想一個人靜一靜，接著靜下心來練習「自我探索」。基本上，我會問自己一連串的問題，讓我可以學習和調整。

---

* 當然，這不是百分之百正確。我認識很多個人成長愛好者、冥想者和做瑜伽的人，他們處理衝突的技巧簡直是爛到爆！想當然，他們與別人的關係也完全沒有改善。我的看法是，他們沒有學習和應用直接又實用的人際關係技巧。他們的「自修」給了他們很多良好的「觀念」，但這卻絲毫沒有「實際上」的用途，讓他們可以在跟他人的衝突中和刺激共存。有自知之明不一定代表有辦法處理人際關係中的問題。

　　自我探索練習可以在基礎的NESTR冥想中進行，也可以在NESTR結束之後，到大自然中邊散步邊進行。我最喜歡在散步的時候做自我探索練習，有時我甚至會播放我所謂的「思考音樂」（沒有歌詞或旁白的音樂），幫助我進入內心，邊走邊思考。如果你比較喜歡靜默，就不要播音樂，只要能幫助你聽到自己和自己的想法就行。接下來，在腦海中畫一個類似圖9.1的衝突表格，它能幫助你確定接下來要做的事情。

他 的 名 字
他 做 了 什 麼
對 你 的 影 響
你 做 了 什 麼
對 他 的 影 響

圖9.1　衝突表格：自我探索版

　　請好好看這五行的內容，如果你無法承認、填寫第四行，也不願嘗試寫第五行，那就先暫停，在你能夠負起責任之前，不要繼續下去。這時，你可以打電話給朋友或導師，請他們挑

戰你，幫你找到在互動中要扮演的角色。當你被困在後座，認為只有自己是「對的」，而他們通通是「錯的」時，這代表了你卡關了，很難想清楚或看清楚。沒關係，你隨時可以找與你有衝突的人，問他們你錯在哪裡，我敢保證他們會劈哩啪啦地告訴你，你搞砸了什麼。

自我探索需要深入傾聽，你能不斷傾聽自己直到了解發生了什麼嗎？如果你能釐清衝突的導火線，你就能平靜下來。如果你可以寫完這五行，就往下進入自我探索的問題，如果下面的問題能幫助你察覺錯誤，你可以把它們加進表格裡：

- 我現在害怕的是什麼？
- 這個衝突是新的還是反覆發生的？
- 衝突帶來的感覺是新的還是反覆發生的？
- 我所經歷的感覺讓我難過得想死嗎？
- 我是否願意一心專注，忍受這種不舒服，直到不舒服的感覺消逝？
- 在遇到這個人之前，是否有過這樣的感覺？
- 他們的行為讓我想起誰？
- 我是否期待他們不要挑戰我和我的價值觀？
- 我是否期待他們的生活方式跟我一樣、或是照我的意思去做？
- 我們在這個問題上是否有共識？如果有，我是否違反了任何共識？

- 為什麼這件事讓我這麼不爽？不爽的點到底是什麼？
- 我是否願意繼續維持關係、解決這個問題？
- 我的下一步是什麼？（見下文）

光是回答第一個問題：「我現在害怕的是什麼？」我們就能有重大的進展。這個問題可以讓你找到恐懼感的導火線，一旦找到了，就能得到更多線索，並帶著更多覺察回到和你發生衝突的人身邊。

芙莉妲一整個焦慮，她與其他五位家人對於父母的遺囑有很大的衝突。她的父親多年前就去世了，母親則患有老人痴呆，這個家庭從來沒有解決財務繼承的衝突，而所有責任都落在了芙莉妲肩上，因為她是那個「有責任感」的人，但這種壓力真的太大了，風險也相當高。在我們著手處理與她哥哥和嫂嫂的衝突之前，我引導她做了一次NESTR冥想。剛開始她刺激量表的數字是七點多，快要八分，她總是很緊繃、心慌意亂，但當她藉由冥想接納了所有情緒和感覺時，她的數字開始下降（在NESTR冥想結束時，你的數字也應該要下降）。很快她就回到了三分，坐回舒適的前座上。我們的會面很順利，而她也讓家人間的相處變得更好了。

除了處理衝突之外，使用NESTR冥想還有不少額外的好處，包括加強控制衝動的能力（我真的需要吃櫥櫃裡面的餅乾嗎？）、社會意識，以及領導和管理他人。如果你是一位家長，覺察自己的不安和不舒服，有助於在孩子惹毛你的時候作

出適當的回應，而不是依靠本能反應。如果你不去學習調節情緒、感受和意念，一旦與他人起衝突，你就處於嚴重的劣勢中，而擔心害怕的動物很可能就會挺身而出，讓你獸性大發。

了解可以動用的內在和外在資源

你害怕的時候會變得高度警戒，只想著自我保護、為自己辯解，可以採取的行動選項剩下很少，這就是為什麼手邊擁有持續可靠可用的資源是這麼重要。可以把資源想像為讓你在人生大海中乘風破浪的平穩衝浪板，當你覺得快要溺水時，伸手就能抓住它。資源的用意是給你支持，幫助你回到駕駛座上。理想情況下，你會有內在資源和外在資源供你取用。內在資源可能是你那顆善良的心、不顧一切的決心、幫助你渡過難關的想法和意念，以及能讓你挺起胸膛的脊椎。內在資源甚至可以是呼吸，大口大口深呼吸幾次，感受胸口的起伏，也能幫助你從擔心害怕的動物變成平靜的司機。

外在資源可以是你腳下鬆軟的土壤、舒服的床、另一個人的手、輕柔的撫摸，或者是一隻不離不棄、隨時可以讓你抱抱的寵物。我們大多都有一些外在人事物的資源可以幫助我們度過人生起伏，即使某些經歷令人很不安，我們也有辦法冷靜下來。當你在本能反應的大海中載浮載沉的時候，一定要有個類似定海神針般的資源，釘住心錨（anchor）、穩住自己，不要隨波逐流。

尋找內在資源

這裡有個練習能幫你找到你的內在資源。（如果你希望能由我領著你做這個練習，想要好好閉上眼睛冥想，請翻到390頁的〈更多資源〉。）閉上眼睛或放鬆眼睛輕輕向下看（只要能在腦海中看見一些畫面即可），並回想某個你已度過的艱難時刻，可能是上個月的事，也可能是二十年前的往事。回想自己正在渡過難關的樣子，現在，想像自己站在另一邊，難關已經過去了，對吧？好好感受一下過關的感受，過關的那一刻，身體的感覺如何？好不容易才過的關卡，過關的時候，你有什麼感覺？好好感受一下，放大那個感受，也許是一種肩膀放鬆的感覺、心臟和胸腔向上挺的感覺，或是背部厚實強壯的感覺。這個能量滿滿的感覺，是從身體哪個地方來的？從你的心、你的意念，還是你的呼吸？什麼樣的內在能量幫助你渡過難關？也許是你因兒時被霸凌過而開始鍛鍊的身體；也許是你成長於難以捉摸的家庭中所鍛鍊出的直覺和才智；也許你告訴過自己：「我一定可以過關。」也許你深度探索過自己，了解自己更多的面向。寫下任何你創造的、讓你渡過難關的想法或信念，這些就是內在資源。

尋找外在資源

現在仔細觀察，看看是什麼外在資源讓你度過那段辛苦的

歲月，也許是教練、心理諮商師或朋友陪伴著你；也許是你的寵物、在大自然中散步、在花園做園藝工作、或是海的聲音。誰幫助了你？什麼幫助了你？我記得小時候只要非常沮喪，我就會爬到一棵將近二十公尺高的白松樹上，能爬多高就爬多高。在靠近樹頂的地方，樹枝會隨風搖擺，彷彿抱著我搖呀搖，輕輕地安慰我似的。大自然、溫柔的微風和那棵樹，就是我的外在資源。

一定要寫下你的內在和外在資源，這些是你面臨壓力時，能帶你走出去的嚮導。如果你很難找到資源，那就自己創造吧：聘請人際關係教練、到大自然走走、開始冥想，還有記得領受調整呼吸這份禮物。

根據我的經驗，最好的外在資源就是另一個有能力、有資源的人。我們生來就是為了幫助彼此度過困難的情緒和感受，世上沒有其他事物可以如此幫助人類。沒有什麼比一個給人安全感的人，更能快速安撫擔心害怕的動物。雖然狗狗也很不錯，但狗狗無法為你提供這四種關係需求：感到安全、得到關注、被安撫、支持和挑戰。是的，狗狗接受你的一切，但牠們沒有能力了解、也沒辦法認同你的內心世界，只有人類可以滿足這些需求。

當自己的心錨，為自己打造避風港

　　當生活中避免不了的衝突來襲時，我們身邊有時並沒有另一個可靠的人，或者我們心中可靠的人現在卻成了「敵人」。因此你更應該為自己挺身而出，並學習新的方式來與自己的感受共處。*有時擔心害怕的動物可能更像一個害怕的小孩，那也沒關係，去陪他就對了。如果你覺得自己是一個害怕或受傷的小孩子，請拉自己一把，替自己加油、好好愛自己、陪伴自己，就像我把我嚎啕大哭的兒子或女兒抱給你的時候，你也會好好安撫、呵護他們一樣。找個安全的地方坐下來，播些平靜的音樂，閉上眼睛，把手放在心上，吸氣、吐氣，把痛苦吐出來，感受情緒。（請下載「受傷的孩子」冥想檔案，詳見書後的資源指南。）

按下暫停

　　有時候，我們無法找到資源，因為「威脅」依舊存在：同一個家、同一輛車、同一份工作、同一個人。衝突沒有改善，因為我們擔心害怕的動物開著車在原地繞圈圈，而彷彿另一個人也坐在我們車上。如果我們持續被惹毛，一直有人踩雷踩個不停，如江海之波，一波未平，一波又起，我們就需要找一座島、另一艘船，或一個安全的地方來重整旗鼓、梳理情緒。

　　在這種情況下，我們需要的是空間和距離，我稱之為「按

下暫停」。**暫停**這個詞代表我很快就會再次按下**播放**或**繼續**。暫停是條界線，單純是要表達：「我需要暫時離開，冷靜、休息一下。」這是一個愛自己、為自己加油的機會，放鬆、放空，搞清楚到底發生了什麼事。理想情況下，在你們的重要人際關係中，雙方應該要有共識可以適時暫停一下，特別是當關係惡化或沒有進展的時候，更該鼓勵彼此暫停片刻。

暫停的時候，好好專注在你能控制的事情上，也就是你自己。儘管你的暫停階段可能也會幫到對方，但重點是先滿足你的需求。例如我把事情弄得更大條，或需要空間靜一靜，我就得按下暫停。我可能會說：「我被壓得快要喘不過氣了，我要暫停一下。」或者：「我現在需要按下暫停，這樣我才能把情緒整理好，等等帶著理性的自己回來。」儘管你是從對方那裡得到了自己的空間，但暫停其實是為了讓你能好好照顧自己，集中精神、仔細傾聽。

要求暫停的時候，你可以向對方表達你了解他的恐懼，這很有幫助，也很貼心。你可以這樣說：「我知道我需要自己的空間會讓你害怕不安，但我沒有要離開你，只是需要暫停一下而已，這樣我們可以更快和好。」

---

* 有時你會聽到我用「心錨」這個詞，來描述真正陪伴在另一個人身邊是什麼感覺。前外科醫生維韋克·墨西（Vivek Murthy）在他的《在一起》（Together）一書中也用了這個詞。

有個重點一定要知道，我們喊暫停不是為對方喊的，就算我們覺得需要暫停的是他們，不是我們。*暫停的用意是讓我們有時間和空間來釐清頭緒，或是暫停感受內心的不舒服。

記住，在衝突當中或結束當下，你要搞清楚內心發生的一切，而你又能承擔什麼責任。如果你能做到，就能省下大把時間和精力。跳過這一步的話，擔心害怕的動物可能就會跳出來講話了，我們都很清楚，在氣頭上，講的話、做的事搞得自己很後悔是什麼感覺。

在人際衝突中有很多難處理的事，但最主要的是與自己擔心害怕的動物共處。如果你已經有了衝突，卻還沒有實踐這本書中所概述的內容，你將很難自我調節，無法跟感受共處，還會「像個爆發的火山到處噴火」、怪東怪西、封閉自我和跟救星訴苦。這些工作是為了學習如何處理讓你不爽的導火線、管理判斷能力和反應，並提高你的情感不適閾限。一旦你學會與腦中和體內的各種反應共處，你解決外部困難的能力就會自動變強，像是更能與其他人相處。更不用說，這還能讓你與自己重新連結呢。

行動步驟

1．自我反省

　　A．尋找你的資源

　　　　i．完成內在、外在的資源清單。請確保這兩類資

源都至少列出兩個。

  ii · 寫出你在克服困難時，最激勵人心、最正向
積極的記憶。詳細指出你是如何藉由認清你
使用的內在、外在資源來渡過難關。當你失
去方向時，請回想這段記憶。

2 · 自我調適

  A · 在你下次被惹毛的時候做NESTR冥想來提高你的
情感不適閾限。

  B · 下載並練習NESTR引導冥想（http://gettingtoze
robook.com）。

3 · 按下暫停

  A · 練習在下一次的爭吵中按下暫停鍵，並試著與對
方達成共識。（如果你需要協助，請參考第十五
章有關共識的說明。）

4 · 與朋友分享這一切。

---

 * 這與大多數傳統的家庭教育模式非常不同，傳統家庭常
常讓不乖或發生衝突的孩子「中場休息」、到旁邊冷靜
一下，但往往是父母比孩子更需要中場休息。如果我們
轉而「按下暫停」，而不是中場休息，也許父母就會知
道暫停另一個人是不可能的，只能暫停自己。

第十章

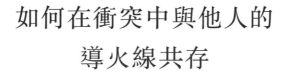

如何在衝突中與他人的
導火線共存

我非常珍惜自己的自由，但我更在乎你有沒有自由。

———納爾遜·曼德拉

　　想像一下，你乘著小艇在海上漂流，小艇上面只裝得下你和行李（行李代表你所有經歷過的人際關係的創傷和痛苦）。你決定不要一個人獨自漂流，你知道有個人在身邊可能會有幫助，於是你找了個伴。你們兩人決定把船綁在一起（見圖10.1），兩艘船綁在一起就是建立了關係，搞清楚如何綁出最穩固的繩結滿花時間的，但你們很快就了解結伴而行比單獨行動更強大。你們分享資源和想法，學會了溝通，一起討論怎麼走、如何到達目的地，你們選擇一起向前走。

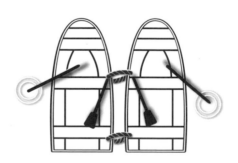

圖10.1　兩條船綁在一起

　　你們花了一點時間搞懂結伴旅行的入門技巧，以前你們做事不需要向任何人先報備；現在，你們做事都會告知對方，因為你們學會了需要合作的新技巧。雖然你們都有自己的船，想

划到哪就去哪（自主獨立的象徵），但你們選擇把船綁在一起，因為你們認為這比單飛旅行要好。這就是為什麼我們總是會與人合夥或加入團隊，團結力量大，不是嗎？三個臭皮匠勝過一個諸葛亮嘛。另一半或其他人也許能看見你沒注意到的威脅、危險和可能性。

當船綁在一起時，你們會了解到雖然合作很好，但合作本身就比自己一個人做事還要難，因為合作多多少少會影響到對方。這會挑戰你的獨立性，逼你體貼一點、不要那麼自私，更要常常把對方放在心上。如果他們不高興、找你麻煩，你會感覺到小船開始晃動；如果他們掉進水裡，你就得把他們拉上來；如果你向一邊傾斜太多，他們就會失去平衡；如果他們不划，你也會受到影響；如果你今天心情不好，他們也感覺得到。在重要人際關係中，我們會不斷地影響彼此。

大部分人往往都沒注意到，自己低估了在浩瀚的生活之海中與人同行是件困難到靠北的事。為了應付這樣的困難，許多人會要求對方改變（裝腔作勢與尋求關注），或者吞進肚子閉口不言，想說乾脆就算了吧（閃躲逃避與崩潰自卑），什麼都不想說，也不再坦白了，嫁雞隨雞、嫁狗隨狗，乾脆隨波逐流，不要找麻煩，搞得船身不穩。畢竟，他們會想，**總是要有人妥協呀**。

但你現在知道，慣常地尋求或逃避衝突會讓關係更有壓力（衝突蔓延）。怨恨不斷積累，你們的船也變得更不穩定，現在乘載關係的船身有危險了，暴風雨來襲，你們就不再是團隊

了，而是格格不入的死對頭。

在重要人際關係中，若彼此綑綁了很多事物，例如養家、創業或加入團隊，我們會自動照著不同的規則去走，知道自己必須為了對方或其他人著想。如果他們表現得像個王八蛋，或故意搞失蹤、吸毒上癮、不再貢獻自己的力量、不繳房貸，或者不照顧孩子，這些都會影響你，對吧？反之亦然。事實上，他們做的每一件事都會影響你。如果我在兩人關係中扛下所有的工作，包括一人划兩人的船，你卻只是坐著擺爛，我們就會在原地不停打轉，永遠到達不了目的地，如圖10.2所示，到最後我就會感到挫折又不爽。

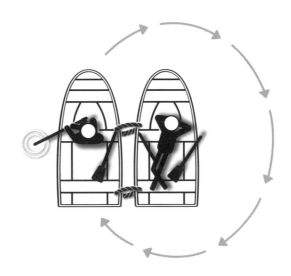

圖10.2　缺乏相互依存的關係

為了從雙方關係中獲得最大好處，我們都必須得「相互依存」（mutuality），意思是我們都願意盡一己之力，扮演好我們的角色，一起把船從 A 點划到 B 點，划到我們想去的地方。一旦選擇了相互依存的關係，我們就是選擇了關係合一的氛圍，而不是中斷關係。如果中斷了，我們雙方都不好受，所以我們必須努力維持合一的良好關係，讓衝突維持在零的位置。

為了在未來的旅程中生存，並茁壯成長，我們必須記住自己有多依賴他人——看看你需要依賴多少人，才能取得超市的新鮮食物，或家裡的寬頻網路。隨著我們成長、開始相互依存，學會合作成了一項最基本的生活技能。相互依存是條有來有往的雙向道，我們互相依賴，一起互動。例如，企業中的銷售團隊靠行銷團隊取得新名單，而行銷團隊則反之依靠銷售團隊讓公司賺錢，這兩個部門是相互依存的。在重要人際關係中，許多人都認為依賴某程度上是件壞事，但是在合作關係中，不可能沒有你來我往的互相依賴，因此才叫做**相互**依存。事實上，展現互相依賴的合作關係才是最堅強的。

五種與對方擔心害怕的動物相處的方法

雖然這五個技巧可以用在任何重要人際關係中，但它們特別適合親密關係。根據我的經驗，長時間下來，親密伴侶會是最難面對的人。無論是哪種方式，了解對方面對衝突的反應非常重要，而了解對方行為舉動背後的想法是最有幫助的，因為

這樣你就可以在對方擔心害怕的動物現身時幫助他，這不僅對你有好處，就像魚幫水、水幫魚，在狀況更棘手時還能同時幫助你們倆。我們可以學習很多不同的方法來與另一個人的擔心害怕的動物共處，以下是我最喜歡的五個方法：

一、提供四大關係需求

如果你覺得與對方失去連結，一部分問題很可能是你沒有好好處理衝突，或是你根本沒有好好面對他、處理他的感受以及擔心害怕的動物。又或者，是他沒有好好處理**你**。不管怎樣都沒關係，為了修復你們中斷的感情，請想一想以下四個關係需求問題，並應用四大關係黏著劑，這能幫助你們重建關係：

- 他現在和我在一起時，有感覺到情感上的**安全**嗎？
- 他現在覺得被我**關注**、理解了嗎？
- 他感到被我**安撫**了嗎？我是否表現出我願意努力來解決這個問題，並將衝突歸零？
- 要重建關係時，他是否感覺到我對他的**支持**和**挑戰**？

這樣想滿有用的：想像對方是個受了傷又害怕的小孩，而你是周遭唯一能幫助他的人。你大概會想把四大關係需求提供給他，所以就問問他有關那四大類的問題，如果他的每個答案都是「不是」、「不對」、「不要」，你要做的事情就更多

了，這考驗你是否能全然支持他。首先，想要得到什麼，就先給出什麼，主動滿足對方這四種關係需求，衝突有幾次就給幾次。等到他情感上更有安全感，也得到你的注意、理解、安撫，以及支持與挑戰，他就會從後座移回到前座，從擔心害怕的動物變回成熟的大人，就這樣歸零了呢。

記住，我們有時候可能就是那個感到與自己和對方失去連結的人，但如果你在情感上比他有更多的連結及能量，就請大力地支持他吧；如果你是那個苦惱的人，請他挺你、推你一把，而一旦你有了能量，就湧泉以報，同樣地支持、力挺他。總要有人先開始嘛，否則你們都只會坐在自己的小船上，擺著臭臉等對方踏出第一步。

二、三大支柱

如果你的船跟別人的綁在一起了，你就要對三件事負責：你、對方，以及你們容身的小船，所以你必須全面考量這三者。我把這個情境架構稱為「三大支柱」（Stand for Three），因為它提醒我們，想要在任何重要人際關係中如魚得水，就必須全面考慮並妥善處理這三者，它們分別是：

1・支持自己
2・支持對方
3・支持彼此

我們一項一項來看吧！

支持自己：面臨壓力，我們大多都會選擇中斷連結，進入自我保護模式。我們本來就會自我保護與防衛，但這不代表在支持自己。如果你真的站出來挺自己，就會基於自我連結與自我尊重，而採取自信又強大的行動。支持自己的態度是：「我要為自己站出來，因為如果我力挺自己，就會有更多可能性。更重要的是，支持自己對雙方關係是有好處的。」做好上一章的功課，你才更能好好支持自己。

支持對方：現在是支持對方，為對方站出來的時候了。

支持對方代表我們能成為他的心錨、當他的定海神針，意思是我們不僅會在他需要的時候力挺他，還會挑戰他，要他忠於自己和自己的生活，我們擁護、聲援他實現目標和理想。

我和太太綁在一起航行了快二十年了，一開始我不是很甘願，還竭盡全力逃避把船綁在一起。這可是很大的承諾呀，我想擁有更多選擇，不想被「綁死」。但事實是我還沒有準備好讓他人依靠，當時的我只顧自己、怕東怕西的。在我作出承諾時，我決定力挺太太、孩子和好友到底，我希望他們都能追隨自己的真北，因此我的行為也要反映出我的承諾。

對方不爽你的時候，你跟對方的關係越是密切，在他身邊支持他時給予的幫助就越大。這看起可能來有違常理，因為當你和對方發生衝突時，你會忽略你們本來是一起努力朝著目標前進的團隊。更可怕的是，你還會覺得他很礙事，或根本就像死對頭一樣。你可能會想，當他「搞得」你不開心時，為什麼

還要幫助他啊？這很簡單：因為你和他連結在一起了。這段重要關係是你選的，除非你們決定分道揚鑣，不然船是綁在一塊的。所以，這應該能給你足夠的動力去面對任何衝突，因為長時間與某人如此親近，關係卻搖搖晃晃的話，根本是要多慘就有多慘。

你越是善於解決衝突，你穩定心錨的行為就會越真誠，同時，你也越能在關係中建立起信任。儘管你已經很不爽很氣對方了，但是你沒有閃人，繼續維持兩人關係，就等於傳達訊息讓對方知道：**他很重要、我們兩人很重要。**

如果我的建議讓你很抗拒，那可能你是那種還沒為自己挺身而出，或還沒優先考量自我需求的人，所以優先為對方著想對你來說很困難。也許小時候沒有人照顧你的需要，而你一生都優先考量別人的需求；你可能已經厭倦了總是把別人需求擺第一；或是你可能習慣崩潰自卑或閃躲逃避，假裝自己什麼都不需要。不管情況為何，你都要學習對彼此都行得通的方式，以此優先來考慮對方。

支持對方，代表你的行為可以讓對方覺得他們在你眼中是第一順位，不過完全優先考量你關心的人可比想像中難。例如我太太是我生命中最重要的人，她是我的磐石、拉著我風箏的人、我的心錨、最好的朋友、共同照顧孩子的神隊友……以下省略兩千字。有時我會宣稱她是我優先考量的第一順位，但是……如果我在孩子們睡著後埋首工作，而不是與她交流，那麼很顯然，她就不是我當晚的優先考量了。我大可在此為自己

辯解，或是我也可以選擇認同她的感受，調整做法，跟她達成共識，規劃一下孩子們睡著後要做什麼。雖然空閒時間要做什麼還要雙方同意，對某些人來說感覺很拘束，但我發現這麼做其實能讓兩個人都有更多的自由。

你說的「我支持你」，要說到做到，這會強化你的領導及處理衝突的能力，並讓你在衝突發生時繼續留在駕駛座。你或許可以說：「你對我很重要，我想和你一起把話說完、把困難處理好，而我也很樂意學習。」講了就要堅持下去。

支持彼此：三大支柱原則的第三要素就是小船。我們必須注意關係本身，並為**彼此**挺身而出。我的播客曾有過一位來賓，他是「合作之道」（the Collaborative Way）的創始人洛依德・費克特（Lloyd Fickett），他向我介紹了「為了我們」這個詞，指的是無論我們在船上做什麼、無論我們往哪裡去，一切都必須對我們雙方有幫助，不然幹麼一起划船？到底有什麼意義？

以船來比喻關係的話，我們已經在一望無際的海上，就必須顧好自己、顧好對方，**還要**顧好船。畢竟，這艘船可能會出現破洞、帆可能會被撕破、馬達也可能會故障。因此，支持這艘小船、也就是關係本身，是我們要走的最後一哩路。如果船沉了，你和伴侶也會跟著落水，無論你為自己或伴侶做過多少努力，最終都上不了岸。

當我選擇了人生伴侶後，我就承擔了她的包袱、痛苦和內心小劇場。而她嫁給我，也願意承擔我的一切。我們都體認

到，擁有伴侶關係會比沒有好，所以才決定共度一生。因此，我們優先考慮對方和彼此所乘坐的小船，成就了**三大支柱**的每個要素。處於良好關係中的人都明白一個簡單的原則：如果你走不下去了，我也會走不下去，最後我們都無法繼續走下去。

處於良好關係中的人都明白一個簡單的原則：如果你走不下去了，我也會走不下去，最後我們都無法繼續走下去。

不騙你，合作有時候一點都不簡單，這比你自己一人划船，想划到哪就划到哪，還要難得多。協力合作非常複雜，你必須考量自己、對方和彼此的夥伴關係。但因為你遵循了三大支柱原則，所以你知道衝突是好的團隊的要素之一，在良好的重要人際關係中，衝突絕對無可避免。

我的另一位播客來賓兼人際關係導師皮特・皮爾森（Pete Pearson）教會我團隊「TEAM」的概念：只要手拉手、心連心，我們就可以完成更多事情（together we can accomplish more）。優質的關係就好比優質的團隊，因為都是「為了我們」，優質的團隊都知道團隊比個人更重要。就算雷霸龍・詹姆士（LeBron James）比隊伍中的任何人都更有機會拿到球，他還是知道如果沒有隊友，他將一無是處。沒有任何世界冠軍籃球員是單打獨鬥的，有了球隊，才有冠軍球員。湯姆・布雷

迪（Tom Brady）這位被譽為有史以來最強的橄欖球四分衛，也不例外，他會打得這麼好，是因為他不只為自己而戰，同時也為隊伍而戰。這些球員當然明白，在某些方面來說，團隊合作比單打獨鬥還要困難許多，打橄欖球的布雷迪會比打高爾夫的老虎伍茲（Tiger Woods）面對更多的未知數，也就是「其他人」。

三大支柱會確保你努力處理好你們所有人的關係，包含你擔心害怕的動物、對方擔心害怕的動物，以及你們倆乘坐的小船。如果我只顧挺你，卻忽略了自己，我們作為團隊的能力就會打折；同樣地，如果你挺我，卻不挺你自己，就沒有雙贏的局面了。有人的需求滿足了，有人卻沒有。除非你為自己、為對方、為這段關係都挺身而出，否則就無法做到三大支柱。

三、同意「處理」對方，與他們的地雷共處

在過去，我的前任女友們時不時就會很情緒化，也許是因為害怕、想哭，或被我弄到超級失望。我怎麼反應呢？我大概會稍微聽她們哭訴一下，接著立刻想辦法轉移話題或直接離開。我這樣做是為了阻止她們宣洩更多情緒，因為我也正在壓抑自己讓情緒不要上來。沒過多久，她們就知道不能把不安或痛苦告訴我，我就是無法、或不願意處理她們的負面情緒，當時還我不知道問題出在我身上。這樣想好了：如果你很難過，而我以前從不知道怎麼處理難過的情緒，你的難過就會讓我感

到很不舒服，我也不知道怎麼去面對你的情緒。但是，如果我以前也感受過悲傷，我就能體會你的難過了，我懂難過是什麼感覺，所以我現在就能在旁支持你。

在讀研究所的時候，我學到如果想讓治療對象安心地感受情緒，我就必須先從感受自己開始，很快地，我就提升了感受他人強烈情緒的能力。*我最早的一位導師對我說：「傑森，如果你不能處理自己的憤怒，你就永遠無法處理別人的憤怒。」我接下來的經驗完全應證了這句話。在我剛開始輔導暴躁的青少年時，我完全不知道該怎麼做，那些男孩生氣時，我只會盯著他們，叫他們冷靜。除了在大學醉到和別人幹架的時候，我從來沒有感受、碰觸過自己的憤怒，但在那種時刻，我關掉情緒的連結、瘋狂暴怒，這跟「與我的憤怒共處」是兩碼子事，它們之間可是天差地遠。

如果你覺得在面對別人的情緒時一點都不自在，與其依賴本能直接反應，不如先承認、接受自己的情感不適閾限很低，所以你不確定該怎麼做。至少，你在練習誠實做自己，展現你的真我。

大多時候，你要面對的是一個因為你做的某件事而感到痛苦的人，想想**他現在有什麼感受？我怎樣才能幫助他解決問**

---

* 如果你想深化關係，並在這樣的關係中繼續走下去，你能給予對方的最大的禮物之一就是在情感上陪伴他。當你學會與自己不安的情緒相處時，其實也在增加你與其他不安的人相處的能力。

題？你甚至可以問他：「我知道你很難過，我能做些什麼來幫助你？」又或者，如果你真的很了解他，你可以直接做那件最能幫助他的事情。我們宣稱很在意的朋友，如果我們也能了解他的內心世界，這會讓我們成為更好的隊友，我們可以作出幫助他的行動，並儘早與他連結。

四、讓人安心

　　如果覺得自己的能量很足夠時，我們能幫船友做的另一件事就是讓他們安心。但如果我們不想看起來很刻意，該怎麼做？或者我們怎麼做才能讓他安心，卻不顯得盛氣凌人或高人一等？如何讓你在乎的人安心，與他是誰、以及什麼能幫助他，有很大的關係。舉例來說，你和一個有遺棄恐懼症的人在一起，你安慰他時往往會讓他知道，你就在他身邊、你不會離開（但如果你不是真心的，就不要講）；如果你和一個怕你退出的商業夥伴在一起，你可以向他保證你會負責到底。任何時候，當另一個人的擔心害怕的動物掌控他時，請對牠說牠想聽的話，這樣對方才能平靜下來。

　　有個方法可以了解對方及他可能需要的是什麼，請讓他反思在成長過程中希望聽到哪些從沒聽過的話。你可以這樣問他：「當你小時候很受傷時，大人們說什麼會讓你感到被關注、被支持又有安全感？」在他下次陷入困境、封閉自我或心煩意亂時，請用這些話語來安撫他。在情況還不是最糟糕的時

候開始嘗試，不斷練習、精益求精，為彼此提供安穩的避風港，並了解能讓彼此放心的說法。如果你從小就沒有得到過安慰，那麼你安慰別人的時候大概會覺得哪邊怪怪的。這裡有一些範例供你參考，當對方處於痛苦之中或失去與你的連結時，你可以這麼說：

「我在這裡。」
「我在這裡，我在乎你。」
「我不會離開。」或「我哪都不會去。」
「我知道你很難過，如果你需要什麼，我就在這裡。」

問問自己：「我接下來所做的事情會不會破壞我給他的安慰？」你是真心想安慰他，還是只是想儘快擺脫衝突而已？如果對方希望你說好聽的話，來「解決」他們的問題，這樣也沒用。這個方法的目的是讓你們兩個人一起努力，互相安慰彼此擔心害怕的動物。

五、回想初衷

老實說，你之所以選擇這段關係是有原因的，除了不想要孤單一個人以外，你一定還有更遠大的目標。請深入思考一下，找出這段關係對你如此重要的原因，並真心誠意地為這目標拼搏。南非國父曼德拉每天都與他的人民一同，為他的人民

而戰、還為全人類而戰。即使在最黑暗的日子裡，他也從未忘記奮戰的原因。如果你能完成這段關係所代表的遠大目標，即使未來狀況變得棘手時，你也能夠堅持下去、撐過難關。

這對你有什麼好處？身為社交動物，如果你誠實，你會感受到連結、友誼、成長、強化、陪伴、關愛、接納、尊重，以及只有你自己知道的深遠目標。有了以上這些，你就會努力幫助對方，因為這也會讓你得到夢寐以求的人際關係。當事情變得棘手時，你很容易會忘記初衷。

要先願意付出，你給出什麼，就會得到什麼。別肖想得到你自己都不願意先付出的東西。

哪些時候你不必負責處理對方的地雷或擔心害怕的動物？

嗯哼，所以什麼時候我才不用處理對方和他的情緒，或跟他相處呢？一旦你選擇跟對方建立親密的伴侶關係，不管你喜不喜歡，都必須要學習如何處理與他的關係。在一段親密的伴侶關係或友誼中，你們都必須負責關顧對方，因為關係是雙向的，而這是我們要為對方做的。然而，人都有極限，如果有人越線，感覺就像在虐待你，或如果這個人不斷否認你們之間的共識，你可以作出選擇，看你是否要繼續忍耐、包容。

在重要的友誼或同事關係中，好好關顧對方意味著如果他反應過度，你還是不會落跑，因為你明白情緒反應在關係中是很重要的。如果你突然很害怕或覺得很受傷，所以冷漠以對、將情感封閉，那就按下你的暫停鍵吧！選一個對雙方都合適的時機重回關係。記住，你們的船是綁在一起的，你真的只想幫助自己，並叫對方管好他就好嗎？這是旅行最好的方法嗎？才怪勒。身為一個團隊，我們需要合作、傾聽、調整和不斷尋找更適合的方式，來確保關係能維持下去。有一些你需要的東西，對他來說可能有點麻煩，但如果他知道這對你來說非常有意義，他就會配合一下。同樣地，他可能也需要一些會讓你覺得很煩的東西，但你會克服一切來支持他。如果你們雙方都支持彼此，一次又一次、每次衝突都如此，你們就能更加鞏固彼此連結的強度和力量。

但請記住，關顧對方只是有效解決衝突的關鍵之一，你更應該要做的是成為洶湧大水中的定海神針，定下心錨，才更能一帆風順。

行動步驟

1・你是否願意「處理」對方擔心害怕的動物？如果你不是百分之百肯定，請優先處理這個狀況再往下一個階段前進。

2・三大支柱：你有沒有支持過誰？當你支持他們時，可

能會發生什麼事？在三者中（我、你、彼此），哪個
是你的弱點？你打算怎麼改進？

3‧你在提供四大關係需求時，是否堅定又可靠？

4‧在你最親密的成人關係中，請先了解什麼對他來說是
最有效的，再開始練習讓他放心。最後請分享練習當
下的心得。

5‧將這些寫成日記，並至少拿出其中一部分與你最親近
的人分享，讓別人能好好注意到你。

第十一章

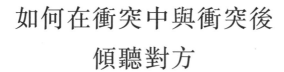

如何在衝突中與衝突後
傾聽對方

> 只要專心傾聽訊息背後的感受與需求，所有的批評、
> 攻擊、羞辱和論斷都會消失。
>
> ——馬修・B・羅森堡（Marshal B. Rosenberg）

我和妻子剛開始交往的時候，我覺得自己是個很擅長傾聽的人，畢竟我剛拿到心理學碩士的學位呀。我成為了諮商心理師，靠著整天聽別人說話來賺錢。但，我跟一般人沒兩樣，在家裡吵架時也同樣會觸發防衛機制，以下是我和妻子討論她的朋友特瑞莎時的真實對話：

我：（自以為知道她的問題怎麼解決）你要我幫忙，
　　不是嗎？我覺得你要當面跟特瑞莎把話講開。

她：你沒在聽，我不是那樣講的。

我：我在聽啊，我就站在這裡，不是嗎？

她：（雙手抱胸，把臉別開）是沒錯，但我不覺得你
　　明白我的意思，你沒抓到重點。

我：我真的有聽你說話。我完全理解你的感受，一字
　　一句都明白。

她：（不太想理我了，打算放棄）好吧，算了，我會
　　找其他人幫我。

我：（越來越焦慮）等等，寶貝，我再試一次，我發
　　誓我真的理解你的心情。

哎呀呀！有時候，如果我妻子對某件事情感到不太高興，我就是這樣「傾聽」對方的，你能想像這有多慘，我一直在浪費時間辯解，讓她相信我真的理解她，但其實並沒有。某天晚上，當我們大吵一架後，她很不爽就去睡覺了，什麼話都不想說。我也不爽到了極點，完全睡不著，不只是不爽她，也不爽自己，真想找個東西揍一揍，什麼都想揍！但我還是坐到了冥想墊上，在腦子裡把她臭罵一頓後，我不斷問自己：我做錯了什麼？我知道自己忽略了一些事情，但我不斷鑽牛角尖陷入重複為自己辯解的輪迴中。我到底在防備什麼？在保護什麼？

不擅長衝突的人，也不擅長合作。

我最後發現問題所在了，原來是我不想讓自己丟臉，覺得自己能力不足以幫助她。**很明顯，我知道我有狀況了**，她勾起了我過去沒能在父母、教練和老師面前把事情做好的回憶，但是我沒有正視過去的羞愧感，與其把它視為修正方向的回饋，我選擇裝腔作勢，假裝什麼都沒有發生，那時我最不希望讓別人看到**自己**沒面子的窘態。但那天晚上，當我坐下來意識到這點後，心中感到非常羞愧，深刻地理解感受後，眼淚撲簌簌掉了下來。

我意識到自己忽略的問題，也發現了解決問題的曙光。解決方案很簡單，就是為自己和妻子建立全新的規則：**除非她覺**

得我已經了解她的感受，不然我就是還不理解。與其由我主觀認定自己是否理解她（這並沒有包含她的經歷），不如由她自己來告訴我她有沒有被理解，這樣才對不是嗎？這是我們倆關係上很重要的轉捩點，爭吵時間縮短了，因為她不用再為了被理解而吵架。我開始放下成見，對她背後隱藏的情緒維持好奇心，直到她願意清楚說出發生什麼事。

不久之後，我把自己的經驗分享給找我諮商的伴侶，成功幫助他們化解衝突。執行一段時間之後，我把它整理成一套方法，我稱之為「LUFU」。要我形容的話，LUFU像是一種承諾，代表我會傾聽，直到對方感到被理解為止（listen until they feel understood）。目前為止，我把LUFU教給全世界數以百計的伴侶和成千上萬的人。如果做得好，這項技巧可以完全改善彼此的關係，也能加快重建關係的速度，對找我諮商的家長來說，這套方法提升了孩子的安全感，孩子更能感受到家長的關愛，反過來也強化了親子間的互動。

LUFU是一種能讓人感覺到你理解他們的能力，仔細傾聽他們的聲音時，你們的心靈會越來越靠近，最後到達對彼此最舒適的地方。正如精神導師兼作家拜倫・凱蒂（Byron Katie）提醒我們的：「沒有人能夠完全理解你。」[1]但我們仍然會想要盡最大努力去理解一個人。提這一點是因為我們都想真正了解將心比心的感受，即使永遠都不可能知道變成另一個人是什麼感覺，但還是想傾聽對方的聲音，這樣他們就會覺得自己被同理、包容，進而幫助我們整頓好衝突過後的情緒。

　　LUFU還可以改善人際關係，為什麼呢？道理很簡單。擔心害怕的動物一旦放鬆，便會變得溫馴。人類也是如此，當我們感到被理解時，衝突次數會逐漸降低，也會慢慢敞開心房，因為LUFU，說話的一方能體會到被關注、被理解的感覺，這是非常棒的感受。建議你將這份練習帶進日常生活中，天天操練。相信我，你會成為更好的家人、父母、朋友、同事、老闆和情人。

　　在開始練習前，把握這個原則：有最多資源的人最優先處理。任何有能力也願意傾聽的人會先把手邊的事情擱著，把注意力放在對方身上。你應該會是先使用LUFU的人，因為你正在讀這本書呀。

完成LUFU的八個步驟

　　LUFU總共有八個基本步驟，一旦你學會了，這些步驟就能自然而然、輕易地融入生活中使用。我見證了無數學生在使用LUFU後，便把這套方法變成他們的溝通方式了，他們回饋說自己化解衝突的能力突飛猛進，變得更懂得傾聽。我建議剛開始可以先在低壓力的情境下練習LUFU，此時的你處於比較不會被惹火的狀態，較能利用前半腦來思考。隨著執行LUFU的次數增加，你會漸漸有心理準備來處理更高壓的對話，比如職場中、家人之間，或是親密伴侶之間的狀況。

　　雖然LUFU的步驟順序並非固定，可以跳著用，但為了方

便使用，請儘量遵循以下順序，直到你對整個過程得心應手，再跳脫這個框架。為了得到最好的結果，記得從步驟一（保持好奇心）開始反覆練習，如果迷路了，也記得回到步驟一重新開始。

以下是LUFU的八個步驟：

同在感

1 · 保持好奇心

2 · 反映式傾聽

3 · 同步反問句

4 · 主動傾聽

5 · 同理心

6 · 認可

7 · 承擔自身責任

8 · 雙方同步有共識就算完成

什麼是同在感？

在描述這八個步驟之前，我們先討論「同在感」（presence）到底是什麼。同在感是LUFU的基礎，許多書都談過這個概念，但我對同在感的解釋是：同在感是隨時都與自己及他人共處的能力。若「完全擺爛」是光譜的一端，同在感就是另一端。在第一章提到的刺激量表中，0代表同在程度非常高，

10則代表沒有同在感。你越有同理心去傾聽對方，就越能成為更好的傾聽者，因為你更加用心、也更有意識去傾聽對方的煩惱。當你越來越熟練，就會開始懂得打開感官，仔細傾聽。

同在感包含想法、感受、知覺和覺察力，它們在你體內流動時，你會意識到它們的存在。要成為覺察力更強、更具同在感的人，可能需要花上一輩子的時間練習。雖然無數學派的精髓都強調同在感的練習，可是我知道這對你來說是個全新的概念，看起來既深奧又模糊不清，但我猜你在生活中可能已經體驗過同在感很多次了，例如運動、做愛、跳舞、親餵母奶或演奏音樂，在這些活動中，人們會進入心流的境界，失去時間感和空間感，完全沉浸在當下。同樣地，與孩子一起玩耍、專心打拼事業，或者騎登山車、攀岩、在大自然中散步的當下，我們都能體會到同在感。LUFU最讚的地方在於它是為培養同在感而生的，你不需要先懂得怎麼展現同在感，LUFU的過程本身就有助於讓你與對方調頻、同在。

有時候，你不斷被對方挑釁的話激怒，我完全能理解要維持同在感是多麼困難，這可能發生在你傾聽對方的當下，結果對方講的話踩中你的地雷。別管那些雜七雜八的事了，只要繼續專注在對方身上，LUFU會迫使你與他們和他們訴說的內容同在。

在與他們共處的過程中，我也希望你能注意自己的變化。當你和某人同在調頻時，意味著你正在跟著他們走，包含他們的語氣、氣場、姿態等。同時，你也能覺察到自己的想法和感

覺，請注意在與對方保持良好關係、關係中斷或重建連結的過程中，非語言的肢體表情傳達了什麼訊息，你跟對方的擔心害怕的動物，對非語言的肢體表情相當敏感。

當我在現場活動中做LUFU練習時，參與者經常回饋說，雖然他們有很多很棒的人際關係，但現場這些他們剛認識、一起練習LUFU的陌生人，傾聽能力比自己原本的任何朋友都還要好。由此可見，你越是與他人同在，關係就會越好，也能成為更好的傾聽者。同在感也是能同時療癒和融入對方傷痕累累、滿路波折的人生的關鍵因素。[2]

第一步：保持好奇心

我們天生都是好奇寶寶，尤其是在小時候。長大後，我們知道要對感興趣的事情保持好奇心，但根本不會想要鳥那些惹到我們的人。一旦失去好奇心，對話效果就打折了。

這時可以這麼做：放慢腳步維持同在感、保持好奇心，對對方所說的一切、沒能說出口的、或是故事的情節等等感到好奇，保持這個狀態，儘量聽、儘量接收訊息。常見的情況是我們根本沒在聽對方說話，聆聽只是為了找插嘴的時機，為自己辯解、合理化自己的行為，以及證明為什麼我們對、他們錯。當你在等待插嘴的時機，等於你已經失去了好奇心，也等於你們已經卡關了。你得丟掉這個壞習慣，要知道，通常在之後的對話中，你還有機會表達自己的立場，因為在一段良好的重要

人際關係中，雙方都有機會講話，這是非常公平合理的。*你要做的是，重拾你想要了解他們故事的好奇心。

第二步：反映式傾聽

反映式傾聽（reflective listening）是從心理諮商與心理治療界借來的方法，我們在聽完對方的話後，只需反映，也就是重述對方所說的話即可，比如說，以下的語句可以幫助你重述對方的內容：

- 「聽起來好像⋯⋯」
- 「我聽到你在說⋯⋯」
- 「就我所理解的是⋯⋯」

如果你的老闆說：「你沒有準時付那張請款單的錢，難道想氣死我不成？」你可以回他：「聽起來你很氣我，因為我沒有在到期日前支付請款單的金額。」

雖然這聽起來超級基本又普通，但這些話卻簡潔有力，能讓對方明白：你對他們所說的話感興趣，而且有持續在聽他們講。你的回應傳達出的訊息是：「我在這邊、我懂你，我聽到

---

* 要是對方**真的**給你表達意見的機會，恭喜你！這反映了對方是個優秀的人。

你說的了。」這樣的訊息對溝通來說大有幫助。當然，對方一開始聽到你複述會很不爽，好像你在耍一些花招，倘若對方因此而覺得「身處在心理諮商現場」，請先認同他們的感受（參考第六步），然後說：「我懂，也難怪你會這麼想。我正在努力學習成為更好的傾聽者，我只是單純在確認我完全理解你的想法而已。」

但是，隨著你練習次數越多，應對會變得更自然，別人就會覺得你更理解他們，這對他們來說感覺很不錯。以下是另一種情況：

> 老闆：你沒有準時付那張請款單的錢，難道想氣死我
> 　　　不成？
> 員工：大驚小怪個什麼鬼呀？不過才晚了一天而已。

你覺得哪種方法比較好呢？

第三步：同步反問句

發生衝突的時候，如果吵的是同一件事，事情相對好解決。要知道有時候人們甚至不是在吵同一件事（你會在第十三章中學到），因此，身為傾聽者，在對方開口，或是講述他們版本的故事時，確保彼此有共同的理解是非常重要的。調頻同步、確保雙方訊息正確，可以讓我們更容易釐清對方的說話、

想法和感受。在談話過程中，這些問題可以問一次或是問很多次，請在重述了他們的話之後，馬上問以下的問題，你所傳達的訊息便是：「我們目前想法一樣嗎？」

以下為示範句：

- 「是這樣沒錯吧？」
- 「到目前為止，我的理解沒錯吧？」
- 「我有講錯嗎？我這樣講對吧？」
- 「我這樣理解對嗎？」

以下為反映式傾聽和同步反問句的結合範例，注意畫底線的是反問句：

- 「聽起來你很生氣，因為我沒有在截止日前付請款單的錢，是這樣沒錯吧？」
- 「你說是因為我沒有回你訊息，所以你對我很生氣，我這樣說沒錯吧？」

我大學的時候常常因為宿醉，導致上課的時候腦袋一片空白，我也很害怕請教授解釋清楚我聽不懂的內容，所以我沒有學得很扎實。當時我並沒有很在意，直到上研究所，那時候班級規模比較小，而我對正在學習的東西真的有興趣，才開始在不懂的地方問問題：「你的意思是這樣嗎？」或者，在歸納整

理自己所理解的內容後，我會反問：「到目前為止，我這樣說沒錯吧？」結果當我用自己的話來回確認我所學的東西時，我能學到更多。現在我在學新東西時，我發現需要用自己的話來總結或是換句話說一次，才能理解得更清楚，然後我會問導師或老師：「到目前為止，我的理解是否正確？」這就是積極參與的學生學習的樣子。在人際關係中，特別是在衝突期間，你也要當個積極參與的學生，認真學習。

第四步：主動傾聽

我對主動傾聽的定義與外面教的不一樣，我的風格是用讓對方不舒服的方式打斷談話，確保自己已經消化和理解對方所說的內容，沒錯，就像按下暫停一樣，我會打斷對方，為什麼？因為這有助於我聽得更仔細，也能讓他們感到被理解。

所以，假設對方劈哩啪啦說了一堆，或是講著講著變成在發洩對你的怒火，那麼你的責任就是要阻止他繼續說下去，如此一來才能繼續維持同在感。打斷對方不是為了插嘴或為自己辯解，打斷他只是為了維持同在感而已。

當人們滔滔不絕一講就是好幾分鐘時，大部分正常人都無法聽下去，然後開始神遊太虛，當這種情況發生時，你就會變成「被綁架的聽眾」（captive audience），失去了傾聽者應有的作用。*

身為傾聽者，你有責任阻止其他人**綁架**你。我不知道你會

遇到什麼情況，但當我遇到衝突時，我希望另一個人共感，好好聽我說，而不是像個觀眾般在看戲，反之亦然，畢竟又不是TED演講。因此，你必須做一些令人不舒服的事情來奪回傾聽者的功能：打斷他們。

可能有些人會覺得很難做到，因為別人都教我們當個好聽眾就是要保持安靜，像個乖寶寶一樣，這也是社會上普遍認同關於禮貌的規範。事實剛好相反，安靜和禮貌跟成為好的傾聽者一點關係也沒有。我不知道你怎麼想，但只要有人一口氣跟我講個幾分鐘，連搭腔都無法，我就會放空了，我無法與一個獨白者相處呀。†

如果你只是消極地坐在一旁，靜靜地、笑笑地聽對方說話，就是默許對方劈哩啪啦地繼續講個不停，他們會以為你把每一句話都聽進去，也會以為你都明白他們的意思。你有沒有遇過這樣的經歷：在大家庭晚餐聚會中，有個叔叔阿姨「獨霸麥克風」，好像他是唯一一個說話的人，其他人什麼都沒說，因為打斷別人「很沒禮貌」。或者你在星巴克遇到某個朋友，

---

* 「被綁架的聽眾」：我超愛這個說法，這是我在2008年參加工作坊時向我的朋友德科·庫諾夫（Decker Cunov）學來的。

† 獨白者是指喜歡自顧自說話，或缺乏同在感的人。想想看，當有人一直對你說話時，你們不會有連結，不會有情感交流，一切都是一廂情願而已。他們沒有足夠的同在感來發現你有沒有在神遊。

他連珠砲般講個不停，過程中連一個問題都沒問你，這時你有什麼感覺？一旦你發現自己處於這些情況中，先不要責怪他們，你身為傾聽者，有責任擺脫這種狀態，打斷他們，負起了解他們的責任，而不是呆呆坐在位子上，讓他們決定你的理解程度，這兩者可是天差地遠，主動傾聽能讓你參與其中。如何打斷對方說話？以下做法供你參考：

- 「不好意思，請讓我打個岔，我想確定我有沒有理解你的意思。」
- 「等一下，我需要打斷你一下，這樣我才能跟上，讓我確定到目前為止我都理解你的意思。」
- 「等等，不好意思，我需要打斷你一下，因為我想弄清楚，你是在說XXX（回顧到目前為止的談話內容），還是在說YYY？」

接著使用步驟三的同步反問句：

- 「這樣對嗎？」
- 「我的理解正確嗎？」
- 「我有沒有講錯？」

你可以加上：「好的，請繼續，謝謝你，我只是想確認到目前為止理解的方向是對的。」學會主動傾聽才能在你沒跟上

的那一刻，中斷他們來釐清思緒，你也可以運用反映式傾聽，快速總結對話。

如果他們問你為什麼要打斷他們，你可以告訴他們：你的注意力有限，每次只能接收一小部分的資訊，一次一點點，能幫助你理解他們所說的內容。跟對方表示，這樣做是為了維持更好的同在感、更理解他們想表達的。接著，確認彼此在同一個話題上（使用同步反問句），藉此表達你關心、也渴望了解他們。

現在動動腦想一想：身為說話的一方，你寧可別人在聽你講話時保持禮貌和安靜，但神遊太虛，一整個放空，結果聽完依然不懂你；還是希望別人打斷你說話，但能感覺到對方懂你呢？我以前也是這樣想的！這種專業治療師和心理諮商師真的嚇死人地多，收你的錢，讓你滔滔不絕地吐苦水，而他們只是點點頭，卻彷彿自己是個「主動」的傾聽者似的——這才不是好的治療方法。

注意：要是你打斷對方，是為了**反駁**或計較他們所說的話，那不叫主動傾聽——那是辯解和爭論。我的意思是，要掌握主導權，當一個有同在感、投入的、且好奇的傾聽者。

第五步：同理心

我把同理心定義為讓自己易位而處，也取決於我們是否可以感受到對方的感受。身為人際關係教練、一個專精在主動傾

聽的人,我認為自己是個有同理心的人,甚至在很小的時候,就會因為感受到別人的痛苦而感到心碎。然而,當衝突發生在自己的婚姻時,有時候我卻是最沒有同理心的人。其實,這個步驟本來沒有放在LUFU練習中,是最近才加進去的,這是因為我全身上下的細胞都是同理心,連血管裡流的也是同理心,同理心就是我的代名詞、我的一部分。*

老實講,在我最重要的人際關係——本人的婚姻——中,同理心是最難做到的步驟之一(要注意哪一步對你來說最困難,這就是你要加強的地方)。當我的伴侶在為一些複雜的事情煩惱時,她需要的就是我的同理心。舉例來說,如果我老婆對生活中的某件大事感到難過,她希望我理解她的癥結點,感同身受地理解她的悲傷,可是呀,我根本不想坐下來感受她有多悲傷,反而直接跳過這步,給出解決方案來撫平傷痛,但這不是她想要的。所以我的職責是,用她的角度去感受哀傷,之後接著說:「這真令人傷心。」或:「哇,聽你這麼說,我也覺得難過了。」

假如你很難感受到自己的感受,這步驟對你來說也是最難的。要是你不能感受到自己的情緒,你又要怎麼理解、更別說是感受他人的感受?†表達同理心有個簡單的方法,就是在衝突表格中完成下面這句話。如果你還記得,我們填寫了第八行和第九行,卻跳過了第七行。現在,我們回頭看看第七行(見圖11.1)。

| 跟我有衝突的人： |
| 他們做了什麼： |
| 想到這個人我有什麼感覺： |
| 衝突程度0-10分： |
| 衝突多久了： |
| 在我們未解的衝突中，我錯在： |
| 我認為他們的影響是／曾經是： |
| 如果我把話說開，我會害怕他們做出什麼（行為、反應、無作為）： |
| 如果以上發生了，我會必定體會到什麼感覺： |

圖11.1　加上同理心的衝突表格

或者，更簡單點，在句子空白處填空：

我在現在（或曾經）的衝突中 _____（做過的行為、反應、或該做沒做的事），我可以料到對他們的影響

---

* 跟之前其他狀況一樣，是我太太幫了我，讓我意識到自己的問題，後來才漸漸成為更有同理心的人。

† 少部分讀者可能真的被診斷出亞斯伯格症、自閉症，或有自戀傾向等疾病，他們就非常難同理他人，我鼓勵你尋求資源來獲得進一步的協助，但大多數人確實都有同理的能力，時間一久就能培養起來。

是 _____ 。

　　順帶一提，不用等到在LUFU的第五步才開始同理別人，事實上，表達同理心可以是你第一件要做的事，甚至可以跳過前面所有的步驟，先從同理心開始，像這樣：

- 「哦，我的天哪，我了解你有多難過，你可以跟我多講一點。」
- 「喔喔，我知道你有多氣了，我鐵定是搞砸了，我知道這讓你想起不好的回憶。」
- 「拍拍，我知道你的心很痛，有什麼不好的事情吧？怎麼了？」

　　這些富有同理心的說法可以很快把一個人的刺激量表從8分降至3分。盡力想一下，你的行為對別人所產生的影響。

第六步：認可

　　在設身處地為對方著想之後，我們可以從對方的角度多看看這個世界，好讓我們更加理解他們的世界，進而認可他們的看法。「認可」是另一項我花了很多年才學會的重要技巧，因為我曾經希望自己是對的，或者想快點輪到我表達立場，但是，認可他人的感受能讓對方更覺得受重視和被理解。我們要認同他們的經驗，這麼做能讓他們覺得自己沒有那麼瘋狂、不

那麼孤獨，以及得到更多關愛。一般來說，這樣也能夠卸下他們最後的心防。

非常重要的一點是：認可他們的情緒並不代表他們是正確、而你是錯誤的，這無關對錯，只代表用他們看待世界的方式去認同他們遇到的經驗。這件事不要太過鑽牛角尖，不然你會抓不到重點，跟對方卡死在衝突胡同中。認可可以濃縮成三個鏗鏘有力的字：

「有，道，理。」

說出這三個字時，你會驚訝地發現對方很快就會開始放鬆和放下戒心。不過，要切記一個重點：你要真心覺得對方講的有道理。除非我真的明白物化女性，以及歧視和貶低女性的厭女症確實存在，否則我無法認可女性被物化時的經歷和感受；除非我理解你的政治信念是怎麼產生的，否則我怎麼認同你說的有沒有道理？

同時，你也要考慮到談話對象的個性，知道他們是誰、他們的過往、承受的包袱與痛苦，以及擁有的價值觀，然後再問問自己，他們的感受對你來說是合情合理的嗎？例如，我和妻子起衝突時，我有時候會對她大聲。雖然我不覺得我對她有大小聲，但辯解自己到底有沒有對她大聲，對事情一點幫助也沒有。而且我很了解自己，當爭執開始變得激烈，我很容易就會火大、講話尖銳，而且儘管我認為這其實不怎麼明顯，但我說話的語氣確實會變。但是，無論我的語氣變化是多麼細微、多麼不明顯，還是會影響到她。所以，我會認同她說：「好，我

明白你有點害怕或難過，你的感覺的確有道理，因為我激動火大了。工作搞得我壓力很大，而且口氣確實不太好。」以下還有一些其他的例子：

- 「親愛的，你生氣也很合理，因為我沒有回訊息給你，我知道你討厭已讀之後很久才回。」
- 「我懂你，也能體會你的感受，我也討厭別人不及時回覆我，你生氣我不怪你，你會抓狂很合理。」

如果對方盡力去理解我們的想法，那種感覺很棒，我們會感到更安全、更受重視，也更能被旁人理解。「安全與重視」這兩個核心關係需求得到滿足，能幫助我們重建關係。

第七步：承擔自身責任

你在人際關係中漸漸成為關係領導者，也已經知道承認自己的錯誤有多麼重要。後座司機只會指手畫腳怪別人，但勇敢舉手承認自己做了讓他們不高興的事，說出「是的，我確實這麼做了」之類的話，對方就能冷靜下來，進而化解衝突。參考我前面的例子，我認同妻子的情緒，讓她知道她的不高興是有道理的，是因為我做了讓她不高興的事，我當時確實口氣很差。如果你一直咄咄逼人指出他們做了什麼、什麼該做卻沒做，又一直逃避自己該負的責任，那麼再厲害的傾聽技巧都無

用武之地。

進行LUFU中的任何時刻，你都可以為做過的事承擔責任，**只要你不搶話，不要急著找藉口合理化自己的所作所為。**千萬不要替自己辯解開脫，或技巧性地把過錯合理化。只要承擔責任，並持續傾聽，通常只需一到三句話就能搞定：「我沒有回你訊息，這件事我得負責，我真的搞砸了，我知道你很不爽，因為你需要看到我回的訊息才能安排計劃。除此之外還有別的嗎？」

當然，還要繼續傾聽，先不要有「反正，你昨天也這麼對我」的想法，現在還不是時候。你正在處理他們的抱怨和不快，不是你自己的，請當個成熟的大人，全心全意地傾聽他們的心聲。

第八步：雙方同步有共識就算完成

終於到了可以換手的時候了，換他們聽你講，在輪到你表達或慶祝歸零之前，請確認一下他們的狀況，必須確保你很理解他們，到了他們也能夠感到被理解的地步才算喔。記得，你並沒有決定權，他們才有資格決定。在結束前請你先確認這兩個問題：

- 「還有什麼沒告訴我嗎？我有沒有遺漏了什麼？還有哪些關於你的地方、或是你的體會，是你想要我理解的？

還有別的嗎？在換我表達想法之前，還有什麼部分是你
想說的嗎？」

● 「現在，你覺得我懂你了嗎？」

如果他們給了否定的答案怎麼辦？如果他們說「沒有」，
表示以下兩種情況中的其一發生了：一、他們真心不覺得你有
理解他們，你要繼續重複LUFU步驟，直到他們覺得被理解為
止；二、你們過去的恩恩怨怨太多了。也許等你的傾聽能力變
得更好之後，他們就會翻舊帳，如果發生這種狀況，彼此要有
共識，先處理目前的問題，然後找再時間處理其他浮出表面的
問題。*

大體上這個階段的人不會無理取鬧，他們能感受到你的努
力，也會感激你的付出。基本上，你們的資訊要同步，彼此同
頻、理解對方的感受。此時他們應該更能表現同在感，內心衝
突指數更趨近於零。是的，很快就會輪到你表達想法了。

雖然你的憤怒可能還沒有歸零，但你會發現，傾聽別人說
話會更能幫助你共感，衝突量表上的數字也會跟著下降。無論
如何，你都希望輪到自己被用心傾聽，沒錯吧？這就是我們在
下一章要討論的地方。

承諾當個更好的傾聽者

恭喜你！你現在知道如何對你的伴侶、家人或朋友使用

LUFU，好好溝通了！

　　建議你讓生活周遭的人知道，你正在學習如何成為更好的傾聽者，先提醒一下朋友，他們才不會嚇到。就像前面說過的，在沒有衝突的情況下，你要在日常生活中練習LUFU，才能更得心應手。你是專心投入的傾聽者，掌控整個傾聽的過程，只為了解對方的世界。如果你又變回被動接收資訊、老愛狡辯的老樣子，只要發現自己這樣，就大方承認吧：「嘿，我又來了，老是在為自己辯護，而不是好好聽你說話。」

　　就像舉重一樣，更有效的傾聽好比剛形成的肌肉，需要持續鍛鍊。你練習得越多，就越懂得在往後生活中發自內心地傾聽他人的意見。換句話說，如果不練習，你就是在向自己和對方傳達：「我寧願用指責、道歉、轉移注意力、逃避、切割關係、浪費時間、FRACK大法、空想來阻礙溝通，同時祈求人際關係會突然奇蹟似的好轉。」（我們後面會探討更多。）

　　經驗法則告訴我們，等到對方覺得被理解了，你才真的理解他們。假如你真的卡關了，可能就需要第三者來幫助你們。現在你或許已經準備好開口了，你也想要被理解，對吧？在下一章，我將教你該怎麼說話，才最有機會讓對方了解你。

---

　　* 如果多年來一直逃避衝突，你可能有一連串未解的衝突需要處理。請列個清單，一個個解決，這樣就能體驗到真正歸零的感覺了。

行動步驟

1 · 在接下來的二十四小時內，單純為了好玩，認可一下某人的想法（使用「有道理」這三個字），看看會發生什麼事。

2 · 在執行LUFU的過程中，哪一個步驟是你的弱點？（我的弱點是同理心。）而你究竟要怎麼克服它？何時進行？擬定一篇「實施計劃」，並與你的責任夥伴分享。

3 · 對陌生人進行LUFU步驟。下次當你在排隊、搭飛機、坐公車或搭地鐵時，把LUFU的好處獻給某個陌生人，看看會發生什麼事。

4 · 準備好進行完整的LUFU八步驟了嗎？從生活中選擇一段關係，開始練習LUFU。不要期待LUFU能立刻見效，除非對方也在讀這本書。現在，只要承諾成為優秀的傾聽者，並持續找他們練習就好。稍微提醒他們這是你的目標，你想和他們一起練習。過程中請對方誠實給你回饋。（需要更多的例子嗎？請見書末的資源導覽。）

第十二章

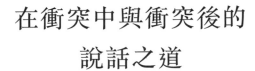

在衝突中與衝突後的
說話之道

如果你總是逃避挑戰，挑戰就不是來自外在世界，而是你怎麼看待外在世界。因為你的內在有這樣的想法，你就會在外在世界，以另一種形式再度遇到這個挑戰。

——約翰·迪馬提尼博士

現在你已經學會了如何好好傾聽，我們來談談如何在衝突中把話說得更好，這和解決衝突一樣難，也可能更難，端看你的個性和經驗。越早學會在衝突中有效地表達想法，就能越早歸零，因為接下來是輪到你分享你對事情的觀點。

我們先學怎麼好好溝通。良好的溝通有兩個重點：有效傾聽和有效表達。此外，想要在有壓力的對話中順利表達看法還得注意一個重點：你要用說話者的角度了解哪些是有效溝通、哪些是無效的。本章分成兩部分：溝通前的十三點提醒，以及溝通當下的八個步驟。

首先，如果你已經運用了前面討論過的各種方法，你就會有更好的溝通能力，也能感受到對方更了解你。意思就是說，你很清楚一段關係的過往歷史、內心的衝突，並且認識了擔心害怕的動物，當然也已經傾聽過對方的想法。此外，要成為一個有技巧的溝通者，還需要了解人類行為的基本知識，以及了解他人重視、在意什麼，這樣才能在對話時與他們平起平坐、同理他們的情感，並考慮他們的感受。混亂、自私、話講得不夠到位都沒關係，畢竟我們的目標並不是要追求完美，但你的

溝通能力越進步，就越容易彌補犯下的錯。

開口說話前的十三項提醒

提醒一：坐在後座溝通，效果有限

用膝蓋想也知道，你在盛怒之下，使刺激量表超過5分的話，就會坐去後座，而且更有可能會做蠢事、講幹話。不僅如此，當你在用後座的動物腦講話，總會以為自己知道事情誰對誰錯，但其實記憶是破碎又不可靠的，這個現象可是經過研究證實。[1]

提醒二：設定對話框架來減少衝突

情境建立人際關係的框架，也會為每次對話設下框架。沒有框架的話，你就會被自己的反應和情緒奴役。如果你想與某人一同歸零，就需要為對話方向和預期結果做好準備，設定好框架。例如，在對話的開頭你可以說：「那個，我想在接下來的三十分鐘內解決我們的衝突，這樣我們兩個心情都會好一點。你願意嗎？」如此一來，對話就會有重心，也能讓對方了解你對話的動機。

設立每次對話的框架，對衝突爭吵相當重要。假設你和某個朋友兩天前大吵一架了，到最後也沒能解決衝突，雖然後來

你們同意見面喝杯咖啡，但你朋友習慣逃避衝突，你知道他絕不會提起那次衝突。你在離開辦公室時看了看手機，發現在得回公司前正好有一小時的空檔，排除開車和停車的時間，你實際還有四十五分鐘。儘管你很緊張，你還是想提一下那天的衝突，因為衝突已經影響到你的情緒和睡眠了。

你在咖啡店坐下來後，想起要先設定一些簡單的對話框架，像是：「嘿，朋友，我大概有四十五分鐘的時間，只能待到十二點四十五分，但我想談談前幾天發生的事情。」

他猶豫了一下：「呃，好吧。」

你貼心地問下去：「這段時間你有沒有想要或需要什麼？」這讓他思考有沒有任何需求或欲望。藉由架設對話框架，等於先提出了你想得到什麼結果，這樣你們接下來的對話就不會覺得難受或滿腹怨恨。設定好對話的情境，你可以得到更多想要的結果，並為對話內容設限，讓對話進行得更順利。

提醒三：跟對方調頻

如果想聽廣播，就要調整收音機的頻率，直到你接收到清楚的訊號。同樣地，你與另一個人相處時，有時候你必須對聲音、同在感、彼此相坐的距離、眼神接觸的程度等等作調整，這個過程我們稱為「調頻」（attunement）。調頻過的溝通是最棒的，雙方能因此認真感受對方的存在。

調頻的時候，你會想辦法找到對方的頻率、抓到對方的想

法與感受，並確認對方的回應，此時的你就是在想辦法與他們同步。他們與你同在嗎？他們有跟上嗎？有想要解決衝突嗎？他們的注意力都集中在你身上了嗎？還是晚點再試試看會更好？**你自己準備好、有空了嗎？你**散發著什麼樣的能量呢？如果在表達你的想法之前沒有先跟對方調頻，可能反而會產生更多衝突。

　　拋接球是一個經典的調頻遊戲，透過來回拋接的動作，丟球的人會開始感受到某種節奏。好的對話就像拋接球，一來一往，沒有人搶球。如果丟得不好或掉球了，遊戲就中斷了，但這也沒什麼大不了，球撿起來，再丟一次就好。

　　性愛則是另一個探索調頻的遊樂場。做愛的時候，我們真能接收到彼此的訊號、話語和肉體嗎？我們有跟對方同步合一嗎？還是總是不協調，導致更多不順的交流和挫折感，讓我們感到羞愧又受傷？

　　調頻是我們在人際關係中的本能，我們應該要去注意別人不高興或需要幫助的時刻，可是如果沒有人在你小時候充分地與你調頻，長大後你與他人調頻的能力可能會也受到影響。可能你小時候已經習慣了冷漠、對不到頻率的家庭型態，因為你知道「負面」的情緒會為家人帶來麻煩，所以你就自行消化這些情緒；又或者你在一個大家互相比大聲的家庭中長大，沒有人真正在傾聽。回想一下你的人生，看那些大人是否與你、你的需求和界線調頻過。如果你不了解在溝通當下調頻所帶來的力量，你可能從小就沒體會過調頻過的溝通，因此可能無法了

解關注他人或受到關注這兩者的價值。

　　不過你可以透過練習和學習來培養更多的同在感，藉此喚醒與生俱來的調頻能力，成為善於調頻的人，這也代表在開始和結束對話時都要注意一些事情，比如長篇大論、非語言的肢體交流、眼神接觸。*

提醒四：避免長篇大論

　　跟對方調頻之後，我們對自己溝通的**方式**要再三省思。小時候，只要我惹麻煩，爸媽就會教訓我，要我看著他們的眼睛。偶爾我爸在罵我的時候會戳我的胸口，用最嚇人的目光瞪著我。不難想像這一幕有多可怕，但我發現有一招可以度過這段時光，我很懂要怎麼盯著他的鼻子看，讓他覺得我在看著他的眼睛聽他說話，但我的心神其實都飄走了，腦中一片空白，躲在自己大腦的後座上。

　　當有人踩到我們的地雷，我們覺得不爽，大腦就無法處理大量的語言。請記住，如果擔心害怕的動物往後座移動時，前腦便會直接關機，影響到理性思考、細節記憶力與溝通傾聽的能力。

　　如果你在後座，就無法與對方調頻，還可能認為替自己開脫才是辦法。很快你在衝突中講的話，聽起來就只是在碎碎念發牢騷而已。碎嘴等於綁架了你的聽眾，多數人都無法消化，更別說要記得你講的長篇大論了。

因此，你必須反其道而行，以對方能夠消化的方式慢慢地、精簡地表達，最多講一到兩分鐘就好，超過五分鐘對方就不會想聽了，他們可能會恍神、把耳朵關起來，或覺得自己跟這件事無關。

提醒五：小心覺察非言語交流

不少研究證實百分之七十到九十三的溝通都是非語言的。在壓力之下，你的非語言交流會對他人有莫大的影響，包含你的語氣（沒錯喔，語氣也算是非語言交流）、翻白眼、怒目而視、雙臂交叉抱胸，或在重要談話中看手機等等。就像在執行LUFU的時候一樣，必須注意你在整個維繫關係、中斷關係和重建過程中的非語言訊息。每個人心中擔心害怕的動物對非語言訊息都很敏感，所以要注意以下的非語言行為，這些行為會刺激到你擔心害怕的動物。

- 翻白眼
- 眼神移開飄走
- 甩門

---

* 如果你無法與人調頻，或者身邊有無法調頻的人，可以考慮接受亞斯伯格症或神經系統評估，可能有些潛在的生理狀況破壞了調頻的能力。

- 語氣
- 叫人滾開、把人打發掉的手勢
- 手臂交叉抱胸
- 皺眉
- 齷齪的眼神
- 轉身不理人
- 默默離開對話
- 訊息已讀不回
- 對方離你太近
- 對方離你越來越遠
- 沉默不語

我們一旦中斷關係來保護自己，非言語交流可能會讓我們離和解的零越來越遠。語氣和臉部表情能讓爭執迅速升溫，也能快速緩解衝突。所以呀，請放鬆你的腹部和肩膀，也努力軟化你的語氣吧！

提醒六：建立並保持眼神接觸

衝突當下，許多人都無法看著對方，因為眼神接觸感覺太嚇人了，令人覺得太赤裸、很不舒服。但是根據研究伴侶如何讀懂對方表情的權威——史丹・塔特金博士的說法，吵架中的夫妻要是能夠有眼神交流，衝突會更快緩和，也較不會產生誤

解、錯誤地解讀表情，或陷入過去錯誤的回憶中。[2]也就是說，如果你不看著對方的眼睛說話，可能更會激起對這個人的負面回憶，而無法注意到對方此刻在你面前的真實樣貌。

對我來說，雖然我現在還是很難做到眼神接觸，但實際上，注視著我妻子的雙眼能讓我更快平靜下來。塔特金建議，爭吵時要注視著對方，開車或躺在床上盯著天花板的時候，千萬不要吵架。要是我們就在對方身旁，卻不看著對方的雙眼，我們會進入威脅反應模式，因為我們會看不到對方的表情變化，這會更頻繁地刺激杏仁核。總而言之，記住這個原則：要保持眼神接觸，並注意情緒軟化的過程。如果你直視對方的眼神，就很難一直生對方的氣。不過還是請注意，對於父母和青少年來說，情況可能恰恰相反，給青少年太多強烈的眼神接觸會增加他們的焦慮感，而不是減少，因此要注意你談話的對象是誰。

提醒七：再靠近一點點

這點提醒取決於你們雙方的思維模式，也取決於你們是商業夥伴還是親密伴侶。如果你們處在相同的實體空間內，遠離對方就會讓他感受到威脅；向對方走近也會產生威脅，但這代表了你渴望重建關係，而不是離開關係。此外，與對方並肩而坐，可能比坐在正對面還安全。我的經驗告訴我，要靠近與你有衝突的人，就得流露出親和力，用柔和的目光、語氣或其他

行為來傳達你不是威脅，如此也能告訴對方，你很在意他、也希望能解決問題。

好，如果你比較主動尋找關注、追著對方跑，而不是會逃避的人，那就要克制自己，給對方更多空間。與其瘋狂傳訊息給對方，或要求他快點跟你講話，不如計時一小時，試著在沒有干擾的情況下放鬆。你也可以做個NESTR冥想，跟你的內在體驗好好相處。

提醒八：考慮肢體接觸

雖然肢體接觸在衝突中會嚇死一些人，但它其實能幫助對方平靜下來。想進行肢體接觸的話，你要清楚怎樣碰觸是雙方都能接受的。把手輕輕放在肩膀或小腿可以快速放鬆情緒，你還可以嘗試不同類型的輕撫，看看怎麼做最有效。這相當違反直覺呀，因為感到對方有威脅的時候，通常都不會想要碰對方，可是帶著感情的輕撫有時可以是直接解決衝突的一步。

如果碰觸適合你們的關係，不妨嘗試站著擁抱對方，慢慢深呼吸五次，這樣不需說話就能重置神經系統。（注意這麼做是否會使你的衝突量表數字上升或下降。）讓你們的腹部相互接觸，看看你們呼吸是否能同步。你會驚訝地發現這能很快速地安撫擔心害怕的動物。想想你會如何讓一隻沒看過你又很害怕的小狗平靜下來，給予小狗足夠空間後，你可能就會更靠近一些，語氣溫柔地對牠說話，再伸出手摸摸牠、安撫牠。

提醒九：區分人格和行為

有些人對任何批評都非常敏感，這是人類常見的行為，而且當我們處於壓力之下，對批評會更加敏感。既然你知道了這一點，請記得在說話時保持覺察。一旦壓力來臨，大多數人就會把行為（我們的所作所為）和人格（我們是什麼樣的人）混為一談，但我們不應忘記，這兩者有著天壤之別。

在成人關係中，衝突往往會讓我們陷入非黑即白的二分法。擔心害怕的動物在壓力之下需要簡單的選擇，如果只要二擇一，一切就簡單得多了。「你錯我對」很容易變成「你這人做錯事了，所以你是爛人」。千萬記得，對事不對人，以下例子可以參考：

- 「你是個爛人」對比「你的行為像個爛人」。
- 「你很沒禮貌」對比「你的行為很沒禮貌」。

更好一點的說法是這樣：「我不喜歡你這種行為，感覺很沒禮貌。」

提醒你可以使用（在第253頁討論的）「分享影響法」來練習：

當你 ＿＿＿＿＿＿（做某個行為）時，我就會

覺得 ＿＿＿＿＿＿（老實說出自己感受），它

讓我 ＿＿＿＿＿＿＿＿＿＿（說出對你的影響）。

比如說：

- 「當你有某些行為，像是大聲說話，我就會覺得害怕（感受），它會讓我不敢接近你（影響）。」
- 「我愛你，也愛你的為人，不過當你有這樣的行為，我會生氣。」

在衝突當下，儘量堅持就事論事，這麼做能展現你的為人心思細膩又體貼。就事論事是負責任的溝通方式，對化解衝突大有幫助。

提醒十：記住他們的價值觀和他們在乎什麼

我們一害怕就會變得非常自我中心，什麼都是我、我、我，但如果我們還記得對方在乎什麼，就可以增加重建關係的機會。清楚覺察他們重視、在意的價值，能更順利解決問題。請閱讀SHORE流程（之後會討論到）以及第十六章的內容，我們會討論如何解決價值差異的問題。

提醒十一：負責任和尊重他人

溝通的**方式**很關鍵，你越負責任、越給予對方尊重，衝突
就能越順利化解，反之，缺乏尊重就會導致關係中斷。如果你
真的想歸零，講話就要負責任、有禮貌，並使用以「我」開頭
的句子，為你做過或該做沒做的事負責。已經整個被惹毛，很
不爽了嗎？替自己畫好抓狂的界線，先退一步，或按下暫停，
給自己一些時間，好讓自己冷靜下來回到前座。

提醒十二：記住有話憋在心裡頭的代價

有些人寧願把真心話藏在心底，因為他們認為如果真心話
講出來了，問題會變得更糟糕。我們都有過真心換絕情的經
歷，但正如本書多次提到，絕口不提心裡話，只是在維持表面
的和平罷了，保證會讓關係產生更多怨懟和不滿。因此我從不
建議藉由這種習慣或方法建立真實、不偽裝和良好的關係。

提醒十三：有話儘快說出來

有時候你和對方都不願意再看到彼此，見面實在太難太痛
苦了，但還是要推自己一把、儘早嘗試，而不是一拖再拖。有
些人窮盡光陰，只為求天時、地利、人和，但我喜歡聽完對方

的想法後就說出來。至於時機，我的建議就是**儘快**說出口，千萬不要等上好幾天、好幾週，真的太久了。

我希望這十三點提醒能幫助你為下一次衝突做好準備，你可能也想翻到前面回顧一下如何與你擔心害怕的動物相處。現在你已經學得更深入了，對自己也有了一定的了解，終於可以和衝突表格中的人對話了！我知道在有機會與對方對話之前有大量的準備工作，但我相信只要你記住這些想法和做法，就能更有效地化解衝突。

SHORE 流程

我把表達想法的流程稱為 SHORE，意思是言之以信，擔之以責，復之以情（speak **h**onestly with **o**wnership to **r**epair **e**mpathetically）。想像遠洋之中兩艘船彼此衝撞，衝突引發了大風大浪，但只要前往 SHORE（譯注：也有岸邊的意思），你可以讓紛爭的浪潮平息下來。SHORE 流程讓彼此靠岸，讓我們在回到廣闊的海洋之前，重整彼此、重建關係、使衝突歸零。SHORE 跟 LUFU 一樣，有八個步驟，重點是，執行的過程中必須保持同在感。

同在感

1・對話情境

2・承擔自身責任

3・感同身受

4・認可

5・分享影響

6・要求

7・教訓

8・合作

同在感

　　上一章提到的LUFU，介紹了如何在衝突中維持同在感，你會注意到傾聽和表達的技巧是重疊的，所以在表達想法時越是全神貫注，就越能與你的傾聽者調頻，你的訊息也就越能被他們接收到。

步驟一：對話情境──三大支柱

　　你為什麼想重建關係？向對方誠實表明你想重建關係的前提和目的：「我知道那次之後你可能仍然很生氣，你不滿是有道理的，但我想和好，因為我們的關係對我來說很重要。」

　　怕你忘記，這邊提醒一下，三大支柱是指你對自己、對方

和彼此的關係都給予同等的重視和關注，修復衝突不僅對我、
對你有好處，最後對我們都有好處。抱持這種觀點再開始對
話，它會提醒你採取對關係有幫助的行動，你把話說出來是因
為你相信這對你們雙方和彼此的關係都有幫助。

步驟二：承擔自身責任——以「我的責任是……」開始對話

抱有承擔個人責任的基本態度，能更快化解衝突、讓兩人
和好。責任是你要承擔的，不要為自己開脫、辯解或把自己的
錯誤合理化。如果你想看到更多的進展，請儘量卸下防備心，
展現自己脆弱的一面。

步驟三：感同身受——「我認為對你的影響是……」

隨著你開始承擔自己的責任，請維持高度的好奇心，注意
你的行為在別人身上產生的影響。當你做了某件事之後，他們
的感受是什麼？他們正面臨什麼想法和感受？請試著設身處地
為他們著想，看看你做的事情或該做沒做的事情，怎麼造成他
們的痛苦。要做到這點，請使用第十一章的範例句來表達：

我在現在（或曾經）的衝突中 ＿＿＿＿＿＿＿＿＿＿

（做過的行為、反應、或該做沒做的事），我可以料

到對你的影響會是 ＿＿＿＿＿＿＿＿＿＿＿ 。

比如說：

- 「我說話大聲了點，嚇到你了。」
- 「我沒有回覆你的訊息，我可以想像這對你來說會有多沮喪。」
- 「現在看著你的臉，我可以看到並感受到我給你帶來的痛苦。」

需要更加深入了解同理心嗎？請回顧第十一章和 LUFU 的步驟。

步驟四：認可對方整體的感受──「有道理」

我們已經在 LUFU 的步驟中討論過認可了，但在這裡必須增加一些細節，因為你現在是在表達想法，不是在傾聽。在 LUFU 中，你認可**對方的感受**，而在 SHORE 中，你則是認可**他們正在經歷的感受**，所以你的心聲有更大機會被聽到。同理和認可能軟化對方的態度，使他們處在願意接受的狀態，更容易把你的話聽進去。他們可能會因此放下防備，不再為自己辯解，然後參與投入對話，傾聽你的想法。

舉個例子，如果你和我在正談戀愛，但你一直在逃避能讓

我們和好如初的困難話題，我必須記住，為什麼對你來說，起衝突、把話說出來會如此困難。因此，我要利用傾聽技巧，設身處地考量你的感受，想像如果我是你，我會有什麼感覺？如果我們已經交往了很多年，我可能知道是什麼原因導致你退到後座，可能是你成長的家庭和當時的苦日子。如果我什麼都不知道，我會用這樣的句子來問你：「嘿，我真的不知道你為什麼會有這樣的反應，但我想更了解你有這些反應的原因。」

接著我可能會說：「我知道現在的衝突對你來說很難受，我也可以理解你小時候一定很辛苦，因為都沒人聽你說話，所以你不想理我是很合理的，這一切對你來說可能都於事無補，而且⋯⋯」

如果你還沒有學會同理，也不將對方的價值擺在第一順位，你說出來的話就會像這樣：「欸，我們能談談嗎？你好像無視我耶，當我塑膠嗎？我很討厭你因為錢的問題什麼都不說，整個人躲起來，都不跟我一起解決。這樣我壓力很大，你真的要多替我想一想。」（注意**我**這個字出現了多少次。）

不難想像，這種自我中心的指責會讓衝突迅速惡化。支持**彼此**就是要同理對方的感受，甚至連講話的方式都要用同理心。如果你不能或不願意這樣做，你在接下來的幾個步驟中就只會想到自己而已，對方也很可能會為自己找藉口。如果我們希望對方了解他們的行為對自己的影響，我們就必須努力真心同理對方，這樣我們才能理解他們的行為。認可對方、表達完「有道理」後，就能接續下一個步驟。

步驟五：分享對方行為對你的影響

在你認可對方整體的感受後，接著就能表達他們行為對你的影響了。我把這個方法稱為「分享影響」（sharing impact）。你在分享影響的時候，永遠都要優先考慮**對方**，讓他們在回應你之前就先卸下心防。

對某些人來說，分享影響就是說出「我感到」這樣的句子。在句子開頭，請優先提及他們的行為、動作或該做沒做的事，接著用代表感受的詞彙、表達情感與描述性的詞語，說明對方對你的影響：

「當你＿＿＿＿＿＿＿＿＿＿＿（舉出真實的行為、動作、該做沒做的事）的時候，我會覺得／會感受到＿＿＿＿＿＿＿＿＿＿（你自己的感受）。」

以下是一些分享影響的例子，都已經優先考慮對方整體的感受了：

- 「我知道你很喜歡把東西整理乾淨，這麼做你可以很放鬆（先同理），所以**你大聲問我為什麼還不打掃時，我覺得我大難臨頭了（分享影響）**。」
- 「朋友呀，我知道你每週工作六十幾個小時，還要兼顧家庭，超吃力的（同理），然後你**一整天都不回我的訊**

息時，我很焦慮也很失落（影響）。」

分享影響可能會嚇到某些人，如果我們過去沒有好好表達過自己的想法，就會更加可怕。如果你做得很好，甚至相當嫻熟，也不要期待結果一定順利。無論你分享影響的技巧有多好，都不能剝奪對方的反應，只要心思細膩一點就好。一旦你分享了影響，你就可以提出改變行為的要求了。

步驟六：合理要求改變行為

我們偶爾可以在衝突結束之際，要求對方以後怎麼改變。理想情況下，我們先承諾未來自己怎麼改變，再要求他們怎麼改變：「我希望以後可以更加考量你的感受，多為你著想，如果你同樣能為我多想一點，那就太棒了。」

以下的例子是你可以要求的改變：

- 要求對方遲到要先告訴你，而不是遲到就算了。
- 要求對方買超過一百美元的東西前要先講，這樣你們才能先討論要不要花這筆錢。
- 要求對方一同清理廚房，並保持整潔。

要求對方改變行為算是種邀請。這些改變，都是為了對方好，也為關係帶來好處。如果你們雙方彈性很大，都願意改變

行為，關係就會變得更加牢固，但你的要求必須要合理才行，
請看以下另一個合理要求改變的例子：

> 「我希望你可以撿起你的襪子，把它們放到洗衣籃
> 裡。這樣我就會感覺你也在乎我愛乾淨的習慣。」

　　沒有命令口氣，也沒有威脅對方，你看到了嗎？不管是命
令還是威脅都不會有用。理想的情況是，你們雙方事先都同意
在關係中提出要求（參考第十五章），彼此都需要看到改變的
價值，並接受它對你們的關係帶來的幫助。當你提出要求時，
請貼心地跟進，確保這個要求對他們也有幫助。同時請你不要
罔顧現實，人的習慣是很難改變的，他們能為了符合你對他們
的期待而不斷努力嗎？第十七章有更多要求改變行為的方法。

步驟七：我（們）學到了什麼？──「關於你、我、我們彼此，我學到什麼」

　　記住，學習化解衝突就是在學習你自己、對方以及你們之
間的關係，這是化解衝突的三大支柱。如果你在衝突中沒學到
東西的話，就真的是錯失良機呀，這就太可惜了。衝突逐漸落
幕時，你要找出從中學到了什麼教訓。
　　記下你的看法，並在對方準備好傾聽的時候與他們分享，
之後再進入下一個步驟，這裡有兩個學到教訓的例子：

「這場衝突一直都很令我們難受，我也因此知道我不是那麼會支持自己、為自己說話的人，我也發現你比我更會支持你自己。我想知道我們該如何運用你這項優點呢？」

「我剛剛學到了寶貴的一課：如果你沒及時回我訊息，我會覺得自己又回到了我那爸爸從不回家的家庭裡，我有時候會把當時的害怕與孤獨投射到我們現在的衝突上。」

步驟八：合作制定未來的共識和策略

　　無論你是在傾聽還是在表達看法，隨著你的分數趨近於零，你要更深入了解如何透過合作來讓關係更加昇華。現在衝突已經快要圓滿了，不妨回顧一下衝突的原點。如此一來，你們對彼此都會有更進一步的認識，雙方的關係也會更加牢固。

　　此時此刻，你們已經能建立約定、更新約定，或制定某種化解衝突的計劃了。特定的問題可能會再次浮現，新的問題也一定會出現，那你往後的計劃是什麼？各位船友，積極一點吧！另一場暴風雨終將來臨，當波濤洶湧、你們又不對拍時，要如何把衝突處理得更好呢？請好好坐下來制定你們的計劃吧（參考第十五章的約定）。

　　有了SHORE流程，加上LUFU步驟一起使用，雙方都能

參與到衝突歸零的過程中。

這些傾聽和表達的方法和技巧有助於再次和好、重建關係。順利和好代表你能歸零了，或至少非常接近於零，你將再次迎接安全感的到來，擔心害怕的動物也放下了戒備。在和對方交流時，你會再次敞開心房，願意展現自己脆弱的一面。現在請看一下你在刺激量表上的數字，並再次問自己有關四大關係需求的問題：

- **對方**感到安全了嗎？得到關注了嗎？被安撫了嗎？受到支持和挑戰了嗎？
- **你**感到安全了嗎？得到關注了嗎？被安撫了嗎？受到支持和挑戰了嗎？
- **彼此**是否都歸零了？

看看你們是不是變得更加親密了，關係修復過程順利的話，信任也能跟著重建。所以請保持專注，盡自己的本分，以最適當的方式收拾衝突後的殘局。

怎樣才算歸零？

你的神經系統會告訴你問題是否已經解決了，你會感覺到肩膀放鬆、心跳放慢、呼吸更深沉，最重要的是你可以睡得更好，跟這個人的關係也不會讓你感到那種低層次的壓力了，擔

心害怕的動物會關機，退回後座，創造力可以再度展現，你會覺得生活更有趣，跟自己也更有連結。

現在你可能已經與對方一同歸零和好了，但仍然會感到巨大的工作、經濟或生活壓力，但這是個別的問題，我不會在這本書中討論。我只希望你把重要人際關係中的衝突歸零，這樣你就可以更容易帶著別人給你的支持，彼此同心協力解決生活中的其他挑戰。

沒人可以假裝歸零（但我們經常試圖這麼做，很瞎吧？）。記住，每個人的起點都是不同的，我的零可能與你的不同，所以請尊重對方的敏感與細膩，同時也尊重你自己的。有時你能化解別人對你的誤會，但其中一人仍然有問題尚待解決。如果你們和好後依舊沒有安全感，請看第十七章，我們有方法解決問題。

如果你不能靠自己化解彼此之間的誤會，請花錢請個有真本事的人幫你，像是關係教練（本書後面的資源導覽有更多資訊）。不管傷害是大是小，絕對沒有任何理由讓你繼續執著。如果你真的卡關嚴重、停滯不前，有技巧的關係指導者可以幫助你化解衝突，讓他教你能突破每次危機的方法。

行動步驟

1 · 練習設定情境。下次你和朋友、家人或同事打電話時，嘗試設定對話的框架和時間，看看這是否會讓你更能考慮他們的感受，並使你有更多收穫。

2 · 注意你的非語言交流。寫下最會引爆你的非語言行為，取前三名，並讓你寫在衝突表格中的人知道，但不要讓他們覺得他們做錯了，只要承認你對那些行為特別敏感就好。

3 · 找出你在SHORE流程中最大的弱點，並寫下改善這個弱點的方法，以及何時要改善。

4 · 下一場衝突到來的時候，請嘗試SHORE流程並回報結果。寫下執行的過程，然後與跟你一起讀這本書的夥伴分享主要的收穫。

第三部分

衝突的注意事項——
如何維持在零的位置？

第十三章

五種最常見的爭執類型
及應對守則

關係遲早都會讓我們臣服，逼著我們面對內心與情感
最真實又頑強的混亂。

——約翰‧威爾伍德（John Welwood）

多年前，我和好朋友兼攀岩夥伴馬克斯一起去懷俄明州的
塔圈谷高山劇場步道（Cirque of the Towers Traverse）攀岩。
攀登過程中，我們背著三、四十斤重的背包，裝下所有露營和
登山裝備，徒步走了八英里。在野外露營得面對不少壓力：蚊
蟲、飲用水、高溫、背著大背包帶來的疼痛等，你的同伴當然
也會是壓力來源之一。馬克斯爬得慢，而我爬得快，當我總算
要紮營時，我找到了一個很棒的營地，接著等他上來，等了又
等，等呀等，越等越火大。

到他終於抵達營地時，他累壞了，但我已經休息完畢，於
是我們開始吵要在哪裡紮營。雖然我勉強可以配合他，但我已
經選好了營地，在等待的時候已經想像到帳篷紮好的樣子，然
而他不喜歡我的決定，結果我們就在這個浩瀚無垠的仙境中，
像個白癡一樣在吵架，只為了決定要在哪裡紮營而已。拜託！
這裡三百六十度都是美景，我們卻關係破裂，活像脾氣暴躁的
老人一樣，氣嘆嘆地回到各自的帳篷裡。

第二天早上，我們得在海拔數百英尺高的地方，靠著一根
細繩牽著彼此的手，我和他的性命就維繫在這根繩子上了。雖
然攀岩本身對我來說易如反掌，但這趟攀岩超級困難，因為馬
克斯和我還沒化解昨晚的衝突。我們兩個都不理對方，把不爽

藏在心裡，不懂得怎麼表達感受，所以就讓種種情緒祕而不宣。兩天後，我們成功登頂了，但下山後仍然對我們的衝突隻字不提。

現在有了自我覺察的工夫，回頭看這件事，我有了不同層次的洞見。我對他有怨恨，他對我可能也一樣，但我們都沒有明說，也從未著手處理。總之，那次旅行實在爛得可以。我錯過了壯闊的山景，因為我一直把不爽憋在心裡，搞得我心煩意亂。幾年來我一直覺得都是他的錯，直到我學會承擔自己的錯誤後才改變想法。我那時並不知道我有能力改變，所以我在受害者情結低谷中紮營，多年後才真正走出來。

我與馬克斯絕交了，類似的經驗大家都有過——我們知道自己有段時間不會再見到某個人時，就會想說不必處理衝突，熬過去就算了，或者認為時間久了「就會沒事」。雖然最常見的五種爭執類型經常發生在夥伴或長期關係中，但也會發生在家庭、摯友和工作關係中。如果是重要關係，彼此認識已久，就有可能會發生所有常見的爭執。

那麼，人們都會吵些什麼呢？

1・表面衝突（雞毛蒜皮的事）
2・童年投射
3・缺乏安全感
4・價值差異
5・怨恨

只要親密關係的熱戀期結束，你就會發現你的伴侶各種氣死你，包含他吃東西的樣子、吸冰沙的樣子，或把襪子留在地板上的壞習慣等。你們的價值差異出現了，漸漸從對方身上看到不喜歡的部分。自然而然，你可能會開始跟他保持距離，或者偷偷摸摸、有意無意地要改變對方，像是提醒他今天是洗衣日之類的。接著小問題變成了大問題，你體驗到感情連結中斷、人在心不在、焦躁不安、麻木不仁、興致缺缺，以及更多糟糕的狀況。

在家庭中，因為你們一起生活很久了，讓你們不合的並不是差異本身，而是每個家庭成員都沒有能力解決衝突。多數家庭都不知道如何化解心中的怨恨，更不用說要化解簡單的衝突了。有些父母發現孩子的價值觀與他們截然不同，便會難以真心接納他們的價值觀。當父母年華老去，成年的兄弟姐妹多少會為家庭如何運用金錢而爭吵。我們大多都參與過節日聚餐，不難發現政治、八卦或某人成癮的狀況總是會成為話題焦點。

在職場上，尚未回覆的電子郵件可能會在幾週後演變成更大的衝突；一條唐突、草率又沒頭沒尾的Slack訊息可導致莫名其妙的衝突；在商業夥伴關係或在工作場所中，價值的差異能令領導團隊分崩離析；當某人勉為其難地對其他強勢意見作出讓步時，怨恨就會油然而生、不斷加深，直到解決為止。

如果你了解這五種常見的衝突，你就更能了解每個特定的挑戰，以及讓它們迎刃而解的方法。在親密關係中，衝突通常在交往六個月到兩年左右出現；在家庭中，衝突永遠存在，取

決於家庭如何把衝突化解掉；在職場中，大多數人都會逃避衝突，但衝突仍然會在陰暗的角落滋長。

讓我們來分析一下這幾類爭執到底在吵什麼。

一、表面衝突

類型定義

這類衝突來自日常瑣事，包含昨晚誰說了什麼、沒回的電子郵件、被曲解的訊息、你開會或約會遲到多久、洗碗機的碗是怎麼放的，或輪到誰來接孩子等數不清的雞毛蒜皮小事。

如何辨識

這類衝突一開始好像都很嚴重，但戰火平息下來後你們都會坐去前座，那些爭執就會顯得無關緊要，像在浪費時間一樣。如果對衝突的反應大過事情的嚴重性，就會形成表面爭執，並為彼此的關係埋下不定時的未爆彈。如果你說出「你反應過度了」或「這沒那麼嚴重啦」之類的話，你們就是處於表面衝突之中。

歸零

如果你想把表面衝突歸零，首先得相信爭執背後一定有更深層的遠因。請試著確定你們到底在吵什麼，才有可能改善。你們可能吵到不知道為何而吵，但實際上你們是在討論的**過程中**出差錯才會吵起來。例如，可能是你說話大聲了點；或者對方在你和他說話的時候轉頭看手機；也有可能是朋友在你重要的事情上，不小心擅自指點你，讓你對他多了點戒心，你的語氣也透露出不悅，於是產生了多數人不會放心上的表面衝突。但如果這種情況發生個幾次，可能會使你與對方幾個月來從未解決的衝突浮上檯面。我們大多都對說話的語氣很敏感，表面上看起來沒什麼大不了的事情，其實是衝突的冰山一角。

語氣或許是個問題，但有時是積怨沒化解，才導致衝突產生。不管情況是什麼，你都可以說：「嘿，你好像在為更嚴重的事情生氣，我想跟你聊聊、了解一下。」或者你可以擔起個人責任，跟對方說：「我發現我對這件小事反應過頭了，這讓我意識到，應該不是你的問題，而是我某些過往經驗造成的，與你無關。」記住要對這種常見的溝通保持幽默感：「偶的天呀，我不敢相信我們在 ＿＿＿＿＿＿＿＿＿（表面問題）上糾結這麼久，原來只是你覺得又被我罵了（深層問題）。」

注意事項

多數伴侶都會在表面問題上卡關，沒有意識到更深層的怨懟或許才是問題主因，又或者是夫妻之間的安全感早已搖搖欲墜。大多數人都能放下表面衝突並恢復正常，但如果表面衝突惡化了，還重複發生，就代表有更深層的問題尚待解決。舉例來說，假期期間發生的家庭鬧劇往往就是始於表面衝突，但冰山下其實還有更深層、更懸殊的價值差異或怨恨存在。此外，一般人都不知道如何處理冰山下更深遠的問題，所以大家才會互說閒話、人後說壞話、陷害別人、又逃避面對。

鐵則：如果你不斷在「雞毛蒜皮的小事」上爭吵，冰山下很可能還有怨懟尚未化解。

二、童年投射

類型定義

你是否曾經覺得，你結婚的對象有你爸媽的影子？你討厭權威嗎？你是否曾經「愛上」一位導師、音樂家或英雄？這些都是童年投射的形式。心理學教了很多關於投射的知識，我們也經常聽到從事個人成長的人說出這樣的話：「嘿，我想你是

把你爸爸媽媽投射到我身上了。」

「投射」（projection）是指我們將過去負面或正面的經驗投射到現在的人身上（像電影投影機一樣）。你在重要人際關係中會很常投射特定人物到另一個人身上。舉例來說，如果你在父母對人挑剔的家庭中長大，一旦進入親密關係，你可能會覺得對方也在挑剔你。比方說，你爸是個極為挑剔的人，你做什麼對他來說都不夠好，所以長大以後，如果老闆或夥伴給你回饋，你就會覺得自己又回到了童年的家庭，因為「做不好」而被羞辱。

實際上，投射的科學原理與內隱的程序性記憶有關，但我們不會在本書中深入探討。基本上，過往的回憶（感覺被爸爸批評）以及現在與老闆的相處（接受建設性的回饋以提高績效）對你來說感覺是一樣的。這會讓你無法真正認識老闆本人，也無法接受對方給的回饋，一點點真話都能讓你害怕（投射不一定與性別有關）。如果你忽視了潛在的投射行為，你會一直認為對方需要改變，在這種情況下，你會一直希望老闆不要給你批評式的回饋。

在你與某人搭檔合作，或關係中存在權力差異時（如員工和老闆的關係），童年投射，以及一般的投射往往在所難免。在夥伴關係中，把你父母（或其他有影響力的人物）過去的形象或經歷投射到你的夥伴身上，也很常見。在職場上，我們大多都有能讓我們尊敬或鄙視的老闆，如果我們在某個地方工作很久，我們就可能會把過去與父母相處的經歷投射到老闆身

上，形成棘手的處境。

以希兒薇為例，她爸在她十歲時便離開了她成長的家庭，她的世界因而分崩離析了，像她這個年齡的孩子又傾向去腦補這種事件的原因，比如「我爸會離開是我的錯，都是因為我的緣故」之類的。時間久了，希兒薇接受了這種想法，還發展出新的策略來讓父親回心轉意，她進化成樣樣精通的全才，特別是課業。她認為如果能達到完美的境界，爸爸就會回來，給她渴望已久的愛。

當然，爸爸沒有回來，而且當她開始談戀愛後，總是會想辦法取悅另一半，擔心如果她沒有「當個好女友」，男友就會離開她。她口中說的「被拋棄的恐懼」會在她的親密關係中給她莫大的焦慮，讓她把伴侶一個個嚇跑。她說對方覺得她很囉嗦、生活被打擾，且她黏人的個性也令人受不了。希兒薇將她過去被拋棄的恐懼投射到現在的伴侶身上，擔心如果她不完美，另一半就會離開。各種恐懼與擔心讓她不信任別人，也難以相信歷任男友，接著就是各種分手，她最擔心的事都一一應驗了。

如何辨識

在長期的親密關係中我們最容易看到投射行為。阿泰至今仍將他與母親的關係部分投射到妻子身上，而他的妻子也將她與父親的關係部分投射到他身上。這很正常，也無法避免，我

們的伴侶會喚起我們童年那些熟悉但想消除的回憶。雖然學習處理童年投射經常令人不甚舒服，但處理之後超有療癒效果。以阿泰為例，有時只要他妻子有壓力、心事重重，甚至僅僅是累了而已，他就會把他與媽媽的負面經歷投射到她身上。在成長過程中，只要他媽媽出了某種狀況，阿泰就會覺得情感連結中斷，並認定都是自己的錯，這樣的中斷使他充滿焦慮。長大後，如果他的妻子狀態不好，他還是會有同樣的反應，雖然聽起來可能很瞎，但阿泰至今仍是這樣。儘管這種類型的投射在他的人際關係中已經發生很多次了，而且他已經改進了他的反應方式，但他擔心害怕的動物仍然會本能反應，因為這是他熟悉的狀況，有部分是他關係藍圖的原因，所以他及時了解到妻子並沒有生他的氣，也沒有要離開這段關係。阿泰正努力成為關係領導者，他也知道是童年的依附模式讓關係呈現這副樣貌。有了這方面的認知，他有更多的彈性空間來調整自己，進而與妻子重新建立連結。

歸零

第一步是當對方距離過遠或過近時，不要把一切都看得那麼重。雖然有時候感覺像要死掉了，但這不是世界末日，你沒死，拜託你放鬆點。如果阿泰的妻子覺得狀態很差，而且持續時間超過了阿泰能承受的範圍，阿泰就會開口表達想法。當他能夠展現自己脆弱的一面，而非用抱怨來引導對話時，就能促

成最有效的對話。

> **抱怨：**「欸，你看起來很冷淡，我不喜歡這樣。你應該跟我恢復正常交流，我們得解決這個問題。」

> **脆弱：**「嘿，親愛的，我知道有太多事讓你煩心，弄得你現在壓力很大，也身心俱疲，但我把我自己的經歷投射在你身上，覺得你是在對我生氣。我感到很受傷，甚至有點孤單。」

請注意這兩個選項之間的差異。雖然這兩者都不是完美的回應，但阿泰和妻子以對雙方最有效的回應互相指導，你也可以這樣做。

至少選一段你認為可能發生投射行為的重要關係，找出兩個你投射的人，並問他們是否願意分享他們的投射行為，講的**方式**很重要：

- 與其說「你真的很兇」，不如說「我有時候會投射到你身上，認為你在批評我」。
- 與其說「你在對我生氣」，不如說「我對你的投射，是你在生我的氣」。

另一個很好的方法是用「我誤以為……」來開啟對話，這

甚至更能卸下對方的心防，因為你承認了你自己內心小劇場一堆，編故事編得很開心。這比「你就是」、「你總是」或「你從不」等一竿子打翻一條船的用語更沒有威脅性。為了讓這樣的做法更加有效，可以用體貼對方的說詞來開始對話，然後分享你所投射的樣貌，像是：「我知道你事情很多，還有很大的經濟壓力，可是我誤以為你在氣我，不想理我、跟我交流。」

三、缺乏安全感

類型定義

親子關係和成人感情中，因缺乏安全感導致的爭吵，會產生不小的壓力。缺乏安全感會將關係藍圖中最深層、最原始的依附需求曝露出來，害怕被拋棄的內在恐懼也會一併顯現。在這種情形下，戀愛中的伴侶可能會納悶：「你是真的要跟我在一起，全心全意，不會跟別人了嗎？」如果你四大關係需求中的任何一個 —— 感到安全、得到關注、被安撫、支持與挑戰——變得不穩定，就會影響你的安全感，每一次表面衝突都會因為得不到安全感而變得更加劇烈。數不盡的時間被浪費在其他類型的衝突上，也造成了不絕的壓力，但實際上，安全感才是真正問題所在。

如何辨識

在親密關係中，缺乏安全感的爭吵有一個特徵：某一方或雙方都覺得對方沒有「完全投入」在感情中，且都覺得對方很快（可能在下個路口）就會閃人。通常來說，性和金錢的爭吵都屬於安全感的一部分，因為這兩件事牽扯太多東西。例如，你可能在經濟上依賴某人，因此不想離開這段關係，因為沒了對方，你就沒有安全感了。再者，要是你對親密關係沒有安全感，可能也不會想與對方有太親密的肉體接觸，除非雙方百分之百投入，否則就會為了安全感問題吵個不停。想像一下，如果你有一位心猿意馬的商業夥伴，你可能會非常緊張，不想繼續合作下去，直到你感受到他完全投入，也願意一同承擔風險為止；或者再想像一下，要是這位商業夥伴也不想解決衝突，還裝作什麼都沒看到，時間久了，你是不會有安全感的。

如果孩子認為父母沒有持續給予舒適感、安慰、連結，或者情感連結中斷卻沒得到修復，親子關係就會出現不安全感。父母忙於自己的行程、需求、成癮行為、壓力、形象、工作或其他有的沒的事，因而無法提供孩子四大關係需求。如果關係權力高低不同（比如親子關係），絕對不是由小孩來負責提供父母親安全感，我想這不需要我特別強調吧。例如，身為孩子的你可能會覺得，照顧酗酒或憂鬱的父母是你的責任，但這是不對的。

又或者你的父母為人刻薄嘴巴又壞，處處看不起你，或是

喜歡羞辱你。如果他們頻頻對你心靈虐待、瘋狂去刺激你擔心害怕的動物，或完全無視你在壓力之下對於安撫、和好、重新連結的需求，你很可能就是處在沒有安全感的關係中。這就是孩子們在內心編寫負面故事的時刻，內心小劇場充滿諸如「我都沒人愛」、「其他人都不能相信」的黑暗想法，將來孩子長大成人，在人際關係中就很可能會缺乏安全感。

在成人的感情世界中，安全感成為決定愛情長跑成敗的關鍵。如果你的成人伴侶關係缺乏安全感，無法給予並獲得四大關係需求，哪怕只是在吵昨晚吃飯時說了什麼，你們的爭執依舊是源自冰山下的安全感問題。例如，有對伴侶在衝突中卡關卡很久，因為他們沒有解決關係中更深層的危機，其中一方不斷推諉、逃避和指責，常常心情都很差；另一方又喋喋不休個不停，試圖解決問題，雙方行為都出自於焦慮和恐懼，這樣只會讓雙方離彼此越來越遠。

我和我妻子（當時還是女朋友）交往初期常常吵架。那時有個好友跟我吃飯時對我說：「兄弟呀，你們倆一天到晚都在吵架，你真的覺得她是對的人嗎？」想像一下這個畫面：兩個心理治療師兼心理學狂，像鬼打牆一樣不斷討論誰把什麼投射到對方身上，也是挺有趣的。我們努力研究解決衝突的方法，雖然跟女友的衝突總能歸零，但有時候還是需要**幾天**的時間來消化資訊和對話。儘管我們吵的似乎都是表面的小問題、投射和價值觀，偶爾還帶點怨恨，但我後來了解到，我們解決衝突的效率如此低下的原因，是我沒有全心全意投入在關係中。即

使我很愛她，但我對感情感到相當矛盾，我不想在關係中有窒息或被綁死的感覺，可是我又想談戀愛，所以等到人事物變得太接近了，我會就若即若離，轉身離開。我妻子當然覺得沒安全感，而我也很不爽她的沒安全感，我並沒發現自己沒有全心全意投入才是引發她覺得不安全的原因。在三年內慘烈分手兩次之後，我終於全然投入，向她求婚，情況才完全翻盤。

歸零

對於父母、夫妻，甚至商業夥伴來說，安全感是一個重要的目標。就像其他類型的衝突一樣，想要歸零，首要任務就是好好學習人際關係的重要性。如果你還記得第四章的內容，學習人際關係代表你們都要自我成長，然後一同合作來化解艱鉅的衝突，一起修復關係、和好如初。但你們兩人都必須百分之百投入在關係當中，下定決心不會半途而廢，無論如何都要重修舊好。如果伴侶不願意學習，就不可能在親密關係中獲得安全感。

那麼，如果你們投入程度不同，而且對方有足夠勇氣坦白他並不是那麼全心全意，又會怎樣呢？從好的方面來看，至少對方很誠實，你能因此決定下一步該怎麼做，但是當所有成員都沒有百分之百投入，傑出的伴侶、團隊或樂團就無從誕生。

從好的方面來看，如果你的伴侶是積極的，即使你的童年過得很辛苦，給自己一點時間，久而久之，你也可以輕易創造

出安全感。一旦你們認定自己是穩固的伴侶或商業夥伴，表面的爭執、投射、怨恨和價值差異還是免不了，但你們的感情基礎會很穩固，誰都不會離開這段關係。你們的神經系統可能偶爾還是會感到威脅，但因為你們現在為了彼此的安全感相互支持，所以都會感覺到堅若磐石的力量，這種力量是多數忠貞的伴侶所追求的。

四、價值差異

類型定義

價值差異可以是破壞關係的元兇。價值是指你在乎的理念，如一夫一妻制、教養理念、財富、健康、工作方式和教派。（價值不是深植內心的信念。）你一開始可能很喜歡新朋友或新同事，但在時間與壓力雙重影響下，價值差異會連同你的真面目一起顯露出來，心中真實的想法就會曝露在陽光下了。而且，你往往會發現你們重視的生活型態和戀愛模式並不相同，處理金錢、孩子、衝突、家庭、工作、精神信仰等方式也會有所不同。剛認識的時候，你們可能會覺得雙方好像都重視相同的東西，但時間久了，一切就漸漸變得天差地遠。這些差異本質上都不是問題，然而它們會成為人際之間的挑戰，如果沒有工具或方法來解決價值落差，挑戰會變得更加嚴峻。要先了解自己的價值才能了解彼此的價值差異。你已經在第八章

釐清部分的觀點了，我們現在來看看更多。

造成價值差異的例子

- 靈性或宗教信仰
- 對於文化、種族、民族、習俗、傳統的立場
- 成長型思維或固定型思維
- 花錢或存錢
- 嗑藥酗酒或菸酒不沾的生活
- 政治和意識形態
  - 是否支持擁槍
  - 是否支持墮胎
  - 支持民主黨或共和黨
- 結婚或無法長期承諾
- 一夫一妻制或開放式關係
- 住在城市或小鎮，靠海洋還是山區
- 要不要生孩子
  - 如何帶孩子
  - 教養理念
  - 公立或私立學校

如何辨識

請從以上列表中，看看是否能找出至少兩個引發過衝突的

主題，找到了請圈起來。如果你曾經在臉書、公婆和岳父岳母家，或在感恩節晚餐上因政治問題吵過架，你就知道這些衝突可以多麼激烈。價值差異不外乎就是信仰差異，像是「我信主，你不信」這樣的例子。雖然這是宗教信仰上的差異，但也可以是生活價值上的差異，因為我們的生活多少是建立在宗教信仰上的。「我在乎宗教生活，但你不重視。」我們經常堅持自己的價值，因為這是我們最不可能改變的地方，我們不再成長的時候尤其如此。

舉例來說，父母的育兒之道，以及孩子上哪所學校的問題就可能引發很大的價值分歧，因價值差異而引發的衝突能讓伴侶徹底決裂。已婚伴侶往往有金錢觀的差異，比如說，其中一方財務無虞，生活井然有序，也很負責任，但另一方欠了一屁股債，生活也雜亂無章，這樣的價值差異往往會造成劍拔弩張的氛圍以及無法解決的衝突。

如果你在乎的對象不斷說他們「很忙」，無法與你見面解決衝突，他們基本上是在表達：「你，還有我們之間發生的任何事，對我來說都不重要。」他們並不重視這段關係。人們的所作所為和生活方式，背後代表的就是他們的價值。

歸零

當價值差異出現時，彼此的關係可能會遭到破壞，但大家可以學習以成熟的方式彼此協調。多元差異正是人際關係的特

色，能讓人們一起完成更多工作，組成強大的團隊。我們並不是要追求大家都一樣，想把價值差異歸零，彼此都需要架設情境，並決定一起面對差異，視而不見只會造成更多的緊張和衝突，還記得之前講過的衝突蔓延嗎？

請使用第十一章中概述的技巧去認真傾聽彼此，要確保雙方都覺得對方懂自己了。互相詢問對方想要改變的意願，請記住，除非人們知道改變會讓他們得到理想的生活，否則多數人是不會改變自己價值的。舉瑪格麗特的例子來說，她喜歡活在當下，用她的話來說就是「享受生活」，但她的丈夫則看重退休儲蓄，結果他們一直為此吵個不停，直到使用第十六章（如何解決價值差異）的方法，他們終於能夠接納彼此的差異，並一起想出辦法、共創雙贏，他們終於能在求同存異的基礎上互相溝通並向前邁進。你們雙方都有意願為了對方的價值，在心裡特別挪出空間接納對方嗎？又或者你們之間的差異太大，導致你們無法達到想要分別和共同完成的目標呢？

接下來，你需要做兩件事：一、看看對方的價值對你的生活和行動有什麼好處；二、藉由**對方的**價值來說服他。例如，瑪格麗特必須看到儲蓄對他們享受更好的生活有什麼幫助，而她先生必須看到瑪格麗特的花費對於兩人未來的好處在哪。

請試想：「他的價值能怎麼幫到我？」這個問題看似簡單、實則深遠，因為它有機會將對方的行為和選擇轉換成對你的好處，例如：「我老公整天看體育比賽，又沒有工作，對我有什麼幫助？」我的猜測是，他的選擇正在幫助你更加堅信你

的價值，有助你作出你認為對你和孩子更好的選擇。如果你繼續對他品頭論足，覺得自己比他強，他只會關上心門，更加疏遠你而已。

我會提這一點，是因為你已經在想要改變生活中的某個人的這種想法中卡關很久了。想要改變一個不願改變的人，根本不可能成功。要是真成功了，那就是因為你溝通做得超棒，讓對方清楚知道改變是對他，而不是對你有幫助。在第十六章裡，我們將再次深入探討價值差異，並將這裡所學的再向前推進一步。

五、怨恨

類型定義

《牛津英語詞典》對「怨恨」（resentment）的定義如下：「受到不公平對待而產生不服氣的憤怒。」注意這個爛定義所挾帶的「責備」。「受到不公平對待」是由誰來認定呢？這個定義豈不是在暗示只有「我」才能認定某件事很不公平？沒錯，不公平與**我們的**價值有關。換句話說，如果你不順著我的價值，或者不遵守我們之間明確或沒有明說的約定，我就會產生滿滿不服氣的憤怒而怨恨你。又來了，是不是都在怪別人！我個人比較喜歡強調個人責任的定義：

怨恨是另一種衝突的形式，當我試圖改變你（要你按照我

的價值生活）或你試圖改變我（要我照你的價值生活）的時候就會發生。*

如果你要我改變時我不從，你就會怨恨我；如果你要我改變時我順從了，換我怨恨你。假如你和我結婚，你同意搬到城市，因為我就是要你搬，但你真的比較喜歡鄉下的環境，你就會因此怨恨我了，因為你選擇違背自己的意願而搬到城市，這就是典型的假我跟真我的拉扯。

通常怨恨會產生是因為我們答應某些事，答應得心不甘情不願的。我們害怕失去這段關係或把對方趕走，所以就沒說出真心話。當你期待對方成為你想要或設想的樣子，而你卻無法擁抱他們的真實樣貌時，怨恨也會因而產生（在家庭和婚姻中很常見）。

我曾經試圖幫助一對因為先生偶爾會抽大麻而陷入感情僵局的夫妻。太太想要他戒掉毒癮，但先生想隨時都能自由自在地呼麻（其實不是那麼常呼，但還是讓她很不高興）。有一段時間，他嘗試為太太戒掉大麻，可這必須違背自我才能做到，所以不意外，他開始怨恨太太；當先生最終死守自己的立場，跟太太說他是成年人了，可以想抽就抽的時候，就換太太怨恨他了。有沒有看到太太想把先生的價值變成她的價值？先生不

---

* 在研究所的三年裡，我完全沒學過什麼是怨恨，但最後我遇見了迪馬提尼教授，他讓我知道怨恨可以怎麼毀掉人際關係，還教我如何清除這些怨恨，我在這本書會分享這個方法。

知道戒掉大麻可以改善他們的關係，也能讓他更健康，而太太也看不出他偶爾呼個大麻對她自己和彼此有什麼幫助，所以兩人都堅守自己的立場。

結果他們陷入了僵局，因為都沒有為對方立下「三大支柱」，也看不到他們目前的相處方式可以如何走下去或改善，他們落入了非黑即白、非贏即輸的局面。如果她可以接受先生偶爾吸大麻，只要不損害他們的感情或關係就好，而先生可以選擇少吸一些，因為他很清楚吸大麻會讓太太不高興，也會破壞他們的關係。如此一來，彼此都會覺得對方更在乎、也更接受自己的價值。如果你想死守你的信仰和價值，不知變通，那就維持單身，不要談戀愛了。

怨恨可能會從小事開始累積，時間久了就會把人困住，讓他們走不出來。再者，怨恨通常會隱藏起來，因為大家都小看了問題的重要性，也懷疑問題是否能解決，或者感到太害怕、太不舒服而不敢去解決。對許多人來說，持續為雞毛蒜皮的小事爭吵，是怨恨的主因，但實際上怨恨往往是價值差異所致。

怨恨是在以下情況下產生的：

一、你要我按照你的價值生活。

二、我要你按照我的價值生活。

如何辨識

如果你有期待沒被滿足，你就知道自己已心生怨恨了。例如，你很重視準時，但你的朋友經常遲到，你不斷被惹毛的結果，就是產生怨恨，你巴不得對方可以跟你一樣準時。再看另一個例子：如果你一直想引起父母的關心，但他們只談論自己，你也會因此氣到心生怨懟；又或者，如果你看到員工不斷搞砸工作，你也很可能會產生怨恨。

歸零

我們如何化解怨恨？這裡有個簡單但很重要的小練習，可以幫助你看到期待跟討厭是並存的，我把這個方法稱為「快速解怨法」（Quick Resentment Process）。

1. 承擔百分之百的責任，接受你有怨恨，就像這樣：
   「我討厭……」
2. 用**期待或希望**取代**討厭**，注意會發生什麼事：「我希望……」很有意思，沒錯吧？
3. 寫下這句話：「這是我的希望，但是我只帶著百分之
   ＿＿＿＿＿＿＿＿的誠實告訴他我的期許是什麼。」（承擔責任）

以下是給你們參考的範例：

1・「我討厭你又遲到了。」

2・「我希望你能準時，不要再遲到了。」

3・「這是我對你的期待，但我之前完全不透明，從未告訴你我對你有這種期待。」

如果你百分之百誠實表達自己的期待會怎樣呢？我非常喜歡把期待說得清楚明白，這樣就可以談出更好的結果。在重要人際關係中，期待和要求都是可以接受的，但你要了解如何表達才行。我們會在第十七章討論期待的部分。

請試著對至少一個現在正在怨恨的對象練習剛剛的方法，這樣你就可以看到你是如何把自己的期望（和價值）投射到別人身上。重要的是，如果你想採取下一步的解決方案，請理解擁有這種期望會怎麼幫你覺醒，並幫你在關係中作出不同的改變。在本書接近尾聲的時候，我們將採取另一個步驟，也會重新討論如果有人不願意與你協商並解決衝突時，你又該怎麼做，因為你肯定會對這種人心生怨懟。

回到情境中

釐清你在人際關係中面臨的衝突類型，可以讓你真正解決問題。想要把衝突歸零，就必須了解你們在爭執**什麼**。請定下

對話的**框架**，讓**情境**一致，才能真正化解**衝突**。如果根本不知道在吵什麼，無數的時間就白白浪費在爭執上了。要是真吵起來了，要有人先問這個實用句：「嘿，我們可以先跳開一分鐘嗎？我根本搞不清楚我們在吵什麼了，稍微停火一下我才可以更確定對話方向，也能把你的話聽得更清楚，你說的是甲還是乙？」有時候，你可能需要第三者來幫助你確定真正的問題。關係教練或協助人可以從更高的視野看見問題所在，用客觀的角度幫助你解決問題，畢竟他們首要的工作就是幫助你弄清楚問題的根本所在。

對話情境一致，才能真正化解衝突。

無論是哪一類的爭執，解決衝突都是為了學習成長，但只有虛心求教的人才做得到。衝突提供了難得的機會來了解自己和他人，也是學習新技巧和方法的機會，讓你變得更強大。此外，你會具備更好的能力，當新的挑戰到來時，你和對方會更加合作無間。但也別忘記，挑戰還是會接踵而來。

我們的同質性**以及**異質性都是讓我們變得強大的原因，而不單單只有同質相似而已，前提是你必須善用異質的特性才行。也就是說，衝突是必要的，也需要三大支柱。如果我不想或不能接受你的價值，這趟旅程我們就不會一起走得很遠。為了接受你的價值，我必須與你一同化解衝突，因為如果我與你

的價值對立，就意味著我沒有接納你。我不接納你的話，就是對抗了，也不能真的與你合作了。

行動步驟

1. 請在第二章的衝突表格中，確定你正處於哪一類型的衝突中（表面、投射、安全感、價值、怨恨）。現在寫下你解決這衝突要採取的行動步驟，假設是怨恨的衝突，你要解決它嗎？如果要的話，什麼時候解決？

2. 在你的生活中找到某個怨恨的點，並用快速解怨法練習，這樣你就可以作出不同的選擇，但請特別注意你期待、希望的部分。

3. 如果你想了解更多價值差異的內容，請跳到第十六章來深入了解如何處理這些差異。

4. 與朋友分享以上內容，這位朋友會支持你承擔衝突中的責任，也支持你處理衝突的方法。

第十四章

十大關係重建障礙與
應對策略

如果你只想要開心的話，我不建議你談戀愛。但如果
你想要有活著的感覺，活得最痛快的感覺，那麼談戀
愛就對了。

——安妮‧萊拉（Annie Lalla）

我爸超屌的，我從他身上學到很多，包含我所知道的每一
項運動，以及勤奮努力的價值，但我也學會了把自己的感受憋
在心裡，死也不講。雖然他從來沒有說過：「嘿，傑森，人生
有個祕訣：感覺放心裡，有苦吞進腹，不說出來感覺很棒
的！」這單純是他的人生態度，所以我也依樣畫葫蘆而已，畢
竟他是我心目中典型男性的楷模。我參與過的每個團體都強化
了這個觀念，從教室到運動隊伍，再到我的朋友圈皆是如此。

必須承認，我們每個人對衝突的處理方式都是小時候跟大
人學的，日復一日、年復一年有樣學樣。他們對待彼此與對待
我們的方式，在我們面對衝突時有潛移默化的影響。但現在你
能自己決定承擔責任，並改善做法了，否則，你的過去就會成
為你的未來。

在我們探討如何修補、重建衝突或破裂的關係之前，請回
想一下過去關係的修復跟重建是如何進行的。小時候發生衝突
時，有人安慰過你嗎？你的父母曾經在事後承認他們有做錯的
地方嗎？還是都是你自己主動跟人和好？誰會先道歉？道歉到
底有沒有用？是時間沖淡了一切嗎？還是你藉由運動、食物、
電玩、書籍或朋友來轉移注意力，讓自己不再受關係中斷之

苦？關於關係重建的和好過程，從大人日復一日的身教中，你學到什麼？我身為家長，能理解這個意義深遠的概念：**龍生龍，鳳生鳳，老鼠的兒子會打洞**。你會讀這本書，很可能是家裡根本沒有衝突修復循環這種事，或是很少發生。

大多數成年人會使用十種常見的衝突應對策略，統稱為「十大關係重建障礙」（Ten Roadblocks to Reconnection），我們有必要優先認識這些障礙，端正視聽，讓各位知道這些所謂的衝突應對策略根本沒用。

1‧怪罪
2‧道歉
3‧轉移注意力／逃避
4‧拖時間
5‧擱置
6‧FRACK大法
7‧癡心妄想
8‧辯解
9‧拒絕合作
10‧操縱人性

一旦你在面臨衝突時使用中斷關係的四種應對（裝腔作勢、崩潰自卑、尋求關注、閃躲逃避），這十種被用到爛的方法就會出現。這些都是我們不願意或沒有能力解決衝突的徵

兆,就像射偏的箭不斷從靶心的零上彈開一樣,無法射穿(見圖14.1),因此我稱之為**障礙**。

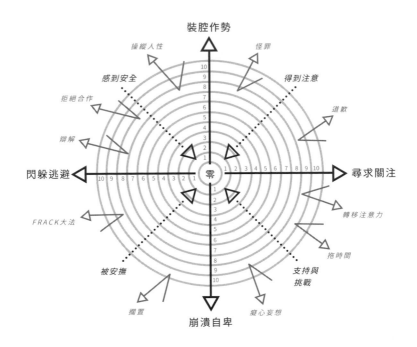

圖14.1 十大關係重建障礙

在衝突中,有時你覺得好像走進了一條羊腸小徑,但實際上你走的是阻力最小的路線,根本就像在開高速公路一樣。你可能也有過相關的經驗,你以為是普通的道路,絕大多數走到最後都是死胡同。

如果我們中斷關係後不夠精通化解衝突或重建關係的方

法，我們就會採取這十種無效的方法來歸零。可惜的是，這些障礙都會讓我們原地踏步，既難為情又孤苦無援。在我們理解下述的每個障礙之後，可以留心你通常會被哪些障礙困住。在我接觸心理學之前，在我的卡關人生裡，這十種方法我可是統統練到大師級別的。

一、怪罪

怪罪別人的誘惑一直都在，當你處於受害者的位置時尤其如此。看著我的孩子們互相怪對方已是家常便飯，舉他們小時候的例子來看，我的兒子會指著他姐姐說：「是她啦。」然後我的女兒會指回去說：「明明是他啦。」全天下的父母都對這種情況超無力的。當我們藉由四種應對方法來中斷關係時，我們採用怪罪的策略來裝腔作勢（責備他們）或崩潰自卑（責備自己）。怪別人就是把責任轉嫁到「別人身上」，一旦我們這樣做，就是把解決衝突的鑰匙交到「別人身上」了——為了化解衝突，「他們」必須先改變，這樣自己就可以脫身，但你仍然無能為力。不要怪別人是基本到不行的原則，然而對我們許多人來說，卻是很難改變的習慣。

自責是崩潰自卑的一種，也是我們持續卡在衝突中的另一種形式——只要我把問題怪在自己身上，**你**就不必承擔任何責任，都是**我**的錯，然後我就會腦補一堆我自己的狗屁故事，結果繼續困在受害者情結低谷中，妄想有人能把我拉出來。

怪罪的跡象

你會說出諸如「你總是」、「你從不」或「如果你能
_____（你希望他們改變的行為），我們的關係就會
更好了」之類的話。每當我們要求對方改變、讓對方來負責解
決衝突，我們就不對了。基本上，如果你的句子總是「你」來
「你」去，你很可能就是在怪罪別人。相對地，一個自責的人
可能會用「我」來「我」去地來責備自己：「我不敢相信我竟
然犯了這種錯，我簡直是個白痴。」

解決之道

別以為你可以馬上停止怪罪別人的行為，這完全是妄想。
多年來，我試著不去怪罪或論斷別人，而身為冥想導師，我也
試圖教大家不要這樣做，但我的個人經驗告訴我幾乎不可能。
現在對我來說更有趣的是深入探討責怪的本質，我發現在心中
默默咒罵對方挺有幫助的，但我隨後就會盡快注意到這個習
慣、往更深層的地方探討我想要怪罪別人的原因，看看是什麼
引起我怪罪於人的行為。我會這樣問自己：「我現在到底在害
怕什麼？在難過什麼？」我甚至可以反轉整個衝突，檢視我自
己的問題，轉而承擔個人責任：「我在我們的衝突中，我要承
擔的責任是 _____。」（就像你在第四章學到的
那樣。）與其去注意**對方**做錯的一切，以及把這些錯事昭告天

下，不如把注意力放在自己身上，專注探討我可能做了什麼或沒做什麼才導致衝突發生。

二、道歉

道歉有兩種類型：一、倉促型；二、時機合宜型。

倉促型道歉

聽起來可能很可悲，大多時候我們都把「對不起」說得太快也太氾濫了，這樣只會惡化我們想要解決的問題，因為光說對不起，永遠都無法處理兩人不了解彼此的深層問題。隨口的對不起，更讓我們無法深入看到問題或誤解所在，也讓我們無法得到大量的成長機會。

你知道一個人平均每天道歉八次嗎？下次不經思考的道歉脫口而出時，仔細感受一下，你會發現你可能是在用這句話來掩飾自己行為上的羞愧感而已。

如果這類型的道歉真的有效，我們就能有效化解衝突，也不會害怕衝突了，為什麼要害怕一個用「對不起」三個字就能完全解決的問題呢？沒錯，父母應該要教孩子們說「對不起」，這種良好的社交禮儀是所有孩子都要學習的，但是倉促型道歉很少能讓孩子的神經系統安定下來，而且通常也不足以讓成年人從後座回去前座。如果太多中斷的情感沒有妥當處

理，加上無意義的道歉，長年累積下來，孩子們就會在痛苦中習慣被忽視或得不到認可。這些孩子成年後仍然會陷入同樣的不完整循環中，他們不知道如何有效重建關係，因為他們只被教導要道歉而已。倉促型道歉只是在迴避問題，不足以平息擔心害怕的動物所受到的刺激，也無法有效重建關係。*

時機合宜型的道歉

一個時機合宜的道歉有時就是我們真心想要的。如果你特別喜歡道歉，而且對方也告訴你他接受，那就放心地道歉吧！

時機合宜的道歉代表你知道什麼時候可以靠著道歉把衝突歸零，有時道歉的時機就在眼前：「哇對不起，我做錯了。」舉個例子，如果我剛剛對妻子說了些不恰當的話，而且我看到她有點生氣，我就會說：「靠，對不起，我知道我說錯話了，是我的錯。」你接著努力承擔責任，也努力去理解你的行為對對方造成的影響。

其他時候，我們不應該在 LUFU 之類的方法要結束了才挑時間道歉。在你執行了我在書中介紹的所有方法後，而且你也感覺到對方可以在你道歉後緩解情緒，就放心向對方道歉，偶而為之可以，但這樣做的時候，要帶著無比的脆弱直視著對方的雙眼，否則你的「對不起」就只是毫無意義的三個字而已。

用道歉快速帶過問題的跡象

葛雷格和特薇拉是一對新婚夫婦，葛雷格曾經把跟特薇拉有關的一切「搞砸」（他親口說的），包括忘記她的生日，或者正如她所抱怨的：「他為了事業報名線上行銷課程，但他從來沒上完過，他沒有一件事可以做好做滿。」[†]後來他們找上我的時候，正處於激烈的衝突中，但不是在吵他報名課程的問題。在剛開始的幾分鐘裡，他道歉了大約十五次，甚至沒有意識到他道歉了這麼多次，直到我點破他才發現。我請他問問特薇拉，那些倉促的道歉是否有幫助，結果她說沒有。於是我再請他告訴特薇拉為什麼他還在道歉，他整個傻眼，真心不知道為什麼自己要一直道歉。原來這是他下意識的壞習慣，一旦害怕起來就想說對不起。這是他的預設行為，他真的以為重掌控制權、回到前座的方法就是道歉。

其實葛雷格一生都是個逆來順受的人，屬於典型的「濫好人」，鮮有主見，就是那種什麼都說「好呀、都可以」的人。

---

* 有時對某些人來説，道歉確實有效，如果有效就開心一下吧！但假如你想成為化解衝突的高手，不能讓道歉成為你唯一的方法。要知道，如果你過度道歉，不執行我在本書中推薦的其他方法，你歸零的機會就會大幅減少。

† 注意「從來」這種誇張的説法，但這就是人們在衝突中的講話方式。

而他娶了Ａ型人格的老婆，就是那種想當老大，別人都得聽她話的那種人。當衝突發生時，只要特薇拉責備他，他就會道歉，這就是他們的相處模式。然而他們在一起的五年中，他的道歉沒有一次真的解決衝突，因為那些道歉從未打中確切的問題核心。

在輔導他們的過程中，我們發現特薇拉沒有針對他的道歉表示過什麼意見，從來沒有說過類似「我不需要道歉，我只需要你承擔責任，並理解你的行為對我的影響」的話。她並不知道如何告訴葛雷格他的道歉無濟於事，她也在卡關，只會用自己的方法，也就是把所有責任都怪在男方身上，當然也化解不了衝突。他們都知道道歉只對葛雷格有用而已，對她是沒用的。我指導他們去碰觸各自心牆後方的脆弱後，才總算開始重建關係，並很快了解到怎麼做才能平息他們擔心害怕的動物。

解決之道

如果你有倉促道歉的習慣，第一步就是先承認這個壞習慣的存在，也承認這樣道歉是不會有用的。首先問一下你最常道歉的人：「我這樣道歉有用嗎？」或是：「我是否還可以做些什麼讓你冷靜？」然後，密切注意自己的心境變化。在你道歉之後，你是否感覺關係復原了，也覺得內心舒暢多了？但我猜你大概還不會這麼快歸零。覺察一下，其他人向你道歉時，你是否有放鬆、平靜的感覺，還是其實你想要更多呢？

三、轉移注意力、逃避

你常常會轉移自己的注意力來遠離不舒服的感受，這就是我要求你提高情感不適閾限的原因。轉移注意力只是治標不治本的「藥物」，我們總是想用藥物來緩解不舒服的感覺，完全可以理解，但就算注意力轉移了，衝突也不會復原，更不能幫助我們重建關係。任何伴侶都知道，在吵架後的幾天內，一起看個好電影可以緩和一下緊張的氣氛，讓雙方都專注於更愉快的事情上。但是這能幫助他們解決任何問題並將衝突歸零嗎？如果分散注意力對關係重建有幫助，那最棒的方法就是看電影，以及邊吃冰淇淋邊滑 Instagram 了。某天，你們可能看著對方，忽然醒悟：「對吼，我們還有一堆鳥問題沒解決。嗯⋯⋯我們應該處理一下吧？」

許多人可以用上幾十年的光陰在「轉台」，轉移注意力去從事更令人愉快的事情，甚至還可能因而喪命。

逃避的跡象

請先承認你會透過轉移注意力來逃避衝突。列出你在衝突中或逃避衝突時，轉移注意力的行為，取前五名。以下有幾個例子：

● 拿手機傳訊息，或打開任何 APP，像是臉書、Instagram、Google 新聞、遊戲、Snapchat 或抖音

- 看電視、Netflix 或 A 片
- 吃東西——特別是含糖食品、薯片或酥脆的餅乾
- 濫用藥物——酒精、止痛藥、大麻等

解決之道

第一步是認識到分散注意力所產生的效果有限。我曾經用午睡來逃避自己的情緒，但每當我睡醒後，我的問題和痛苦依然存在。下次，只要你從轉移掉的注意力中「醒來」時，請試著用手機計時五分鐘，做個 NESTR 冥想，探索你內心的風暴並問自己：「我現在在逃避什麼情緒？」或者：「我在害怕什麼？」看看這些反省問題會把你帶向何處。一旦你學會提高情感不適閾限，並與自己的體會共處，面對高壓的對話時，就能表現得靈活許多。

四、拖時間

在以前比較瘋狂的歲月裡，我晚上總是毫無節制地狂喝，隔天再一邊帶著劇烈的頭痛醒來，一邊後悔在凌晨兩點「再喝一杯就好」，但我知道到了晚上，頭痛就會緩和一些了，因為宿醉總是會消退的。如果時間到了還沒消退，下午我就再開罐啤酒來放鬆一下。雖然這樣做很瞎，但這就是大多數人面對衝

突的方式──只要慢慢等，最終就會忘記不適，就會開始覺得舒服了，不是嗎？未解決的衝突只會累積起來，並轉移到長期記憶中。拖時間只會讓你沒解決的衝突越積越多，你以為拖就會沒事，衝突就會消失，但剛好相反。

時間幾乎治不了人際關係的創傷。*如果它真治得了，我們就能活在一個大家都快樂、關係也密切的世界裡了，因為我們只要等就可以。要是人際關係衝突在發生當下不處理，這些未解的衝突會像滾雪球一樣越滾越大，等於為你和未來的人際關係增加了額外的負擔。

好消息（也許對某些人來說是壞消息）是痛苦的關係經驗往往會一而再、再而三地出現，直到我們親自面對為止。

希望拖時間可以解決一切的跡象

拖時間的技巧是建立在轉移注意力之上，注意力轉移得夠多，就等於是在拖時間了。你之所以一直在拖時間，是因為它還真的有點用。長久下來，你已經讓身邊的人知道你會在衝突後第二天、或幾天後完全好轉，所以你甚至也不需要談了，畢竟「這已經是過去的事了」。拖延戰術可能是你跟父母學的，甚至父母也是跟他們的父母學的。

---

* 2017 年亞利桑那州大學的研究證實了這個說法。

解決之道

　　如前所述，第一步是先承認你有拖時間的習慣。記住，在衝突中「按下貪睡鈕」並不能化解衝突，承認有時你會試圖讓時間來沖淡你的問題。現在，請看著朋友的雙眼，讓他們知道你有時就是會藉由拖時間來解決衝突，並問問他們，下次你們之間出現衝突時，是否同意你用拖時間來淡化衝突的傷口。我希望你的朋友不會同意你這樣做，反而希望被你理解，也願意和你一起把衝突歸零。請與追求成長的人相處，他們會讓我們真實的聲音逼迫我們站出來處理衝突。

五、擱置

　　特定情況下，刻意忽視問題、或把問題擱在一旁能幫助我們度過眼下的危機。例如，在運動隊伍中你會把與隊友的爭執留到賽後處理，這點相當重要，因為在比賽中如果控制不了憤怒，可能會使你失去名譽，同時也輸掉比賽。然而，如果你想成為更有團隊合作精神的人，待賽後再解決某些層面的衝突也不遲，有時候教練可能還必須幫助你解決。

　　換句話說，在特定的時刻與地點是有必要忍氣吞聲的，也要暫時不去管衝突。再舉一個例子，如果某個空前的危機降臨了，像家人過世、失業或健康亮起紅燈，兩個原本不和的人可能就會放下各自的歧見，一起面對挑戰。但風暴過去之後，情

況又怎樣呢？問題還是需要解決嘛！隨後的每場風暴都會暴露你的弱點，到了一定程度，這些弱點就會累積成包袱。如果我們不學著化解彼此未解的衝突，我們就永遠無法變得強大。

　　有對七十歲的伴侶一起向我求助，我很快就發現先生這一輩子都「把恐懼和擔憂埋在心裡」（他親口說的）。四十年來，他為了自己的事業歷盡千辛萬苦。但我問妻子這些年來她是如何支持丈夫的，她卻說丈夫從來沒談過自己的辛苦，所以她只是煮好料給丈夫吃，然後就沒有然後了。結果，他們的婚姻長年下來缺乏了彼此都渴望的情感深度。擱置就像把東西堆放在你的車庫裡，或者當你清理辦公桌時，把所有東西都先掃到亂七八糟宛如垃圾堆的抽屜中。整體看起來好像已經清理過了，但實際上你只是眼不見為淨而已。時間一久，雜物越堆越多，就會越來越難處理。

擱置問題的跡象

　　我們經常刻意把衝突擱在一旁，但與轉移注意力或讓時間沖淡一切問題的處理方式不太一樣，你可能會對自己說：「我寧願工作，也不想現在就處理這個問題。」或者：「我們去喝一杯吧，讓腦袋不要想到工作。」一旦我們把事情擱在一旁了，之後就會處理了嗎……還是根本不會去處理呢？

　　上一代人總是把痛苦吞進腹內，苦日子忍一忍就過去了。在此向我父母獻上十二萬分的敬意，因為我認為這是他們當時

僅有的選擇之一。我很感激他們的犧牲和付出，因為如果他們過上了不同的人生，我可能就寫不出這本書了。但是擱置衝突會大大影響我們是否能同理一樣有困難的人，一旦你把衝突擱在一旁，你基本上就是在說：「我不想處理這個問題。」跟之前一樣，請你想想這個問題：「你到底是在害怕什麼？」如果你仔細檢視一下衝突，感受整件事情帶來的不舒服，最糟的狀況會是什麼？真的會有那麼嚴重嗎？還是你不想處理，寧願持續恐懼著內心的情緒和感受，以此過你的每一天？

解決之道

首先，要知道我們有時候都需要把衝突先擱在一旁，這無傷大雅，只是不要讓它成為處理衝突的第一原則。如果你總是把衝突擺在一旁、死都不管，你會錯過了解自己、壯大自己的機會。

要擺脫這種行為，請明白你必須先要有**擺脫的意願**。你隨時都可以暫時拋下各種有壓力的想法，沒問題的，但務必做到最重要的下一步：回頭處理。請開始承擔責任，跟對方說：「朋友呀，有時候我會把情緒藏起來，然後把該面對的衝突放著不管。」承認你有這樣的行為，同時也展現你的真性情，讓你看到自己其實還有其他選項可以挑選。想要油門催下去嗎？請你問對方是否同意在彼此的關係中擱置衝突：「嘿，你能接受我把我們的衝突都放在心裡，不跟對方講嗎？」看看他們怎

麼說。毫不保留地說出真心話，而不是藏起來，可以提高你的情感不適閾限，兩人會更親密、更真心誠實。好好記住這一點：如果你隱藏了部分的感受，人生是無法真正得到滿足的。

六、FRACK大法

另一個會大大阻礙歸零的因素是我稱為「FRACK大法」的概念。*在壓力之下，我們大多都會仰賴沒效率的表達和傾聽技巧：話說太多、怪東怪西、等著換自己講、根本沒在聽等等。這個我超有同感的，請回顧一下我在第十一章中與妻子的對話，以下是那段對話的另一部分：

她：我對特瑞莎有點不爽，覺得心很累。（開始抱怨
　　特瑞莎）

我：（在努力成為一個好的傾聽者之後）你為什麼會
　　對她感到心累？她一直都這樣啊！你有沒有想過
　　挑戰她或跟她面對面把話講開？

> ＊ 我第一次從男孩成年儀式組織「閾限通道」
> 　（Threshold Passages）的某個男子那裡聽過類似
> 　的術語，他稱之為「FRAP」。我把它修改為數個
> 　字的縮寫，用來教人們如何傾聽。「FRACK」指的
> 　是一種從地底深處提取石油和天然氣的工程，而且
> 　是很有爭議的工程，不過並非我所說的「FRACK」
> 　就是了。

她：（有戒心了）呃，沒有很想。

我：（感受到她的戒心，但還是很白目地說下去）特瑞莎太難搞了，你要的話，我可以幫你跟她聊聊。我們乾脆取消和她的行程吧，反正我也不想和她混在一起。

她：（開始關上心門）還是算了吧，我真的不想再談這個了。

我：（開始焦慮）怎麼了？我只是想幫忙啊。

她：（掉頭就走）

你發現問題了嗎？如果沒發現問題在哪，沒關係，你並不孤單。當我有壓力、被罵或不耐煩時，我還是會用FRACK大法而不是傾聽。請容我解釋一下我在上述的例子中做錯了什麼，這樣就更清楚了。

F是指fixing「修理」：請注意我是如何試圖修正這個狀況。這是典型的陽剛行為，*男人喜歡修東西，包含汽車、家電、電子設備，以及問題。陽剛的伴侶把東西修好之後，就會自爽、感覺良好。就我現在的觀點來看，沒有人是需要修的，因為沒有人是壞掉的。要修就修正衝突，但不要修正對方。

R是指rescuing「拯救」：請注意我是如何試圖幫助她解決問題，這樣的行為發出了一個「我認為她不能處理自己的問題」的訊號。這讓對方覺得你很有優越感、根本看不起人，

還記得受害者大三角嗎？人們才不需要獲得關係上的救贖，而是需要先被理解，接著才會需要挑戰和支持，並藉由自己的智慧和內在的引導來克服問題。

A是指advice「建議」：很多男人都喜歡亂給建議，像是「你應該這樣做」、「下次試試這個」等，在特定的情況下，建議有其存在的必要，但在衝突當下，如果對方已經不爽你了，你還要跟對方提建議，就肯定不會有好結果。記住這個原則：不要亂給建議，除非他們請求建議再說。

C是指complaining「抱怨」或colluding「串通」：抱怨就像在怪罪，串通是選邊站，支持某人對別人的說法。當時我沒有客觀傾聽妻子對特瑞莎的抱怨，反而是選擇跟她同一國，無腦支持她（典型的拯救者行為）。在衝突當下，我們往往會怪罪對方的某些行為，然而怪罪和抱怨會把一個人推離零的狀態。你不是在努力恢復關係，而是在把他們推到離你更遠、更不可能把關係修復的地方。

K是指killing「扼殺」：這代表當我們操縱或否認某人的

---

* 為了更有包容性，我在書中使用「陽剛」而不是「男性」，但即便如此，「陽剛」一詞仍然會讓一些讀者反感。歡迎自由替換成「男性」，或任何喜歡修正問題的伴侶的代名詞。我想這是在我的經驗中，相當真實的現象之一，從我的經驗來看，男性被社會化成為修正問題的角色，偶爾在生活中修正問題很不錯，但在其他方面就不怎麼管用了。

感受時，我們會扼殺他們的體會。就像「你不應該覺得沮喪」或「哪有呀」之類的話，如果你扼殺某人的體會，就是在否認他們的想法、感受或遭遇。記住，每個人的體會都是百分之百合理的（也無關對錯）。

重點就在FRACK大法會讓你卡在連結中斷和衝突的狀態中，所以我有一道咒語是：「不要FRACK喔。」覺得好用就拿去用吧。

七、癡心妄想

另一種處理衝突時被濫用的方法是藉由希望、祈禱，妄想事情會好轉，也許人們總是期許時間能沖淡問題吧？我並不反對希望，也不反對那些為精神或宗教目的而祈禱的人。如果你虔誠的祈禱能幫你鼓起勇氣學習解決衝突，那是再好不過的了，但如果你只是一味地祈禱，沒真正付出努力來尋求解決方法或承擔責任，那就乾脆不要祈禱了，因為你的衝突不會像變魔術一樣消失。如果祈禱能有效解決衝突，那麼世界上所有宗教都會和睦共處，互相尊重，也不會有戰爭了。如果你真要祈禱，就祈禱有內在的力量讓你學習如何應用我教的方法吧！

「妄想」就像讓時間解決一切的策略，因為它彷彿是在告訴你祈求得越努力，衝突就會奇妙地化解掉。是啦，我們有時候的確很幸運，沒有特別做什麼改變，事情就真的好轉了。但

那是例外，不是常態。太多的人只是雙手一攤，滿心希望衝突會自行解決。

妄想的跡象

如果你什麼都沒學到，你就是卡在妄想中。衝突結束後，你沒有學到任何東西的話，那麼你很可能只是抱著妄想的心態在拖延而已。想像一下，你和一個朋友想學滑雪；再想像一下，你朋友在 YouTube 上看了一些教人怎麼滑雪的影片，讀了一本指導讀者怎麼滑雪的書，並跟著滑雪教練上了八節私人課程；最後想像一下，你也有機會獲得這些相同的資源，但你卻說：「不用了，謝謝，我自有辦法，我打算向上天祈禱來學會滑雪。」兩個月後誰比較會滑雪呢？

解決之道

像所有障礙一樣，承認你有這個行為是改善的第一步，像是你會說「朋友呀，有時候我只希望我們的衝突會神奇地消失」或者「有時候我好希望自己可以什麼都不改變，事情就會變好」之類的話。承擔個人責任後，請把妄想可以逃避困難並修復關係的想法拋諸腦後，你會因為言行一致，說到做到，而讓對方更加信任你。

八、辯解

每當擔心害怕的動物受到攻擊時，我們就會理所當然地自我辯解。然而，我們真的需要在那些表面爭執中不斷為自己辯解嗎？如果你的室友或伴侶因為你忘了繳錢而生氣，而你卻為自己辯護，這場衝突很可能會沒完沒了。人類的大腦記憶有不精準的時候，我們也會浪費多年的時間，試圖為一些可能講過或是根本沒講過的話辯解。我不知道你的情況，但當我與真正在乎的人爭執時，為自己辯解是很痛苦的，因為我讓衝突惡化了。我們不斷辯解，不外乎是要保護自己的玻璃心不要碎滿地，讓自己不要產生像是傷害和羞愧的脆弱感受。

辯解的類型主要有兩種：一、強硬型；二、藉口型。

強硬型辯解看起來像是否認你的行為或動作：「我從來沒有講過這些話。」如果有人這樣辯解，對話就不會有任何進展。而在藉口型辯解中，我們承認確實有錯在身，但隨後我們便找理由粉飾，把錯誤合理化：「我確實做了那件事，但那是因為……」這個嘛，你是在承擔個人責任沒錯（哎唷不錯唷），但隨後又為自己的所作所為開脫，這就不行了。根據我的經驗，無論是哪種類型的辯解，都會立即扼殺任何關係重建的可能性，像當著別人的面「甩門離去」一樣。

辯解的跡象

只要你在找藉口、為自己的行為解釋，或為自己開脫，你就是處於辯解的姿態，並努力證明你的立場。大多數人都不會對辯解的行為有好的反應。

解決之道

如前所述，承認就對了：「我在為自己辯解。」更好的是，在你為自己辯解之前，提醒對方你正在做的行為：「我本來想為自己辯解，但與其這樣做，我決定繼續聽你說下去。」這有助於你與對方同在。現在還不是為自己的行為解釋的時候，先傾聽對方的想法就對了。當然，在衝突修復循環的某個階段，你也會想要讓人聽到你的心聲。直到最後，如果你生命中出現了很懂傾聽的人，你甚至根本不需要再為自己辯解了。

九、拒絕合作

最後兩個障礙比其他的要極端得多。想一想「stone wall」字面上的意思——石牆，就是和一個「拒絕合作」（stonewall-ing）的人相處的感覺。他們就像一堵堅固的牆，且事實上，他們有可能早在你出現之前就築起一堵心牆了，甚至可能沒意識到心牆的存在。這類型的人對任何溝通統統閉口不談，拒絕

一切回應。再者，拒絕合作的人不會正視與你的衝突，而是不配合、抽離、轉身而去，對當下的問題撒手不管。雖然stone-wall這個詞在我談戀愛的時候還沒有出現，但當時的我肯定會被貼上「拒絕合作者」的標籤，因為我不想處理任何衝突或面對令人心煩意亂的時刻，我把它們都擋在牆外了。

拒絕合作的跡象

你把別人拒於心門之外，總覺得有些事情令你不太愉快，也可能意識到你不想「直接面對那些破事」，結果就是，你把那些想更了解你的人統統拒絕了，特別是在你心情低落的時候。你有各式各樣的說詞，把抗拒別人的行為合理化，例如「人太難搞了」或「這不關他的事」，又或是「我很好，我真的沒事。你才不高興，你全家都不高興」。

解決之道

如果你願意改變慣有的模式，就不要再這樣對待別人了。首先要承認你長期以來都用這堵牆保護自己，因為你是真的不知道該怎麼辦。接著找教練或心理師做心理諮商，一磚一瓦、慢慢地把這堵牆拆除。

十、操縱人性

其他九個障礙還算正常，但「煤氣燈效應」（gaslighting）是個奇葩的存在，也是極端的行為表現。如果你透過說謊和操縱人性來獲得你想要的關係時，就會形成煤氣燈效應，你會刻意否定現實，進而捏造現實。如果你曾經是煤氣燈效應的受害者，你就會知道極度困惑的感覺是什麼，因為你在對方說謊的時候會開始懷疑自己的理智，他們也會否定既有的現實，拒絕承擔任何責任，並且巧妙地把每一次衝突都轉而認定是你的錯。

操縱人性的跡象

首先，我真的希望你不要去操縱任何人。如果你以任何方式操縱別人來擺脫衝突，你要麼相當反社會，要麼相當自戀。也就是說，如果在衝突當下，你用三角關係讓別人順從你的觀點，這可能就是種非常微妙的人性操縱。如果你持續拒絕對衝突中的一切承擔個人責任，你等於拿出了噴火槍，燒毀所有你可能得負責的部分，這在任何重要人際關係中都是非常危險的，你很快就會永遠燒毀這段關係。

解決之道

對一般人來說，要注意你利用三角關係和讓別人順從你觀點的傾向。如果你真的是會操縱人性的人，你必須得意識到你的行為，並產生改變的想法。如果以上都符合你的情形，請尋求專業的幫助。

往好的方面想（當然也有不好的），如果我們想要利用十種障礙中的任何一種來歸零的話，就會不斷走進衝突的死胡同，如羞愧、恐懼和憤怒等負面情緒也會持續浮現，最後導致關係破裂中斷。然而，你可以利用羞愧和破裂作為內在動力，並以此來修復關係。最後，這十種障礙可以用三個字來概括：不願意。關係中只要有人不願意，就會出現上述的障礙，讓你們永遠無法歸零。

行動步驟

1・在這十個障礙中，你最常使用哪一個？承認你有用這方法的習慣，並寫在日記本中。

2・反思一下FRACK大法，在日記中寫下裡頭你最常做的代表字母。

3・注意閱讀這一章的時候是否有任何羞愧或內疚的感覺浮上心頭。為了讓你克服羞愧感，至少與一個人分享

你上述的答案。

4‧挑一個曾經與你有衝突的人（也許是你衝突表格中的人？），承認你做過的任一障礙，接著問他或思考這句話（假如你們沒什麼交流了）：「如果我對他做了這種行為，對他的影響是什麼？」

第十五章

十二條緩解衝突的約定

你若不解決你的童年創傷，就等著在談戀愛的時候解決吧！

——尼爾・史特勞斯（Neil Strauss）

　　衝突中的雙方往往沒有足夠的支援、壓力也很大，其中一人或同時兩人都會大喊太辛苦、太難承受了。如果沒有人帶頭解決，你們就會一直膠著不前，問題也不會有結果。但如果你們立下約定，不管情況有多糟，你們都會一起合作解決問題，如此的話，總會開闢出一條前進的出路。

　　建立約定是另一個能避免你掉進常見衝突困境中的法寶，如果你們建立關係是為了打造強大的團隊、以共同成長與合作為目標，約定就會是你們的最高原則，能幫你們超越本能衝突反應，回到你們約定好的條件上，並儘快歸零。最理想的狀況呢，就是不要拖，儘早在重要人際關係中建立約定。

　　不過有一點值得一提：不是每種關係都需要約定，但關係越密切、彼此的重要性越高，約定就越有必要，但你可能只需要與生活中的一到三人建立約定就好。

　　舉例來說，許多伴侶在結婚前簽訂婚前協議，當作離婚時保護雙方財產的手段。共同撫養孩子的離婚父母通常有明確的書面協議，規定接送孩子的時間，以及劃定其他重要的歸屬界限。雙方這麼做是為了主動減少混亂和衝突。另一方面，事業夥伴則往往有著冗長的法律協議，因為如果沒有這些協議，事業夥伴關係就會產生爭執，並迅速惡化。

　　我曾經幫助過兩位高階企業家解決過重大的衝突，因為他們忘記在法律協議中增加一項重要的規定。由於當時的協議並沒有表達得相當明確，他們的衝突相當情緒化，充滿大小挑戰，這給他們的關係帶來了不必要的壓力。但在兩個小時內，他們利用本書介紹的方法成功化解了衝突、同步彼此的觀點、澄清協議中的語句，也因此成為更強大的夥伴。解決衝突的關鍵是他們願意持續努力化解衝突。

　　不同關係會有不同狀況，想跟對方建立約定可能會讓人覺得超詭異的。如果你和對方是多年的朋友，你突然想為這段關係建立新的約定，不要指望朋友會輕易答應。

　　關係領導者願意為了建立約定，進行必要的高難度對話。許多人則會逃避建立約定，因為他們看到潛在的爭執一觸即發，偏偏又不想處理，只因擔心彼此可能無法達成共識。說到底，請不要恐懼困難的對話，這可不是逃避建立約定的理由。

　　約定的過程本身可能就會充滿衝突。約定不能像規定一樣一板一眼，否則當約定被破壞時，就會覺得糟糕、麻煩大了。請把約定想像成護欄，使彼此擔心害怕的動物都能受到控制。護欄確實會幫助我們在壓力之下感到安全，就像提早知道彼此同意什麼，也能給予我們安全感。處於壓力之下的大腦不喜歡模稜兩可的感覺或是不清楚的事務，模糊、可以自由解讀的議題，以及主觀的偏見都可能會增加威脅，產生更多衝突。如果我們都變得情緒化又反應激烈，只要有明確的約定，就可以鬆一口氣，回到我們的衝突規範中。因此，你得讓約定保持簡潔

扼要。現在請仔細閱讀以下的約定，想想哪些約定對彼此都有好處。這些約定全都以「我」開頭，但當你們彼此約定好之後，請把「我」改為「我們」。

一、我同意建立明確的約定

在發生爭吵之前，甚至在你們剛開始交往的時候，建立明確的約定可以讓你們的連結最大化，也讓痛苦、傷害和情感決裂最小化。下面是一對夫妻建立明確約定的例子：「我們同意每週進行一小時的財務會議來解決我們錢財的難題，如果一個月後問題沒特別好轉，我們就花錢請外面的人來幫我們共同解決。」以下是兩個一起創業的高中好友，模糊不明確的約定例子：「如果我們賠錢了，就打電話找人求助。」這樣的約定模棱兩可，衝突會因而發生，因為有太多可解釋的空間了。

想想有哪些約定能具體幫你處理重要人際關係的衝突，例如你工作的時候，可能跟所有團隊成員約定好，在團隊會議中要能接受意見回饋，也要能夠虛心受教。同樣地，處於開放式關係的已婚伴侶，有很多傷害彼此、誤解對方的機會，因為有更多的人參與關係了，因此可能需要更具體的約定。他們可以說：「如果你想跟某個人上床，我們雙方都同意你會先跟我說，這樣我才有辦法否決這件事，或是可以一起討論。」一旦彼此都有共識了，這類型的約定就能防止衝突發生。

在建立明確的約定時，用字遣詞必須清楚，讓雙方在壓力

下也能理解約定的內容，沒有額外解釋的必要。要是某項約定不再有用處，就一起修正。

二、我同意成長與提升自己

身為未來的關係領導者，請準備好學習的心態，嘗試在你的關係中成長、提升自己。只要問題變得棘手，你就多了一個選擇——成長！持續成長的關係可以化解困境、不適、差異和衝突。像是重金屬搖滾樂團「金屬製品」（Metallica）在成軍幾十年後仍不斷推出音樂作品，也許唯一的原因就是他們都願意在衝突中成長，並化解衝突。*史丹佛大學的研究人員兼作家卡蘿・德威克（Carol Dweck）對成長型思維進行了研究，研究結果非常明確：如果我們運用成長型思維，幾乎在每個生活領域都能得到更好的結果。[1]

如果你一直陷在相同的衝突模式中，就不要再假裝你知道如何好好傾聽或有效溝通了，你可能有一些課題需要學習，學好之後會幫助你和對方化解衝突。我每天都和那些自認為很擅長傾聽和溝通的人打交道，我問他們：「為什麼你和某個人相處起來有這麼多問題？」他們的回答不外乎都是在怨天尤人和辯解，說他們只對某個特定難搞的人感到心累。但我的回答不

---

* 請去看這部超讚的紀錄片《異種怪獸》（Some Kind of Monster）。在這部片中，樂團請了一位精神科醫師幫助他們解決彼此之間的難題！

外乎也是這樣：「那麼這就是最需要說話和傾聽技巧的地方了。」一旦他們開始虛心受教並承擔個人責任，就是開始學習了，並能看見不同的結果，關係中的一切也開始往好的方面改變。為什麼會變好？因為他們都開始學習怎麼處理衝突。

三、我同意學習如何擁抱衝突，因為這是親密關係中常有的事

親密關係的目標並不是不吵架，那只是幻想而已。你要展現毫無造作、最真誠的一面（你真正的自我表達）。這樣做可能會惹來麻煩，讓對方不高興，但沒關係，你的心態必須轉而思考這句話：**衝突是一個成長的機會**。它會暴露我們對於彼此的了解有落差，不過這反而鼓勵我們要更了解對方。此外，它還暴露了我們內心的衝突，即真我和假我之間的分裂。當我們選擇去擁抱衝突，就等於敞開心門迎接更多的真心。衝突的另一面是更深層的連結，如果不學習如何處理你和你最在乎的人之間的鳥事，就不能擁有、也不會擁有良好、穩固、持久的關係。對我來說，這沒什麼好選的，雙方處理衝突的方式，是任何傑出、優秀人際關係的關鍵。

四、我同意由情緒能量最強大的人引導對話

幾十年的觀察結果告訴我，最有情感能力來承擔責任，或

傾聽對方觀點的人，通常就是開啟對話的人，我把他們稱為「情緒能量最穩定強大的人」。如果你任何時候都處於情緒能量充足的狀態，你就能建議雙方透過對話來討論發生的事，並尋求和好、重建關係。如果你覺得自己相對匱乏，就要讓對方知道：「我的思緒還是相當混亂，你能先說嗎？」或者直接表達：「能由你先說嗎？我還在糾結。」

經驗法則：情緒能量穩定強大的人，引導對話。

五、我同意檢視怪罪你的原因

我曾在幾年前把過去的傷害和自己人際關係上的障礙怪在我父母身上，這對他們來說無疑是非常大的傷害，而且給我們的關係帶來了不必要的壓力和負擔。我最終不得不努力克服對他們的責怪，修復了一些過去造成的傷痛，我們的關係才總算得到改善。在我與父母的關係中，我成了關係領導者，所以現在我們關係變得親密多了，我也總是期待與他們共度時光。*

* 值得注意的是我和父母一起解決我的問題，但沒有改變他們。他們從未接受過治療，也從未承擔過任何錯誤，只是保持他們真實的樣子。這很激勵人，這幫助我處理了我的幻想和期待。更多內容我們留到第十七章再講。

　　如果你真的深入探討忍不住怪罪別人的原因，會發現你做的都是正常人會做的事，比如把父母投射到你的伴侶身上，或者把過去的傷害和創傷投射到現在的人和環境中。如果你勇於成長，這些傷害就會成為讓你茁壯成長的養分，因為如果你學會如何解決過去累積的情緒和引爆點，你就會更常坐在前座，並學會在衝突中靈活應對。如果你不能從怪罪的行為中昇華，就永遠嚐不到衝突化解後那甜美的果實。

六、我同意承擔自己的責任

　　我們已經講過化解衝突最快的方法之一就是承擔自己的責任。你解決衝突的能力與你在任何衝突中承擔個人責任的能力成正比，因為承擔責任會讓你擁有力量。你有能力改變你的作為和行動，並以適合對方的方法傾聽和表達，而且你正在閱讀本書，學習如何用不同的方式處理衝突，該承擔就承擔吧。

七、我同意儘快放軟姿態，展現脆弱的一面

　　脆弱可以卸下對方的心防，試著對正在哭的人生氣，或試著在你心情很好的時候傷害別人，有沒有發現很難做到？雖然這條約定可能是最違反直覺的，但展現脆弱的姿態能迅速讓對方氣消。當然，許多人不想這樣做，因為我們曾經展現自己柔

軟脆弱的一面，結果受傷了，所以我們從此緊閉心扉，收起了我們的內心和溫柔，不讓別人觸碰，這都是可以理解的，但如果你想解決問題，卻一味躲在牆後向對方投擲手榴彈，是一步都前進不了的。

展現脆弱，姿態放軟不一定是要你淚流滿面，可以單純是勇於認錯而已，像是「寶貝，我是個王八蛋」或者「朋友，我看到你受傷了，我為我造成的傷害感到慚愧」之類的話。根據我的經驗，當有人放軟態度，放下令人恐懼或防衛的姿態時，衝突就會好轉。遲早總得有人展現脆弱姿態、感受情緒，像是「親愛的，我覺得很受傷」、「朋友呀，我很害怕」。允許自己去感受、承認，並分享自己卸下心防、展現脆弱的感覺。展現脆弱的姿態給對方看，就算這可能會惹毛你的伴侶也沒關係，你的脆弱通常會軟化他們的態度。

八、我同意用關愛和尊重的態度說話

當擔心害怕的動物現身時，我們經常坐在後座上說話，後座司機會說蠢話、幹蠢事，因此你們要約定好無論情況有多激烈，你們都同意表現出關愛和尊重的態度。如果你真的在乎對方，也想抵達挑戰的彼岸，你必須以對方聽得懂也消化得了的方式溝通。請當個正派有禮貌的人，不在人後說壞話和背後捅刀、不大吼大叫、不用會嚇到對方的方式說話，也不要諷刺或

取笑對方，*堅持用「我」開頭的句型來對話。

要記住很多交流都是非語言的，所以要注意翻白眼、雙手抱胸、嘆氣和轉身離開對方等動作，這點非常重要。不過值得一提的是，無論你的技巧有多好，對方仍然可能會閉口不談或逃避跟你對話。注意不要幻想你能做得完美，同時又不讓他們難過，那幾乎不可能，然而你可以對他們擔心害怕的動物態度友善一點，以減輕一些激烈的反應。如果你不能用關愛和尊重對方的方式說話（因為有時候你就是不能），你的責任就是收拾殘局，努力修復和重建關係。

九、我同意在感情中不離不棄

在探討我自己的問題之前，這點差點就變成我最難遵守的約定了，因為我有無數與人斷絕關係、一走了之的前科，或者就是不肯留下來解決衝突。**在關係中不離不棄**，代表你們雙方都同樣在乎衝突，會一起處理到歸零為止，也代表你不會切斷跟對方的連結，更不會一句話都不說、頭也不回地走掉。你仍然可以花一些時間和空間來整理自己的思緒（按下暫停鍵），這樣你才能想清楚、說明白，但要先讓對方知道你什麼時候會回來，一定要回來把衝突好好收尾，直到你們都覺得問題已經解決了為止。

十、我同意不威脅離開

我們情緒激動的時候總是會說出一些讓自己後悔的話，在長久關係中，最糟的行為之一就是威脅要離開對方。而在婚姻中，只要在激動的時刻提到**分居**或**離婚**這些關鍵字，就會造成很大的傷害，並且進一步種下恐懼和不信任的種子。威脅等於向對方傳達「你最好保持警惕和戒備，因為明天我可能就會消失了」。這加劇了關係中的不安全感，還會造成更多衝突，所以不要再威脅對方了。

十一、我同意不在訊息或電子郵件中提到重大的衝突

多年來，我的個人原則之一是「永遠不要透過訊息或電子郵件來吵架」，面對面把話說開永遠是最好的。這有科學證據在，但重點是，大量非語言訊息（如語調口氣和肢體語言）會在訊息和電子郵件中被遺漏掉，沒有這些額外的視覺、聽覺訊

---

* 我的老師都依·費里曼（Duey Freeman）告訴我，諷刺會妨害親密關係。我已經把這句話聽進去很多年了，此話一點都不假，要知道諷刺（讓人感到受傷和不快的話語，會導致關係中斷）和幽默（讓人感到好玩和有趣的話語，使關係連結）之間的區別。

號，人們就會傾向於看著文字來腦補，這下子就陷入負面的回憶了。

你有多少次在收到訊息時，因為無法判斷對方是否不高興而誤解了他的意思？如果你想更有效化解差異，這個約定非常重要。下面的範例可以在下次因為文字訊息而使關係惡化的時候使用：「嘿，謝謝你跟我說的話，**但**我們能不能當面談一談呢？我們的關係對我來說太重要了，如果我無法跟你見面或和你在一起，我就無法好好講。」有時候我們是被迫分開的，像在Covid-19肆虐期間就是如此，不過就算這樣，我們還是可以透過Zoom或FaceTime通話。「嘿，謝謝讓我知道你的感受，不過我想等在Zoom視訊、可以看到你的時候，再回應你，你今晚能談談嗎？」這樣劃定界線很好，也能好好維持自尊。

十二、我同意學習如何有效修復和重建關係

當我們其中一人長期下來疏遠、冷淡了，我會明白我有必要承擔自己的責任，並深入傾聽對方、了解對方的世界，藉此填補任何感情缺口，這一切都是為了修補關係。我明白衝突是不可避免的，因此我會學習如何修補我們一起造成的任何問題，並做到一個彼此都接受的程度。這是你一生不容錯過的好約定。

違反約定

　　儘管我們作出了最大的努力，大多時候還是會有意無意地違反約定。想想你小時候、或長大為人父母後違反了多少次。如果你偶爾違反約定，請把它當作是修復和重建關係的機會，並使用本書中概述的方法來實現。可是你持續違反的話，就代表有潛在的問題還沒解決。通常違反約定的人對這些「近乎破壞性」的行為是毫無知覺的，但只要仔細觀察，就會發現一種或多種五大衝突類型發生了。

　　娜塔莉亞和珊咪是穩交中的伴侶，可是娜塔莉亞不斷在臉書上與其他女性瘋狂聊色。約定與信任被破壞的問題讓她們一直在原地打轉，因此兩人向我求助。我讓她們知道了娜塔莉亞有多麼怨恨珊咪，只因珊咪不想要孩子，現在娜塔莉亞已經四十多歲了，還是沒有孩子，她仍然很氣珊咪不想共組家庭。不過娜塔莉亞沒有離開這段關係，而是選擇繼續和珊咪在一起，只是放棄有孩子的夢想，她選擇不去吵了，「就算了吧」。重點來了：娜塔莉亞並沒有「真的算了」，反之，她不斷違反約定，因為她既受傷、又憤怒，還怨恨著珊咪。

　　只要這兩位勇敢的女性坦誠相待，看看表面爭執的底層原因，也就是因為違反關於調情的約定而出現的爭執，她們就能夠發現怨恨的真正源頭，並將之化解，再建立新的約定。如此一來，怨恨一出現就能立即處理了。娜塔莉亞總算能認真學習完全放下生孩子的念頭，後來也確實做到了。

　　所以呀，約定可以在你的親密關係中發揮重要的作用，你會發現你的關係規範因此變得更加清楚、也更值得信賴。更重要的是，約定可以幫助你化解長久以來的常見衝突。

行動步驟

1．想一下你想在哪種重要人際關係中與對方建立約定，從本章中挑選出三個吸引你注意的約定，並決心邀請對方共同建立。允許自己在制定約定的過程中改變，看看你們是否能取得共識，至少完成一個約定。
2．這題可自由作答：如果你以前跟某人約定過，反思一下你有過的約定以及遵守約定的困難，或者為什麼這些是有效或無效的約定。
3．與好友分享上述任何內容，儘量不要隱瞞。記住，你想要更親密、更充實的關係，不是嗎？如果是這樣，一定要把本章所學分享出去！

第十六章

如何解決價值差異

> 只要你幫別人得到他們想要的東西，就能得到你生命
> 中想要的一切。
>
> ——齊格・齊格拉（Zig Ziglar）

許多年前，我曾擔任野外訓練學校的戶外教師，以帶隊教師的身分帶領青少年和年輕人進入緬因州的荒野，進行為期十四至二十四天的背包和獨木舟旅行。每次旅行，我都會與一名助教分享領導權，這樣在其中一人發生意外時，另一個人就可以順勢接手，可是當我與對方有價值和個性上的差異時，分享領導權就會變得很複雜。

最辛苦的一次是和丹妮兒在九月底帶的課程，一趟為期二十天的旅程。第一天，一場突如其來的東北風襲擊了我們，暴雨接連下了三天，我們完全動彈不得。除了睡袋，所有東西都被浸濕了。本來要划獨木舟下去的小溪在某些路段水勢太淺了，因此我們不得不下船，扛著獨木舟走了幾英里。但是在接下來的二十四小時內，這條小溪暴漲了六英尺，變得無比湍急。我們後來聽說整個緬因州都被洪水給淹沒了。學員們又濕又冷，其中一人還有失溫症狀，幾乎要準備把他送回家了。你想也知道，接連不斷的狀況讓整個團隊馬上團結了起來，唯獨丹妮兒和我沒有。

丹妮兒跟我就像油和水，領導課程的方式完全不同。不管是教獨木舟、打包、下廚的方法，或是教導孩子們在野外生存所需的必備技能，我們的教學理念完全沒有交集。在這次旅行

中，我們的關係惡化了，不是因為下雨、水災和低溫，而是因為我無法處理彼此之間的疙瘩。我們的價值觀相互牴觸，找不到任何共同點。而且，我並沒有開放的胸襟或技巧，讓我們獲得寶貴的合作經驗。

當時的補救方法是什麼？我做了一直在做的事情：試圖控制局面，並改變她，要她照我的方式來做。直到某次之後，她妥協了，我獲勝了，但代價隨之而來。我們當時天天都有零星的衝突，但最終總是採取我的方案，沒有一次衝突是成功解決、真正修復的。在二十天的旅行結束時，我們幾乎不跟對方說話了。想像在荒野中和一個你不喜歡的人相處二十天是什麼感覺！還有，你猜猜看我們在課程中教孩子們什麼東西？團隊合作！要不要體驗看看這種靠北到爆的尷尬？

正如前面所討論的，價值觀是大家最常有的爭執之一，因為這感覺就像在為自己的身分認同而戰一樣。在價值觀上與人起衝突的人有時候從來沒歸零過，因為這類型的爭執可能是最難解的問題之一。我們傾向捍衛最重視的價值，而當其他人威脅到這些價值時，我們就會選擇裝腔作勢、崩潰自卑、尋求關注，或是閃躲逃避，因而造成了更多的衝突。在衝突中，人的核心自我意識會有被攻擊、不被尊重或不被包容的感覺，這就是價值差異會這麼難處理的原因。

我們都知道真實的自我不被包容是什麼感覺（還記得核心內在拉扯嗎？），是真的很糟。價值差異的衝突直接戳中人格的核心，久而久之，這些對人格的侮辱會迫使我們抵抗或順從

別人對我們的期待（假我）。然後，就會一再犯下我和丹妮兒之間的典型錯誤——相信對方按照自己的方式做事，或至少做得更像我們的風格，衝突就會奇蹟般地消失，彼此的關係和生活也會變得更好。丹妮兒盡力避免起衝突，全程保持沉默，希望能因此緩和我的情緒（結果我更不爽了！）。她嘗試順應我的期待，不得不放棄自己的價值，卻也因此對我懷恨在心，但我也沒有很喜歡她就是了，畢竟我在跟一個不再表達自身想法的人一起教課。我當時並沒有這樣想，只知道在整個行程中都氣噗噗的，覺得一切都是她的錯。

人生要圓滿，一定要堅持自己真正的價值，並為之奮鬥，對你的重要人際關係也是一樣的道理。你還需要在這些關係中能屈能伸，學會如何與其他價值觀不同的人合作，因為每個人的價值都非常重要，這就是為什麼我們需要「三大支柱」的原因。但在那時候，我在丹妮兒面前堅守自己的價值，不給她的價值任何發揮空間。

這麼說的話，如果覺得自己的核心價值或信仰需要妥協的話，應該怎麼做？如果兩人根本來自不同世界，又要怎麼把衝突歸零？當彼此似乎沒有共同的價值時，又要怎麼達成決議呢？要解決價值差異，需要相當成熟的心態。有了成熟的心態，你很快就會像經驗老到的外交官一樣，能求同存異，並為彼此的差異喝采，甚至能共創更大的成就。但也許你會意識到你們之間的價值真的太不一樣，那就必須放下這段關係才行了。無論怎樣，還是那一百零一個問題：「在這段關係中，我

怎樣才能忠於自我和保有自己，同時尊重對方的價值，學會與他們合作，得到彼此想要的東西呢？」

你和第二章衝突表格上的人帶著不同的關係藍圖來到這個世界，時間久了，每個藍圖都套用了各種不同的價值。當它與另一個人的價值互相牴觸時，你們的船不會像團隊一樣綁在一起前進，而是不斷撞來撞去。你們不僅會有外在的衝突跟不合拍，也會感受到內在衝突帶來的緊張和混亂，而忽略了你們應當同舟共濟。

也許你想往北走，但對方想往西；也許你想談談衝突中的挑戰，對方卻不想，所以呢？你們一方或雙方覺得被指責、被批評、被無視，甚至被冒犯了。在茫茫大海中，你們共享資源，綁在同一艘船上，怎麼連「為什麼你在那裡？」或「等一下要去哪裡？」都沒共識，你不覺得太扯嗎？許多人根本不溝通，也從不解決價值的差異，竟然還可以走那麼遠，實在是不可思議。對丹妮兒和我來說，只是煎熬的二十天而已。但是，我幾乎每一段感情，可是煎熬了幾個月、幾年之久。

矛盾的是，多元的價值其實能創造出極大的優勢，只要你學會利用這些差異。[*]如果你不學，往後關係可能會更加兩極化，差異可能就會演變成嫌隙。如同成功的團隊，如果團隊中的每個人都是同一個模子印出來的，大家注定會同歸於盡。成

---

[*] 我直到結婚之後才學會怎麼在重要的人際關係中互相合作。

功的贏家會學習擁抱差異、發揮優勢,找到合作的途徑,即使是難搞的隊友也合作得起來。

比如說你最喜歡的樂團、運動隊伍,或者最難忘的長期團體經驗,都能從中發現成功是借助每個人的不同才能達到的,成功不是因為每個人高度的同質性。接著,想想上次要求別人跟你一樣是什麼時候。尤其如果你是家長,可能這個星期才要求過,結果呢?有用嗎?

即使你不同意別人的觀點,尊重對方的價值還是很重要,為什麼?因為他們有權利擁有自己的價值,也因為理解彼此的差異,你會學會愛人和接納其他人最真實的樣貌。尊重價值並不代表必須與他們處在特定的關係中,事實上,情況可能恰恰相反——尊重他們的價值,同時不試圖改變他們,你就能隨心所欲地離開他們。

為了喚醒你的記憶,以下是第十三章中討論過最常見的價值差異:

- 靈性或宗教信仰
- 對於文化、種族、民族、習俗、傳統的立場
- 成長型思維或固定型思維
- 花錢或存錢
- 嗑藥酗酒或菸酒不沾的生活
- 政治和意識形態
  - 是否支持擁槍

　　－是否支持墮胎

　　－支持民主黨或共和黨

● 結婚或無法長期承諾

● 一夫一妻制或開放式關係

● 住在城市或小鎮，靠海洋還是山區

● 要不要生孩子

　　－如何帶孩子

　　－教養理念

　　－公立或私立學校

　　那麼，要如何讓彼此的價值達成一致，並解決價值差異的衝突呢？這裡有六個步驟可以幫助你們一起駕馭這些差異。

六個調整價值觀的步驟

一、了解自己以及你的價值

　　衝突會幫你發現自己的定位，因為在壓力之下，心底話會漸漸透露出來，關係藍圖和真實的自我也會漸漸浮現。如果你逃避或不願意承認真實的自己，就會不斷試著回應別人對你的期待，並依循舊有的行為模式，衝突當然就解決不了。所以請擁抱衝突，讓衝突協助你找到自己的身分與定位。這就是為什麼我們要開門迎接衝突的原因，因為它幫助我們定位自己、了

解自己。請使用第八章中的指北針練習來確認你的價值，並與你發生衝突的人的價值作比較。

二、考慮對方的價值

當你回頭檢視衝突表格時，請先問問自己，我知道寫上去的人最重視的價值是什麼嗎？只要從他們的日常行為推測一下就可以了。假設你已經認識這個人很久了，而且跟他處於重要的人際關係中，如果屬實，你應該要知道他重視的是什麼。

把他的指北針畫在你的旁邊。只要你對他的指北針有大概的印象，應該就能清楚看到價值不同的地方。他重視金錢，但你不重視；或者他重視生小孩，但你不重視；或者他總是讓狗睡在床上，但你不會；你重視討論問題並解決問題，但他重視獨處跟沒有你的時間；你重視健康，但他不重視；你重視準時，但他也不重視。

接下來，如果你知道他整體的心態或態度會被什麼東西驅動或激勵，把它加到圖中，作為指北針背椎線上的「方法」。假設不知道，就猜猜看。如果畫得像下圖一樣會更容易的話，就這樣畫吧。

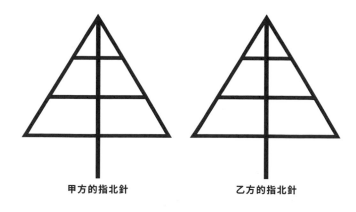

甲方的指北針　　　　　乙方的指北針

圖16.1　考慮對方指北針上的價值

三、接受價值有差異的事實

雖然我們的價值可以隨著時間改變，但這並不能保證永遠都能與衝突對象的相同。例如，父母雙方或許都重視培養成長型思維，但教育的手段還是會非常不同。天底下沒有兩個完全一樣的人，也沒有兩個相同的指北針。即使有很多價值重疊，當中必定也藏有非常細微的差別，你越早接受重要人際關係中必然存在的差異，就能過得越好。

四、找到並寫下共同的價值

接下來，畫兩個重疊的空白指北針，每張圖都代表了價值的層次。在重疊處會出現新的三角形，這就是你們的交集

點。[*]如圖16.2所示，這個重疊的部分是你們價值相同的地方，請在指北針上寫下你們一樣的價值。

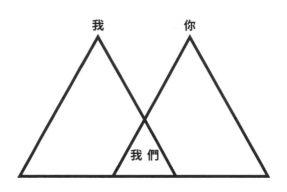

圖16.2　共同的指北針

這能幫你看到雙方的不同，也能發現相同之處，可以用來確定彼此間是否有足夠的交集來延續這段關係。[†]相同的價值越多並不等於有更好的關係。但，要是交集很少、甚至沒有交集，就代表你們的關係是不穩定的，雙方之間沒有什麼共同點能「黏住」這段關係。在較不重要的關係中，可以在沒有很多共同點或一致性的情況下維持，但重要關係就無法維持了。

如果你正處於重要人際關係中，對方勢必有些跟你相同的價值，不然你不會和對方建立關係。在你們都認同的價值中找到交集是非常重要的，因為遇到困難的時候，它能讓你們團結起來，在一個共同的理想、目標和方向中互相扶持。

舉例來說，兩個人一起做生意，從一開始就必須要有高度

重疊的價值，因為當風暴來臨的時候（總會發生的），共同的指北針會讓兩條船離不開彼此。在婚姻中如此，在團隊中也是如此。

五、一起尋找交集

這一步應該和你想要找到交集的人一起練習，如果你想單獨回答這些問題，就得知道在缺乏他人回饋的情形下，得出的結果將很有限。

拿一張新的紙，在上面畫出共同的指北針（圖16.2），記得畫大一點，才能留點空間回答以下問題，這些問題主要是在幫助你確定彼此有多少交集：

1・**為什麼**我們要建立關係？
2・我們在創造**什麼**？**什麼**能代表我們的關係？
3・我們的關係該往**哪裡**前進？
4・**如何**才能到達目的地？

---

* 長得就像兩個圈圈的文氏圖，只是形狀變成三角形而已！

† 在你感受得到內心時再做這個練習。為什麼？因為如果你目前處於中斷連結的狀態，壓力又很大，擔心害怕的動物將會現身來畫這張圖，它永遠都會畫出一幅差異多於相似、負面多於正面的圖。

這些問題能幫助你在關係的框架或目的上找到共同點，請你好好深思這些問題。即使是這種簡單的練習，雙方一起回答這四個問題，過程中也勢必會產生衝突，面臨棘手的挑戰，但這都不足以成為逃避的理由。請記住，合作本來就比獨自完成困難，所以請不要指望這個過程會很容易。沒有勇氣提出這類問題的伴侶和團隊，等於親手把責任交付給擔心害怕的動物。

你會發現，如果彼此有很多共同點，你們在討論過程中會很享受，共同寫下答案後也會特別開心。但要是你們沒有交集，可能會暴露出你遲遲不肯面對具挑戰的信念或負面經驗。練習一定要一起做，如果朋友或伴侶參與這個練習的態度消極，只是一味地附和你，就等於沒跟你一起面對問題，你就是允許他們逃避該負的責任，產生的惡果將會在往後的日子中反咬你們一口。

若彼此間的差異越大，你就越需要使用接下來的第六步來互相協商。假如很難找到共通點，回答不出來，你有兩個選擇：一、討論很難處理，但討論完會如釋重負的主題，以找尋共通點；二、持續努力找尋共通點，但如果對方不願意跟你協商，就**別再執著**這段關係了，跟不願意和你練習作答的人產生交集是不可能的，所以別浪費時間在對方身上了。

請記住，當在重要人際關係中發生衝突時，一定要先確定原因（如第十三章所述），可以用以上四個問題來檢視衝突是否來自價值差異，如果發現你們各方面都很合，那衝突就有可能來自其他方面。

六、看看你們的差異是否符合「三方」的需求

一旦回答了以上四個問題，雙方就可以一起審視價值的差異。假如這對對方有好處，對你卻沒有，那對**彼此**就不會有好處；如果只有你有好處，但對方沒有，那對**彼此**還是不會有好處。你、我、彼此三方都必須雨露均霑才行，你也必須了解對方的價值對你們**彼此**的好處，而他們得看到你的價值如何幫助**彼此**。

把你們的價值連連看，看看這些差異究竟要怎麼幫彼此成長，讓共享的指北針都能受益。想像用更多麻繩把你們的船綁在一起，或綁下更多的結。你必須認為彼此的差異，對於雙方的價值和關係中的共同價值都很珍貴。無論你做什麼，你必須清楚任一方的價值怎麼幫助彼此。要是你無法從中看到這些價值對於彼此好在哪裡，你就不會跟對方一起上船了。

朗達多年來不停抱怨戴夫沒有為關係「努力」。她想盡辦法讓他去接受治療、閱讀、聽有幫助的播客，但戴夫依然如故。他是個工作狂工程師，熱愛自己的工作，在一家好公司領有高薪，享受很多公司給的自由。但他的關係藍圖顯示人際關係對他沒有什麼好處，因為他小時候經常被父母丟下獨處。成長的過程中，他的父母總是怪罪他人，都不解決問題或衝突，只會擱置一旁。戴夫學到自己獨立工作，效率更好，

朗達成長的家庭環境充滿酗酒的家人，他們的關愛時有時無。只要媽媽喝得酩酊大醉，朗達就會感到焦慮、孤單，但當

她清醒後，大多都會去照顧朗達，朗達的四大關係需求也因而滿足了。由於母女倆的依附模式，她比戴夫更注重關係，自然而然，一旦戴夫壓力變大，他就會疏遠朗達（遠離）；換成朗達壓力變大的時候，她卻希望與戴夫有更多連結（拉近）。

這對伴侶在關係指北針中有兩項交集——孩子和旅行，但他們從來沒有回答過「為什麼、什麼、哪裡、如何」這四個問題。只要和孩子一起旅行，兩人的關係就沒有問題，但他們缺乏實質的方向，而且隨著孩子成長，他們在這四個問題上也陷入了僵局。十年來，任何一方都沒有挑起衝突，反倒是朗達在盡力改變戴夫。她覺得如果戴夫能更體貼一點，並坦然談論這些感受的話，就會比以往更快樂，而她也會獲得更多的情感和連結。

或許她的預測是正確的，但採取的方法一點用都沒有。戴夫不斷有被責罵的感覺，最後他乾脆不理人了，躲到車庫以做木工為樂，只有在他一人獨處於此時，才會感到輕鬆舒暢。然而，被丟下的朗達時常感到焦慮和沒安全感，雙方都不知道這是一個典型的依附型態，也是長期關係中相當常見的困境。

當他們向我求助的時候，朗達已經幾乎要放棄這段關係了，於是我先幫他們理解他們的依附模式（一人尋求，另一人逃避）是正常的，然後請他們看見對方的價值，讓他們知道對方的價值可以幫助他們獲得更多自己想要的。然後，我幫助他們學會**站在對方的價值上**溝通（見圖16.3）。

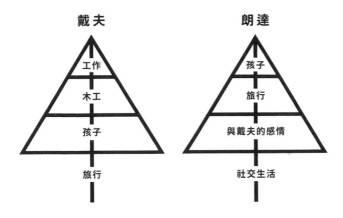

圖16.3　戴夫與朗達的關係指北針

　　朗達起初不太相信這麼做會有用，但還是決定試試看。結果不到一小時，我讓戴夫看到了朗達與他的連結和親密關係，以及社交生活的重要性，這些實際上都能幫助他加薪、更專注在工作上，並增加他在車庫裡享受樂趣的時光。我幫助朗達了解，她會得到比以往更多的情感連結，前提是讓戴夫先專注於工作。為什麼？因為這樣他就不會覺得必須再躲避朗達了。一旦焦慮和壓力減少，就會有更多空間來學習和她好好溝通。後來，戴夫總算了解到逃避溝通其實是在製造更多衝突，而這些衝突又在無形中連帶影響了自己的時間。換句話說，只要學會一些基本技巧，他其實會有更多時間來做自己喜歡的木工。最後，因為戴夫不那麼易怒了，當朗達想跟他交流的時候，他會變得很友善，也更有時間願意回應她的需求。他倆超興奮的！

以下是我要求戴夫和朗達做的練習：*

1・寫下二十種，對方的最高價值能幫助你用自己最高價
　值來生活的方式。
2・寫下二十種，對方的第二價值能幫助你用自己最高價
　值來生活的方式。
3・寫下二十種，對方的第三價值能幫助你用自己最高價
　值來生活的方式。
4・加分題：寫下二十個，如果對方的價值跟你完全相
　同，會產生的缺點。

　　在做這個簡單的練習時，你們其實正在把彼此的船「綁」
在一起，好讓它在暴風雨來臨時可以更加穩固。這個練習會讓
你打破一些幻想：你以為「應該」要和擁有相同價值的對象交
往，因為這樣的愛情「比較輕鬆」。記住，無論跟誰的船同
行，也無論你們的價值有多麼相似，挑戰永遠都會存在。
　　下一個我讓朗達和戴夫學習的課題是，如何站在對方的價
值上對話。例如，朗達本來說：「戴夫，我想和你有更多交
流，因為我需要這樣的感覺。」我要她換個方式說：「戴夫，
我想幫助你更專注在工作上，這樣你就會有更多時間做木工
了。我覺得如果彼此的狀況都改善了，情感上也會更加緊密，
你在工作上就能更得心應手，做木工時也會更加自在。我甚至
覺得，你在公司會成為更厲害的主管，因為有辦法處理更大的

衝突，團隊因而能完成更多工作，媽呀，你甚至會賺更多錢！」

我不要戴夫告訴朗達他需要獨處，而是讓他站在朗達的價值上對話，學習藉此獲得獨處的時光：「嘿朗達，如果我和你一起去散步、互相傾聽和交流內心的想法，你會支持我今天晚點花些時間專心做木工嗎？」

你或許不太需要利用對方的價值來跟他溝通，端看你們的關係藍圖為何，例如總是過度專注在對方身上的人，可能需要分享對方行為對自己產生的影響。如果你不太會表達自己的看法，你就是這種人了，該善用第十二章介紹的表達法，分享影響了。

捍衛你的價值

有件事你們必須知道：人們會捍衛自己的價值，是因為覺得自己的價值沒人理解或接受。一旦有人理解了，就會放鬆，並且更能接納差異。太多關係走向失敗就是因為沒經驗、沒彈性的人把不同的價值看成不合、天差地遠，因而直接下結論：「衝突永遠無解啦。」在這樣的情況下，大家通常都先支持自己，並妄想對方也支持自己所支持的。夥伴或友誼的重點不是死守自己的價值，拼命捍衛到頭破血流，然後忘記雙方之間，有個叫做關係的空間。

---

* 這份練習修改自迪馬提尼博士的版本。

在緬因州的背包旅行中，如果丹妮兒支持自己，為自己的價值發聲，對她來說會更好，但最終我們在教學理念上還是無法取得共識，除非我願意，也彈性地接納她的價值，並軟化我以自我為中心的方法。當初如果我們能從三大支柱的角度思考，並藉由衝突找到共同點，彼此的關係就會穩定發展，學生們看到的或許就是野外求生的最佳拍檔了。

解決任何差異的重點在於先利用傾聽法（LUFU——傾聽，直到對方感到被理解為止），然後應用第十二章的表達法（SHORE——言之以信，擔之以責，復之以情）。如果你卡關了，永遠都要記住用對方能理解的方式溝通。簡單來說，就是要透過對方的價值，**借力使力**來對話。

合作會使你變得脆弱、分享會使變得你脆弱、談判會使你變得脆弱、分享資源會使你變得脆弱、不那麼堅持信念也會使你變得脆弱，自顧自地做事簡單多了。人際關係卻遠遠比當獨行俠還要複雜許多，需要更多的關係技巧來達成。你需要成為更包容的人，以及結合彼此的同質性和異質性，才是讓關係更加堅強的不二法門，缺一不可。我和妻子的價值差異有時候是種折磨，但是化解差異的行動與過程，幫我們成為更棒的人、更棒的伴侶、更神的隊友。

我們都帶著不同的人生指北針，有時候差異天差地遠。差異本身不是問題，問題是因為我們缺乏理解、無法在這些差異中溝通而造成的。如果不明白這一點，你就會一直鬼打牆，不停要求伴侶成為其他人的樣子，搞得他覺得被指責、被批評，

沒有人愛他。這不就是成長過程中你的翻版嗎？你真的想要伴侶披上假我的外皮乖乖聽話嗎？還是學著擁抱差異，替他的真我喝采，讓你更有力量呢？這不正是你最終想要的，能展露真實自我、全然被接受的關係嗎？

行動步驟

1. 反思一下曾經因價值差異而產生的爭執。學了這麼多，請結合你所學，寫下你原本可以採取的做法。

2. 做好本章概述的六個步驟來調整價值觀，能跟與你有價值差異的人共同完成是最好的。如果他們沒空，可以先單獨做，然後找一個願意和你一起練習的朋友。你必須學會如何執行這些步驟，可以先在一段沒有那麼重要的關係中練習，感受一下在不同的價值中看見差異、維繫關係的氛圍。

3. 做我給戴夫和朗達的功課：用二十個好處和二十個壞處來拉近彼此的價值差異，並在建立三大支柱的時候練習運用對方的價值來溝通。請找個夥伴一起練習。

4. 與你的責任夥伴分享行動以上三個步驟（記住，這是本人際關係的書，要找人分享）。

第十七章

無法歸零怎麼辦

如果兒童需要極力避免痛苦與衝突的話，這個需求所
培養出的個性特質或是行事風格，長大後容易誘發某
些疾病。

——蓋博・馬特

　　請在腦海中想著你衝突表格中的主角，看到他的名字有什
麼感覺？好，請再看看他的臉。要是你跟這個人衝突還沒歸
零，那就要再加把勁了，沒錯吧？你要學會選擇跟願意使用本
書的方法來處理衝突的人，建立友情和關係（非常重要的共同
價值）。良好的感情或夥伴關係是需要兩個人都提升自己，並
作出對雙方都好的選擇，而不僅僅是其中一方而已。如果真的
想看見你的關係開花結果，三大支柱就會是個重要的準則。

　　你正在成為關係領導者，知道如何從生命中的受害者變為
作者，也知道明天、下週或下個月，你會再次跌入受害者情結
低谷。但現在不一樣了，你知道如何振作、修復衝突，以及如
何把衝突歸零了，在此你踏上了讓自己更有能力的旅程，為了
自己、痛苦、問題和衝突而學習，你也有動力去解決它們了。
就算對方不支持，你依然可以成為關係領導者。

如果對方不願意一起解決衝突怎麼辦？

　　如果對方不願意配合你一起解決衝突，那該怎麼辦？你可
能會為覺得心很累，人類超難搞的。我不知道你的情況，但對

我來說，促使我改變的主因是痛苦。或許是痛苦才讓你翻開這本書，你的痛苦正引導你找到有別以往的結果。但是，抗拒改變的人可能還不夠苦，因此沒有興趣讀這本書或配合你解決衝突。之前講過，在我遇到太太之前，我在每任女友面前都是抗拒改變的，我完全不想改變，一直苦到真的受不了，才準備好要改變。

試圖改變對方來歸零

在放棄不想妥協的人之前，讓我們再使出最後一招，試完最後一次，好讓我們百分之百確定對方根本沒有解決衝突的意願。假如你已經確定對方不會配合，本節可以快速看過就好，直接從本章中的「如果對方不願意改變」開始看。

嘗試改變對方是我發現一般人在試圖把衝突歸零，以及化解高難度對話時最常使用的策略。這種「由外而內」的方法合情合理，我們都會這樣做。你對跟你有衝突的人說過多少次這樣的話：「如果你能……事情就會簡單得多了。」

一般來說，要求某人改變**價值**或**本質**根本不是好辦法，尤其當他們不想建立三大支柱的時候，通常會造成反效果。如果他們真的因為你死纏爛打而改變，也不可能持續太久，因為他們是為了你改變，而不是為了自己改變。

那什麼時候才可以要求別人改變**行為**？當然可以提出這個要求，但別抱太高期待，提出的改變要對他們有意義才行。回

顧一下第十二章中的SHORE流程：言之以信，擔之以責，復之以情。其中第六步是提出改變行為的要求，你提出的改變必須對雙方都有幫助，才有資格要求。你邀請對方學習和成長，是因為體認到這樣的改變不只會讓感情、關係深化，而且不僅僅是對你或對他一個人有好處而已，而是對雙方都有益處。

在你窮途末路使出最後一招，要求他人改變之前——無論你嘗試哪種方法——注意以下重點：

樹立改變的榜樣：成為改變的榜樣。如果你想要某人可以成長，因為你覺得個人成長太棒了，那你就要活出很棒的樣子，才能激勵別人，然後他們可能就會受你感召而加入你成長的行列。

注意批判的態度：你會不會散發一種看不起人的優越感？還是希望從中立的角度，達到雙贏的目的？

理解要求：大多時候，要求對方改變，會讓對方覺得被放大檢視或批評。

審視你的怨恨：你是否已經到了怨恨對方的地步？如果是這樣，你希望對方改變的要求就會帶著怨恨的負能量和氛圍，對方不太可能會大方接受。

保持心胸開放：從開放的心態出發，願意放下要對方改變的執念。

考慮其他可能性：請想想最後這段感情會結束的可能性，你會回歸單身、自己一個人。靜下來好好想想：你是否願意失

去一切來追求你想要的東西？

　　思考出發點：你的出發點必須對你、對他、對**彼此**都有益處，而且你得能夠解釋你的出發點，讓對方看見改變的價值。如果這個價值對方看不到，而你又不能好好溝通的話，那也是白搭。

　　在友誼或夥伴關係中，大家平起平坐，沒有誰比較大，要求對方改變行為複雜困難多了。比如說，你和某個朋友發生衝突，可能就會更難掌握對話的主導權，也不好拿捏界線，不清楚哪些地方要達成意見一致，也不清楚對結果有什麼期待。相較之下，在一個階級明確的工作環境中，要求下屬改變行為相對簡單，因為在工作環境中，上級要求下屬是可以預期的。無論如何，要求人們改變都是件困難的事，而且往往會導致更多衝突。

　　潔西和派崔克在一起兩年後，派崔克要求她一起吃素。他批評潔西的飲食習慣，認為自己的比較好。潔西真的很喜歡派崔克，但沒有把自己的想法表達出來，所以就聽了派崔克的話，按照他的要求吃了將近一年的素。結果他們每次吵架，都會吵回食物的問題上（說穿了就是價值的拉扯）。

　　派崔克好傻好天真，以為如果改變了潔西的飲食習慣，他就會覺得自己獲得了頂級伴侶，彼此的關係也會變得更美好；相對地，潔西也天真地以為如果按照他的話去做，他們就會更親密、更有愛，進而得到她夢寐以求的感情。但久而久之，隨

著潔西對他緊閉心扉，性生活就減少了，某些地方怪怪的。一開始練習歸零的方法時，她覺得彼此只是不擅長解決衝突而已，但很快就意識到整件事情並沒有那麼單純——原來她犧牲了自我，只為換取被愛的機會。

潔西了解了內在衝突、衝突蔓延、價值和怨恨的觀念後，她開始說出真心話。想當然爾，雙方吵得更兇了，派崔克覺得這麼多爭吵，都是潔西害的，依然天真地相信如果潔西順從他的價值，感情就會更好更緊密。原來在他眼裡，一切都很美好，他沒有意識到，潔西為了配合他的生活方式，產生了許多無形的怨恨。

儘管我盡力教潔西如何利用派崔克的價值借力使力溝通，但他更執著純素食生活了，這只會讓他們更合不來而已。隨著潔西一次又一次地為自己挺身而出，雖然確實造成了外在衝突（還記得選項C嗎？），但她內心的衝突逐漸化解了。她漸漸不再背叛自己來感受愛與包容，在我的幫助下，她終於把派崔克給放生了。

這個例子有點極端，但一直都在日常中上演著。雖然派崔克完全有權要求潔西改變，但他的做法必然適得其反。記住，我們的確可以要求對方改變，不過有一個前提：改變必須要實際、合理、可行，才會對關係有更大的效益。

讓我們探討一下如何啟發、激勵人們改變，你也得注意這種方法的侷限，也要願意放生，如果對方真的不想配合，情絲該斷就斷。

期待

首先請審視你對對方的期待。你到底期待他們怎麼做？請老實寫下這樣的句子：

我期待 ＿＿＿＿＿＿（某人）＿＿＿＿＿＿（做某事）。

如果把寫著這句話的紙條傳給對方，他們會有什麼反應？是欣然接受還是產生防衛之心？我先前談到如何透過承認自己的期待來消除怨恨，因為很多時候期待是會產生怨恨的，把期望放在你在乎的人身上很危險。然而在現實生活中，我們的確會對自己和他人有所期待：我期待孩子做家事；期待太太努力解決她的情感障礙、地雷和問題；期待好友能回我文字和語音訊息；期待我的團隊努力工作，在截止日前完成任務。當然，我對自己也有一長串的期待，這些都是人際關係的一部分。

但是，如果你真的對對方有所期待，彼此都必須坦承自己的期待，了解彼此的期待為何。把你的期待說清楚、講明白，才能讓對方接受一些基本的期待。期待別人有個跟你一樣的指北針，又要他們按照你的價值而活是不對的，要求人們改變本質或最根本的思維方式也是不行的。

合理的要求

　　正如第十二章的SHORE流程中談到的，你可以要求某人改變。當然，他們可能會充耳不聞，但也有可能會接受。當你表達了自己的想法，並提出合理的要求時，對方還是有可能接受的，尤其當對方也有三大支柱的時候，便能更容易執行你的要求。

　　當你和對方一致認為特定行為適合你們的感情模式，提出改變行為的要求是最有效的，你們能因此更加合作無間，不需要強迫對方符合你的期待，這就是我們說要求必須得**合理**的原因，你的要求必須合理、可行、實際才行。

　　進入夥伴關係就表示你樂於接受各種合理的要求，因為你已經接受了這個世界不是繞著你轉、不能總是為所欲為的前提，這是伴侶關係、朋友關係，或團隊合作的職場關係。還記得你們把船綁在一塊嗎？那是一個選擇，你自己選的。你選擇了建立三大支柱，而不是只想到你自己，這代表了你願意把姿態放軟一點，懂得變通、成長，並適應同行的模式。然而，光知道這一點是不夠的，重要人際關係必須有個明確的前提，也就是合理的行為改變要求，需要讓對方欣然接受，並提前達成共識。

　　這裡有一份簡要的清單，列出了在要求別人改變行為時，該做和不該做的行為。記住，你的要求需要以四大關係需求為前提：讓對方感到安全、得到關注、被安撫、支持與挑戰，也

得接納人格和行為之間的差異。

你該做的：合理又實際的行為改變要求

針對行為改變，多數人能考慮接受以下的合理要求：

- 幫忙家事（洗衣服、接送家人、分擔工作等等）
- 為了讓事業上軌道，分擔經濟重擔
- 尋求外部幫助（教練、治療師、書籍）來解決關係中的挑戰
- 在合理時間內回訊息
- 留在關係內一起解決衝突
- 願意一同練習團隊合作
- 討論重要事項時，手機放旁邊
- 在親密、有挑戰、嚴肅的對話中保持眼神交流
- 在你身邊少嗑藥、少喝酒
- 遵守你的界線
- 尊重你拒絕的意願
- 願意建立共同的約定，特別是有關衝突的約定
- 滿足你的四大關係需求，正如你也會滿足他們的需求一樣

不該做的：要求大幅改變人格

對方可能會認為這些類型的要求不合理，而不合理的要求只會帶來更嚴重的衝突：

- 跟你過一樣的生活或重視你所重視的東西
- 練身材、減重或增重
- 在不實際或不可能的情況下,要求對方在經濟層面上付出
- 對個人成長和發展感興趣
- 對方不想生孩子但你依舊想要對方配合
- 一起買房子
- 合併銀行帳戶
- 戒掉他們沉迷的事情
- 相信你所相信的

　　這些不合理的要求,都是要別人改變他們的本質。可行的要求通常都是要求改變行為,做不到的要求,則是要他人改變他們的本質。**所有的要求都要針對行為,不針對人格。**(還記得第十二章中關於人格與行為的部分嗎?)這就是為什麼成長型思維對重要人際關係如此重要,擁有這種思維代表你願意像學生一樣,去學習、改變,特別是能讓關係(**也讓彼此**)變得更好。

　　如果你的情緒在衝突後緩和些了,請列一份合理要求清單,上面的要求必須是合理且可行的,否則不但會落空,還可能適得其反。多年前,我和太太的孩子年紀還小,因此我便要求我父母把家裡的電視關掉,不要在孩子面前談論暴力或容易造成心裡創傷的新聞。多年來,他們都很配合、尊重我的要

求，或許是因為他們覺得我的要求很合理。

無法讓步的需求

當你的要求落空時，要麼是因為你要求改變的方式，不然就是因為對方死不肯改，這時你就要清楚這改變的要求對你究竟有多重要。如果它的重要性非同小可，像是一夫一妻制的要求，因為你不能忍受開放式關係，那麼這個要求就是沒有商量空間的。我把這類型的要求稱為「無法讓步的需求」（nonnegotiable needs），因為你「需要」它來維持友情、合作關係或感情。

在衝突當下，為了再次擁有安全感，我們可能很難誠實面對自己的**需求**，因為我們的文化中，需求很多、很需要關愛的人會被認為是病態的，導致我們即使有需求也不敢承認。然而，就像成長中的孩子需要某些東西來得到安全感一樣，你也是有需求的。記住，我們是群居動物，為了讓神經系統避開威脅，我們會有所**需要**，我們擔心害怕的動物也是活在人際關係中的。

感到安全、得到關注、被安撫、支持和挑戰這四大關係需求，驅動了你的人身安全、內心安全感，以及做自己、表現自己和探索世界的自由。在重要人際關係中，這四大關係需求也許讓你覺得可有可無，但我認為，如果你想要擁有安全、強大、堅不可摧的重要人際關係，這些需求缺一不可。

當你想要歸零的時候，請先問自己這個問題，來確定你無法讓步的需求是什麼：

「在衝突當下或之後，如果要修復、重建關係的話，我需要的是什麼？」

感受一下以下的關係需求，看看是否有任何一個是你無法讓步的：

感到安全：我需要感到生理和情感上的安全。

得到關注：我需要隨著時間體會到被接受的感覺。我知道你有時會有所微詞、不接納我，但整體而言，你還是會持續努力包容我。

被安撫：我需要在難過之後有被安撫的感覺。我需要你和我一起修復關係，彼此才能再次感到身心舒暢。

做自己的支持和挑戰：我需要你同時支持和挑戰我，讓我成為我自己，如此一來我才能實話實說、做我自己。

這些說法符合你的心聲嗎？如果沒有，可以調整成適合你的樣子，講起來不會扭扭捏捏，好讓你能為了自己的需求挺身而出。

將計劃付諸實行

在你學習這些方法的同時，請在重要人際關係中用三大支柱的角度對話，並優先考量對方的感受。例如，我的妻子可能會提出這個合理的要求：「傑森，我知道你很忙，想趕快回去工作，但你也知道我喜歡在乾淨的廚房裡做飯，你願意幫忙把這些碗盤放進洗碗機或手洗乾淨嗎？」接著可能會補充說：「你願意想一個一勞永逸的方案嗎？我覺得這會對你、我和彼此的關係都有幫助。」

誠實問自己：「我的要求合理嗎，有考慮到這個人的本質嗎？」設法找出你的期待、要求，與無法讓步的需求之間的差異。我朋友羅曼要求他的事業合夥人史密斯一起參加關係輔導，來解決在規劃公司發展時產生的價值衝突。史密斯知道他們已經束手無策了，這時候尋求幫助是有意義的，所以來我這裡諮商，這就是合理的要求。

當我指導伴侶時，我都會鼓勵雙方把無法讓步的需求，用直白簡單的話語表達。我不會請他們列出落落長的期待和「要求」，這對多數人來說壓力太大了。相反，我請他們承認自己有四大關係需求，因為它們是關係穩固的基礎。沒錯，溝通需求的**方式**很重要，絕大多數的需求可以歸納為這四種：感到安全、得到關注、被安撫、支持和挑戰。我和妻子在婚姻中有這些需求，如果其中一方無法滿足，我們就不會和對方在一起。當我指導家長時，我告訴他們每天都得滿足孩子這些需求。

就如我不斷要求你們做的，請去了解你朋友的指北針，也就是他們的價值。他們最在乎的是什麼？要是對方看不到你的要求或需求對自己有什麼好處，就不會去改變了。

如果對方不願意改變

好吧，假設最後這招還是沒用，你已經提出了合理要求，或表明無法讓步的需求，但對方依舊不願意配合你。這時候就可以催下去，加強溝通力道，把話都說開，不然就是自己想辦法解決衝突。有時候我們選擇放手，有時候是對方轉身離開。

結束關係

有時候，無論我們再怎麼努力都無法與某人歸零，也許對方沒有學會這本書中的方法，或者他們根本不想妥協讓步。一生之中，人們來來去去，重要的是你得記住：我們是可以把關係結束掉的，要是真的不能歸零，無論背後原因是什麼都好，該走就走。但如果你選擇結束關係，可別忘了大多數的心理學家、諮商師和教練都認同的一點：無論你對這個人有什麼未解的恩怨，都有可能跟著你到下一段關係去。因此我們更有理由自己解決問題，待會解釋。

所以，你可能需要從這段關係中暫時離開，或乾脆一刀兩斷。有些時候，結束一段關係特別令人難受，端看我們是怎麼

分、怎麼離開。

暫時分手或「不聯絡」的這段時間，可以讓人好好沉澱自己。例如情侶分手後，如果彼此一段時間都不聯繫，真的可以幫助他們療傷，繼續往前走，這都要看是**怎麼**分的。如果你選擇要走這條路，請給對方一些尊重，告訴他們暫停關係背後的原因和時間長短：

> 嘿，我知道你想保持聯絡，但這對現在的我來說太痛苦了，之後或許我會跟你聯絡，但現在先不要。我要你尊重這個請求，不要打電話、寄郵件或傳簡訊給我，如果你找我，我也不會回你。我也會暫時在臉書跟其他社群網站解除跟你的好友關係，我不是不尊重你，而是想尊重我自己，請你諒解這是我現在必須做的事。三個月後我會再寄一封郵件給你，祝你一切順利，謝謝。

聽起來很無情，還是很貼心呢？請注意你在訊息中提出界線後的應對，這是你能向對方說出的，最尊重也最體貼的話了，因為這樣的訊息清楚明白，直接了當，針對你無法讓步的需求說明情境框架，表明你的合理要求以及時間長短。如果你習慣照顧別人，不為自己挺身而出，也不重視自己，就會認為這種類型的界線，給人的觀感很不好也不友善。但仔細看看，你很可能還沒有準備好拿出真我的那一面，也還沒準備好在當

前與對方的衝突中承認自己的需求。

對成長型心態的人來說，關係結束，和結束後的過渡期是生命的一部分。觀察孩子們從某個年級升到另一個年級、從某所學校換到另一所學校就能略知一二，孩子們一直在告訴我們怎麼在成長的過程中放手。如果你持續成長，就會超越身邊的朋友和夥伴；如果你不成長，就等著別人超越你了，但這無關誰比誰好。人際關係究竟是繼續還是結束，全取決於人們不斷變化的價值，以及我們是否尋求方法來調整我們的核心價值，並學習怎麼化解衝突。有時我們的價值彼此相異到漸行漸遠，也沒關係，因為人際關係都是這樣來來去去的。

如何自行努力解決衝突

如果你屬於被分手、被迫放棄關係的人（有時被稱為「疏遠」），離開關係後依舊覺得難過或受傷怎麼辦？或者你衝突表格中的主角已經過世、失聯、不肯跟你談了，又該怎麼辦？斷絕關係可說是世上最痛苦的決定之一，通常我們都會在別無選擇的時候把關係切斷。*雖然我們可能不懂為什麼對方會因為我們的價值而離開我們，但要是我們真了解這個人，大多時候都能從他們的本質、他們正在經歷的一切，以及擁有的價值，發現他們選擇離開是合理的。

上述的情況會讓我們感到絕望和無力，如果巨大的衝突還沒解決，但對方已經離開或過世了，我能理解，這種感覺會有

多痛苦。雖然這些情況十分難熬，但也可以是個轉機。

多年前，一個好友對我發飆，接著突然就跟我絕交了，我完全不知所措。幾個月過去了，他不回我的電話、訊息或電子郵件。我最後決定不再嘗試重建關係，數年來都沒再想起這件事。我好像經歷了精神科醫生伊麗莎白‧庫伯勒─羅斯（Elis-abeth Kübler-Ross）著名的「悲傷五階段」──否認、憤怒、討價還價、沮喪和接受。[†]不僅如此，阻止重建關係的十大障礙（如第十四章所述），我差不多都做了，一點用處也沒有。當他偶爾突然出現在腦海中的時候，我的心跳還會變快。[‡]我仍然覺得很受傷，把他罵得一無是處，還癡心妄想情況會有所不同。

為了讓自己接受（acceptance）當下的現狀（這與認命（resignation）不同，接受在下一節會有更詳盡的解釋），我

---

[*] 想進一步參考切斷關係的文章，我推薦卡爾‧皮勒莫（Karl Pillemer）的《斷層線》（Fault Lines）一書，他在書中探討切斷關係是多麼令人壓力山大又痛徹心扉，也探討了如何進一步跟彼此和解。

[†] 有些人批評庫伯勒─羅斯的悲傷階段，但我很喜歡。這些階段很符合我被迫絕交的經驗，也就是對方不願意解決彼此衝突的時候。

[‡] 你知道這種感覺對吧？我們擔心害怕的動物可以只靠著回想幾年前或幾十年前的事情而受到刺激，很驚人吧！各位，這代表了你沒歸零啊。

練習了從迪馬提尼博士那裡學到的認知訓練，我把他的方法稱為「180」，因為你強行讓自己來個一百八十度大轉變，從另一個觀點來看待痛苦的經歷。還記得從受害者轉變為作者的過程中，將受害者三角翻轉為作者三角嗎？同樣地，在這裡我們轉了一百八十度的彎，學習看見更多可能性。這也是我最後接受父母本質所做的練習，我選擇看見他們的付出是如何成就今日的我，如果不是因為他們完全照自己的方式付出，我就不會遇到我的妻子，也不會寫這本書了，我由衷地感激他們。「180」幫助你把痛苦的情況或遭遇「扭轉」為治癒、勝利和賦能的機會。

　　我把「180」用在我朋友的案例後，開始看到他跟我絕交的好處了，以及我失去他之後得到的好處。我曾幻想友誼會長存，一輩子都不會失去這個朋友，但自此之後我開始檢視幻想所帶來的壞處。相信我，我不愛這個練習，但還是硬著頭皮寫出了大約五十個好處和壞處，花了好幾個星期才寫完，因為有時候很難從另一個角度看待這件事。但是當我把這些好壞全都列出來後，彷彿打開了新世界的大門，到達一個能真心接受這種情況的境界，不是認命，而是真正的接受。隨著我的心開始癒合、變得輕鬆，我發現自己有時對他來說就是個爛人，而且做人處事的方式也挑戰了他的價值和生活模式，我開始可以同理他的立場和觀點了。在這之後不久，我打了電話給他，承擔自己在關係中的責任，我讓他知道我別無所求，不需要他有任何改變，只是想承認我在相處中犯下的錯而已。他很感謝

我，我們聊得很愉快，最後雙方都放下了。除非我看到絕交的好處，否則我永遠不可能這麼做。從那時開始，我引導了無數個案完成類似的過程。

如果你發現自己有錯在先，對方不願意跟你把話說開，或者早就跟你絕交，就只能獨自解決問題了。我知道這可能會讓你遍體鱗傷，尤其當衝突發生於家人之間的話，但是你要不就是認命，坐在受害者情結低谷中，什麼事都不做；要不就承擔責任，成為生活的作者，一步步爬到山頂上。這真的辦得到嗎？大多數情況下是肯定的。根據我的經驗，與另一個有意願的人合力解決衝突當然會更快，但人生不會總是如你所願，不會永遠都有願意合作歸零的夥伴出現，因此重要的是把基礎學好，即便對方不在身邊也能化解衝突。否則可能幾年下來你還是只會一直卡在那邊，妄想會有不一樣的結果。

接受

一旦我們接受對方永遠不會跟你協商、他也不會改變的事實，唯一能做的就是自己掌握解決衝突與療傷的節奏，療癒程度完全由你自己決定。這過程可能會很困難，但會給你強大的力量。如果我們認為除了自己，沒有人能把我們拉出受害者情結低谷，那只會剩下一個選擇——對我們的處境負上全責。必須在沒有對方的幫助下爬出、走出這個衝突。但是，這該怎麼做呢？

木已成舟，然後呢？

　　首先，你必須得認知到這個事實：不管發生什麼衝突，事情都已經發生了，也無可挽回了，它就是發生了，所以不要浪費時間去當事後諸葛。我把事後諸葛、千金難買早知道那些行為稱為「幻想」，一種認為我們可以回到過去改變事實的神奇想法，這種幻想會為我們自己製造更多的痛苦。

　　我認為接受對方不會改變的事實之後，好處一定會出現。事實上，生活中每一次痛苦經驗都是有好處的。當然絕大多數情況下，一開始我總是聚焦壞的一面，遲遲走不出來，但如果有好的一面呢？如果失敗的關係中有一些好的、有幫助的結果出現了呢？如果沒有他們，你的人生其實會更棒吧？如果他們帶來的痛苦讓你變得更強大，強到可以離開有害的關係呢？如果傷害最終讓你懂得負起責任，並聘請心理諮商師或教練來得到更多幫助、學習和成長呢？

　　舉例來說，我在成長過程中遇到所有痛苦的、傷痛的人際關係挑戰，讓我發現我的使命是幫助所有人把關係處理得更好。我想創造一個世界，在這裡父母、老師和教練都明白我在本書中陳述的概念，用細膩敏銳、同頻的方式養育孩子。我想為未來世代提供知識與方法，讓他們少欺負人、多去愛人，並成功解決衝突。若不是因為小時候那些失敗的關係，以及之後帶來的痛苦和考驗，我不可能站在這裡。看看你自己的童年吧，或者想想當初翻開這本書時的初衷，你很可能是因為一些

人際關係帶來的痛苦而閱讀這本書，沒錯吧？那是不是可以說它們也正在幫助你學習如何處理衝突呢？這不是一件好事嗎？你能看到過去的痛苦和無力，或許實際上正在賦予你更強大的力量嗎？

我們不能改變過去，但我們絕對可以改變看待過去的方式，重要的是，你現在、此時此刻如何看待它，請仔細思考這個問題：「事情已經發生了，在不靠任何人的幫助下，我應該怎麼做來化解痛苦、怨恨或地雷呢？」或者：「事情已經發生了，我應該怎麼靠自己的本事歸零呢？」

掌握自己的方向盤

這種賦能的態度能幫助我快速來到前座、抓住方向盤，並開始學習，把療傷和成長掌握在自己手中，但這種方法並不是我想出來的。歷史上無數暴力、壓迫和衝突的受害者都起身反抗過，他們都已教我們要怎麼做了。當我們迷失方向時，可以想想那些勵志的名人，如哈莉特・塔布曼（Harriet Tubman），她從充滿惡意與暴力的環境中擺脫了奴隸身分，然後繼續利用「地下鐵路」（the Underground Railroad）組織來幫助其他數百名奴隸獲得自由；還有馬拉拉・尤沙夫賽（Malala Yousafzai），她為巴基斯坦女性的教育權利而奮鬥（她們通常都不准上學），恐怖分子還曾經想要阻止她而朝她頭部開槍，但即使是這樣的痛苦她也都克服了；還有米斯蒂・科普蘭（Misty Copeland），她克服了許多童年時的考驗，成為美國芭蕾舞劇院成立七十五年來第一位非裔首席舞蹈家。

即使你對於現在的處境感到束手無策，我依然建議你為了維持內心的尊嚴與尊重而奮鬥，這是你的功課，跟對方無關。請在你要奮鬥的目標上站穩腳步，或許這是自己的理智或內心的聲音。如果對方不願意跟你把話說開，你還是想要去處理這份痛苦，最大的原因是什麼呢？你真的想繼續浪費力氣試圖改變他們，或妄想結果能有所不同嗎？

你要採取什麼行動呢？你會怎麼做來擺脫怪罪的枷鎖，並放棄對方會改變的幻想呢？我提供一個相當有效的練習給你——我的導師教我的「180」法。以下有一些額外的問題方便讓你著手進行。

衝突或未解的衝突帶來的好處 —— 你能學到什麼？

- 這場衝突讓你學到的五件事是什麼？
- 你已擁有或正在培養的五種能力是什麼？
- 列出因為這個人以及衝突而衍生的五個優點。
- 列出五件你在衝突中花時間、精力以及金錢所做的正向行為。
- 列舉三個當對方挑戰你時，你會尋求幫助的人，這三個人是如何讓你變得更好的？
- 列出這場衝突對你人生目標或方向帶來的三種影響。
- 在這場衝突後你培養出什麼超能力了？

想像一下，假如衝突沒有發生，你們的關係仍然很不錯，這種幻想的缺點是：

- 如果這場衝突或決裂沒有發生的話，你會錯過什麼學習機會？
- 你會錯過哪些能力的發展？
- 你會錯過強化哪些優點的機會？
- 你會把時間、精力和金錢花在哪裡？
- 如果這場衝突沒有發生，你可能不會遇到誰，或不會與誰加深關係？
- 如果衝突或決裂沒有發生，你的生涯、職業或目標會受到什麼影響？
- 如果沒有這場衝突，你會錯過或無法發展哪種超能力？

你的責任是找出痛苦的意義。這段關係的終點會教你什麼？會怎麼幫助你成長？但請注意你在閱讀以上問題時是不是提高了戒心、說出「沒有好處」之類的話。當我在內心、在其他人的關係中，或為了某件人生大事掙扎時，就會用以上的問題自問自答，藉此重振旗鼓，因為我不喜歡困在受害者情結低谷中，這些問題幫助我向上也向外發展。

花錢請外部幫助

我已經輔導過無數伴侶、家庭成員和企業家走完歸零的過

程，也參與了很多輔導來釐清自己的思緒。事實上，我和妻子
的關係能出現轉機，都是因為與某位厲害的伴侶諮商師面談過
好幾次。與一個能夠客觀檢視衝突的第三者會面，確實能讓自
己的狀況好轉。理想狀態下，你聘請的專業人士能幫你真正歸
零，但要注意那些已成定局的事情，如果你已經半成功地逃避
問題很多年了，不要指望任何執業心理師或協助者能施展魔法
來解決衝突。如果你有很多未說出口和未解決的怨恨、衝突，
那麼想要完全歸零仍需要一段時間。再者，任何諮商師、教練
或協助者都幫不了一個不願意化解衝突的人，要化解衝突，各
方的意願缺一不可。

　　無論你在關係生活中受到什麼傷害，都會成為通往自由的
道路。每每困在衝突中時，突破點就在衝突的另一端等著你。
痛苦的、受傷的、被困住的地方正正就是成長的機會，克服任
何困難的方法其實就是直搗問題的核心。

行動步驟

1. 你是否在積極嘗試改變某人？也許是你衝突表格中的
   主角？如果是這樣，請承認這就是你正在做的事情，
   坦然面對，重讀第十三章和第十四章以找到一種新的
   溝通方式，然後進入行動步驟2。

2. 合理的要求（想要）與需要：你對對方的要求是什
   麼？需求務必要合理，如果它是個必備條件、無法讓

步的需求，以及無法通融的原則，那就把它當作一個
需求，也承認這就是你必需的。但是，除非你願意在
對方拒絕配合的情況下與對方一刀兩斷，否則請不要
去妥協你無法讓步的需求。

3・回想與衝突有關的四大關係需求（感到安全、得到關
注、被安撫、支持與挑戰）。你是否**需要**當中的任何
一種？承認這種需求的感覺如何？你是否願意運用這
些需求來看待對方，也用對方可以接受的方式給予這
些需求？

4・寫下你從這一章中獲得的重點，與一位好友分享，儘
量不要隱藏。請在接下來的二十四小時內完成。

結語

聽到，或是再次聽到這個，你應該不會太意外：生命中有許多因素，左右著人們是否能過上最幸福的人生，當中，相互扶持的人際關係是第一名。

——丹・席格博士

　　此時此刻你已經懂了，問題不在衝突。你現在也知道必須不斷回頭重建關係、重修舊好，持續不斷地修復，彷彿身心健康都要靠它一樣。嗯哼，確實是如此啊！衝突中的混亂與不確定會顯露出你的本性，我的本性也是這樣露出來的。雖然難受，但這是件好事，代表我們可以把假我融入真我之中。此外，衝突邀請我們、鼓勵我們、鞭策我們做回自己（真實的自我表達），要我們覺察在做自己的同時，是不是也能夠擁有良好的重要人際關係。假如我們重視良好的人際關係，也將衝突修復循環視為人生的一部分，願意一輩子與之為伍，且用同在、尊重和溫柔的態度實踐它，我們將獲得強大、安心又滿足的重要人際關係。

　　在我和太太第一次起嚴重的衝突之前，我已經向她敞開了心扉，比任何人都還要多，但沒多久又冷淡地關上心門了。她不懂我為何要這樣，我也不知道，但那種感覺非常熟悉，就像暖被一樣，多年來一直讓我躲在裡面。我不喜歡這種感覺，但就是很熟悉。我能感覺到持續躲藏與再次逃跑的拉扯，不知道為什麼，躲起來似乎容易多了，但一想到這樣，我就決定不再閃躲了，而是掀開被子，甘願冒著沒有退路的風險勇往直前。

即使我不清楚自己怎麼了，也不知道下一步該怎麼做，仍然下定決心與她「維持關係」，不再當個感情的逃兵。

短短幾個小時內，我們和好了，我有了全新的體會。那天，我選擇留下、選擇解決這個問題。儘管我很害怕，也不知道自己在做什麼，我還是選擇回頭並重修舊好。那天我拖著猶豫的步伐，選擇了一條新的道路、踏入全新的領域、迎接全新的自己，結果我得到什麼？得到了絕佳的伴侶關係，彼此一起學習如何化解衝突，同時又能忠於自我。最終我們的關係成為庇護所、一座發射台、一個家。

在本書中，你一直在學習如何成為關係領導者。如果還記得，這個過程有四個步驟：

1・承認你已束手無策，需要求救。
2・為你想要的結果負起個人責任。
3・學習、成長和提升。
4・接納並參與衝突。

如果你已經走到這一步，還完成了每一章結尾的行動步驟，你不僅正走在成為關係領導者的路上，也正走向超級充實滿足的重要人際關係，在這之中你可以忠於自我，同時也能有所收穫。

讀完這本書後，你已經離開了原本的路徑，步入全新的領域了。或許這裡看起來既可怕又陌生，但你還是要繼續前進、

不斷探索。相關指引都已經在這裡供你參考了，我已經帶你到了海岸邊，現在，你必須揚起船帆，冒險去尋找以前可能沒有經歷過的關係，那些更好的、深遠的、有意義，也擅於執行衝突修復循環的關係。你的船現在已經裝備齊全，即使擔心害怕的動物在身邊，你也有技巧與能力來應付了。你知道如何從受害者變成作者，也可以維持三大支柱了。即使船身會因為你的誠實而左搖右晃，你還是會選擇誠實的。

　　在這本書中，你有我的支持（和挑戰），將來一定會成為關係領導者。看那遠方的地平線，一場風暴正在不遠的將來醞釀，莫驚莫害怕，你就是要一路殺進風暴中心。我很期待你穿越風暴，見到彼岸的風景，你一定辦得到。

最後的行動步驟

　　進入當下，感受這一刻，現在就讓你的身心就定位。聽好了，在你讀下一句話之前，先做幾次深呼吸，覺察一下擁有更多能力面對衝突的感受為何，用全身去感受這個感覺。請用一個詞彙或一個句子來大聲描述你所覺察到的感受：「我感到＿＿＿＿＿＿＿＿＿＿。」按照慣例，請與一位朋友分享吧。

謝辭

　　那次在全食超市停車場吵到分手後，我的生活竟開始好轉了。那天，我選擇開始學習人際關係的重要性，之後的每一天，我向人們學習如何改善生活，特別是感情生活。多年來，甚至到今天為止，我都不斷學習著。對我來說，效果最好的方式是把學到的內容傳授給別人，如此一來，我是學生的同時也是個老師。我喜歡將學到的知識綜合起來，透過關聯圖與圖像來教大家怎麼把關係處理得更好。站在巨人的肩膀上，並向導師學習，如此一來我也才能教導其他人。以下是我想感謝的人，他們幫助我學習，對我產生了莫大的影響，也才會有這本書的誕生。

　　首先，我要感謝我超棒的太太愛倫・波德，你是個了不起的人、不可多得的朋友、深情的愛人、偉大的妻子和孩子的媽。如果我們沒有彼此，以及無數花在依附科學、創傷、育兒、關係心理學和人類行為研究的時間，這本書以及裡面所有的方法、概念和實踐都不可能會誕生。此外，我也很敬佩你用恩威並施的方式來愛我們的孩子。你對他們的牽掛和關懷，使我能在更深的層面上幫助他人，包括騰出時間和空間來寫這本書。謝謝你和我一起大聲校對每一頁，並事先提供語氣、方向和舉例的重要回饋。沒有你，我是寫不出這本書的。很難用三言兩語表達對你的感激，我愛你。

　　我要感謝我的兒子盧西恩，感謝你鼓舞人心及對於生活無

與倫比的熱情。當你來到這個世界上時，你為我指明了方向，讓我的人生目標變得非常明確。

我要感謝我的女兒妮娃，感謝你的優雅沉靜、細心敏銳和大度幽默。你像水一樣，讓我軟化，磨掉我的邊邊角角，讓我處事更圓融。

接下來，我要感謝我的父母，你們以自己的方式撫養我，你們所做的一切都很了不起，給了我無盡的支持（和挑戰），讓我找到了生活的方向。你們提供大量的資源，讓我能夠踏上旅程，找到自己。當我們之間的關係變得緊張時，你們大可跟我中斷來往、不再跟我說話，結果你們依然愛我，並繼續留在我的生命中，我打從心底感謝你們。

我要感謝我的姐姐特蕾絲，記住了我已經不記得的童年，包括那次弟弟格雷格和我在屋裡搶彈弓玩的時候。另外，還要感謝我的弟弟格雷格，總是開開心心的，就像我身處大自然時那般的快樂。我愛你們。

感謝我的第一位經紀人妮娜・馬多尼亞・歐許曼，感謝你辛苦指導我、鼓勵我、推動我的出書歷程。即使你給我的第一輪回饋簡直把我氣到腦中風，但這些建議卻無比中肯。謝謝你讓我與勞倫・馬里諾和阿歇特出版社（Hanchette）搭上線。也謝謝你把我轉介給珍・米勒。我想對現在的經紀人珍說，很欣賞你在這個領域中豐富的經驗，更感謝你打從一開始就對我有信心。

感謝我的編輯勞倫・馬里諾，你張開雙臂歡迎我與阿歇

特出版社合作，並挑戰我，讓我把自己想傳達的概念組織得更完善。你的回饋很有建設性，讓這本書變得更棒了，謝謝你的鞭策，因為你的回饋，讓我成為更好的作者。也感謝整個阿歇特團隊，包括麥克·巴爾和我的公關勞倫·羅森朵。

感謝我的編輯群：感謝珍幫我把我的提案修得很好；感謝安德莉亞·維恩利幫我潤飾初稿，你超棒，特別是教了我一些從來沒有學過的文法知識！謝謝你；還要感謝貝茲·索普在關鍵時刻幫我二校，以及為所有的工作來往四處奔波，也感謝你激發了我重組內容結構的實力，幫我把意境表達得更清楚。你們超強！

感謝凱西·斯坦頓協調與哈維爾·亨德里克斯和海倫·亨特的網路會議，由於這次研討會，我認識了行銷專員羅伯，他把我介紹給經紀人妮娜。因為那次引薦，才讓我有辦法一路走到這裡，謝謝你，夥伴，整個過程都超不可思議的。

致我的朋友們，我要感謝我的死黨基思·庫蘭德、威爾·范德維爾和魯文·巴卡爾，感謝你們對我形影不離，在過去十八年裡愛著我，陪我度過生命中最光明和最黑暗的時刻，能跟你們當好兄弟是我的榮幸。

感謝我的朋友麗莎·狄翁，在你的幫助下，那些煩死我的人引發的情緒波動都消失得無影無蹤，感謝你成為我人生精神旅程中的夥伴。

感謝里克·斯奈德，在我寫書的過程中給了我一些很好的建議，也感謝你在我成長道路上的友誼。

感謝克莉絲塔・范德維爾向我介紹洛依德・費克特以及他的書！

感謝凱莉・諾塔羅斯，你的指導、建議、幽默和經驗大大地幫我走完出版流程，你超棒的。

感謝塔米・西蒙在寫書初期貢獻給我的智慧和時間。

我想感謝我在人際學校的核心團隊：蕾貝卡、艾許莉、珍妮弗、安娜、薇琪、布蘭登。你們面對我難以捉摸、煩躁、神經質的個性，始終支持我，你們超棒。還有安娜・諾瓦羅和馬丁，你們幫我完成了一些圖表，也幫我把內容組織的細節處理好，謝謝你們。

謝謝人際學校的學生和教練，你們不斷投入時間、金錢和精力，參加我創立的，世界上最深入、最全面的關係培訓系統：親密關係深層心理學（Deep Psychology of Intimate Relationships，DPIR）和關係教練培訓計劃（Relationship Coach Training Program，RCT）。網路會議、影片、Zoom會議和工作簡報不知道開了幾百次，真的是累死了。你們都在幫助我提高教學水準，每一個人都對這本書作出了貢獻，在此獻上最高的敬意。

感謝我所有的客戶，允許我進入自己生活中最親密的一面。因為你們願意面對生活中的衝突並尋求幫助，我才能夠學習和精進，並用更有效的方法來幫助你們和其他人化解衝突。你們願意面對自己的挑戰，就是在幫助這本書的讀者。只要你們願意尋求幫助、也願意學習和精進，就是在幫助數十萬的人

化解衝突。

我還想感謝我所有的播客來賓和社交平台上的粉絲,感謝你們的熱情按讚、分享與評論。還要感謝人際學校的臉書社團,你們都超讚的,參與度很高,棒得不得了!你們所有人社群網站的動態給了我許多靈感,幫助我強化衝突歸零的模式和方法。

感謝讓我學習心理學的納羅帕大學(Naropa University)。這是一個非常特別的地方,讓我終於正視並處理自己內在的問題。感謝我所有「超個人心理諮商學程」的同學和開明又才華洋溢的老師們,謝謝你們。

我要感謝博爾德心理健康中心的簡‧布萊恩特和查克‧利特曼,他們給了我在研究所課程中所沒學到的精神疾病實踐經驗,讓我親身了解狂躁症、憂鬱症、思覺失調以及無數人們每天面臨的其他精神疾病。

感謝我學習初期的完形心理學老師,包括杜恩‧莫納、杜伊‧費里曼、維多利亞‧史托利。你們三位讓我的學習在GIR的枕頭和椅子、眼淚和笑聲中有更進一步的成長。還有其他的心理學老師,特別是布魯斯‧提夫特,你戳破了我的夢幻泡泡,讓我不再以為找到合適的人就可以擺脫痛苦和衝突。你還提醒我,不管多麼難受,我仍將一輩子與衝突為伍。

還要感謝問題青年野外治療課程的老闆戴夫‧文蒂米利亞,你直接教我如何處理家庭系統內的衝突。還要感謝「第二自然」的派崔克‧羅根,你幫助我與整天氣噗噗的青少年打交

道。

我要感謝我的冥想老師雷吉‧雷，你教我如何與自己的經驗共處，尤其是最不安和痛苦的部分。感謝你教我一項一輩子受用的技能——如何回到自己的身體和內心，並永遠記得我最深的體驗是完全沒有問題的。僅僅藉由觀察你，就教會了我如何教學，讓我在許多層面上進步。你向我展示了我與其他冥想夥伴的一切，至今仍深表感激。

感謝我的創傷導師朱莉‧格林、帕特‧奧格登、凱庫尼‧明頓和彼得‧萊文，我從你們所有人那裡學到了很多有效處理創傷的方法，謝謝你們。

感謝我的第一位完形心理治療師道恩‧拉森，謝謝你幫助我窺探自己的內心和情感世界。你大大影響了我，特別是我在被子下向你伸手的那場實驗。那三年的治療幫助我打開了一生中被封閉的情感、痛苦和快樂，謝謝你。

非常感謝大衛‧凱茨幫助我度過了中年危機，讓我更信任自己的身體。你超強的，在我分崩離析的時候接住了我，也教我如何更深入地相信生命的進程。

在過去的幾年裡，我對科學和更微觀的人際關係產生了濃厚的興趣，包括人際神經生物學、大腦和複雜的神經系統。

感謝丹‧席格博士，感謝你寶貴的時間，感謝你以依附科學先驅的身分幫助我看到大腦與人際的關聯，也看到發展模式是個與人際關係緊緊相依的過程。

感謝史蒂芬‧波奇斯抽空幫我了解自己的社交參與系統，

讓我知道在威脅下如何行動，以及迷走神經運作的方式。

感謝邦妮‧巴德諾克幫我把創傷和大腦理解得更透徹，你的指導幫助我理解大腦和創傷。

感謝蓋博‧馬特的善意，感謝你回覆我的信件，也教會我了解生存和發展的核心需求，你在依戀、關係和成癮上建立的架構改變了我的生活。你勇敢挑戰西方醫學的限制，親自示範了如何成為一個更好的領導者，謝謝你。

感謝約翰‧迪馬提尼博士，你打破了我對心理學的想像，給了我一個清楚、以科學為本的方法來解決怨恨，且不需要對方的參與。你是第一個以我能理解的方式整合科學、量子物理學和靈性的人，宇宙因此變得神奇，也令人嚮往。非常感謝你為世界所作的貢獻，我仍然每天都在從中學習著。

感謝史丹‧塔特金提供了科學的方法來驗證我在伴侶關係中的敏銳度，更重要的是提供了如何應對伴侶關係的方法。你還教會我一起解決衝突比單獨解決更有效。多年來，你教會我太太人生的方向，使我們的婚姻有了很大的改善。老兄，謝謝，你的幫助真的非常大！

最後，我想感謝我一生中無數次的困難交流，包含未解決的衝突、創傷，甚至是討厭我的人，這些痛苦都成為了讓這本書更臻完美的養分。

附錄

更多資源

如果你想探索更多的方法、可供下載的 PDF、對話範例、引導式冥想，甚至找到一個練習夥伴，請到：http://gettingtozerobook.com。以下是「歸零」官網的內容預覽，讓你能繼續執行歸零練習。

衝突歸零檢核表

因為你在後座的時候會稍微忘記歸零的流程，所以我建立了一個簡要的檢核表，你可以把它貼在冰箱上，幫助你記住第一、第二、第三步等該怎麼做。

情緒被刺激了嗎？試試這個簡短的過程，請在這裡下載這份一頁的檔案：〈停下、放下、感受、面對、坦白〉。此外，**要善於與你的經驗共處**，請下載免費的 NESTR 冥想檔案，我會引導你度過情緒波動的時刻（四大造成關係中斷的應對，各一個）。如果你不知道如何與地雷相處，就會更難以把衝突歸零了。

如果小時候沒有人幫助你感受自己的情緒，現在該是學習的時候了。有時候，當你被另一個人的行為傷害，可能就會讓你想起小時候有過的感受。**下載「受傷的孩子」冥想**，探索這部分的自己。

努力成為更好的傾聽者，尤其在壓力下更要如此。下載 LUFU 小抄和對話範例，只要你願意努力，光是這個技巧就能改變你一輩子的人際關係。

努力成為更懂得說話的人。下載 SHORE 小抄和對話範例，SHORE 流程能增加被理解的機會。

需要有人親自幫你把衝突歸零嗎？聘請一位歸零守則關係教練，他們精通本書所提供的教材，知道如何把衝突歸零，我們在世界各地都有教練。

覺得隻身一人太孤單，想要多點人一起幫你嗎？一起與其他可能也在讀這本書的人加入我的免費練習社群吧。

喜歡透過音檔學習嗎？如果你還沒購買有聲書，趕快來買，並訂閱我的播客「The Relationship School」，它可以在所有主流播客平台上找到。我們有數百集討論關係和許多集談論衝突的節目。

額外的讀書會。想和其他讀者一起學習和練習嗎？看看讀書會是不是還在開放，並加入我們的免費臉書社團。

每天在社交平台都會提供人際關係上的幫助，協助你度過難關：

Instagram、TikTok、Clubhouse：@jaysongaddis
Twitter：@jaygaddis
Facebook：/jaysongaddisfanpage

你的組織是否想聘請我作為歸零守則的講者或工作坊帶領人？我可以跟你、你跟另外那個人、或你的組織私下合作，只需申請即可。

所有的資源都可以在 http://gettingtozerobook.com 找到。

參考書目與資料

第一章：我的衝突人生

1 George E. Vaillant, Charles C. McArthur, and Arlie Bock, "Grant Study of Adult Development, 1938–2000," Murray Research Archive Dataverse, Harvard University, 2010, https://doi.org/10.7910/DVN/48WRX9.

2 Robert J. Waldinger and Marc S. Schulz, "What's Love Got to Do with It?: Social Functioning, Perceived Health, and Daily Happiness in Married Octogenarians," *Psychology and Aging* 25, no. 2 (2010): 422–431.

3 Julianne Holt-Lunstad, Timothy B. Smith, Mark Baker, Tyler Harris, and David Stephenson, "Loneliness and Social Isolation as Risk Factors for Mortality: A Meta-Analytic Review," *Perspectives on Psychological Science* 10, no. 2 (2015): 227–237.

第三章：一般人怎樣面對衝突

1 "Triangles," Bowen Center, https://www.thebowencenter.org/triangles?rq=triangles.

第四章：如何成為關係中的領導者

1 Daniel J. Siegel, *The Developing Mind: Toward a Neurobiology of Interpersonal Experience*, 2nd ed. (New York: Guilford Press, 2012), 4.

2 Siegel, *The Developing Mind*, 24.

3 Siegel, *The Developing Mind*, 23.

4 Nelson Mandela, *Long Walk to Freedom: The Autobiography of Nelson Mandela* (Boston: Little, Brown, 1994).

5 Mandela, *Long Walk to Freedom*, 329.

6 Mandela, *Long Walk to Freedom*, 296.

第五章：關係藍圖

1 Daniel J. Siegel and Tina Payne Bryson, *The Power of Showing Up: How Parental Presence Shapes Who Our Kids Become and How Their Brains Get Wired* (New York: Ballantine Books, 2020).

2 Daniel J. Siegel, *Brainstorm: The Power and Purpose of the Teenage Brain* (New York: Tarcher/Penguin, 2015), 142, 145.

3 Siegel and Bryson, *The Power of Showing Up*, 5.

4 Siegel, *Brainstorm*, 142.

5 Ed Tronick and Claudia M. Gold, *The Power of Discord: Why the Ups and Downs of Relationships Are the Secret to Building Intimacy, Resilience, and Trust* (New York: Little, Brown Spark, 2020).

6 Rick Hanson, "3 Steps to Become More Resilient Before, During and After a Fight, with Dr. Rick Hanson—SC 67." *Relationship School Podcast*, August 31, 2016. https://relationshipschool.com/podcast/3-steps-to-become-more-resilient-before-during-after-a-fight-with-rick-hanson-sc-67/.

7 Dan Siegel, "The Verdict Is In: The Case for Attachment Theory," *Psychotherapy Networker*, March/April 2011, https://www.psychotherapynetworker.org/magazine/article/343/the-verdict-is-in.

第六章：擔心害怕的動物

1 Nadine Burke Harris, *The Deepest Well: Healing the Long Term Effects of Childhood Adversity* (New York: First Mariner Books, 2018), 74.

2 Robert M. Sapolsky, *Behave: The Biology of Humans at Our Best and Worst* (New York: Penguin Press, 2017), 45.

3 Jayson Gaddis, "3 Steps to Become More Resilient Before, During and After a Fight, with Dr. Rick Hanson—SC 67," *Relationship School Podcast*, August 31, 2016. https://relationshipschool.com/podcast/3-steps-to-become-more-resilient-before-during-after-a-fight-with-rick-hanson-sc-67/.

4 Harris, *The Deepest Well.*

5 Gabor Maté, *When the Body Says No: The Cost of Hidden Stress* (Toronto: Alfred A. Knopf Canada, 2003), 183–184.

6 Jayson Gaddis, "Money, Powerful Questions, and 8 Dates to Have with Your Partner—TRS 229," *Relationship School Podcast*, March 11, 2019. https://relationshipschool.com/podcast/money-powerful-questions-8-dates-to-have-with-your-partner-julie-john-gottman-smart-couple-podcast-229/.

7 Greta Hysi, "Conflict Resolution Styles and Health Outcomes in Married Couples: A Systematic Literature Review," paper presented at the 3rd, "Challenges Toward the Future" (ICRAE2015), October 23–24, 2015, University of Shkodra "Luigj Gurakuqi," Shkodra, Albania.

第九章：如何在衝突中與自己的導火線共存

1 Daniel J. Siegel and Tina Payne Bryson, *The Power of Showing Up: How Parental Presence Shapes Who Our Kids Become and How Their Brains Get Wired* (New York: Ballantine Books, 2020).

第十一章：如何在衝突中與衝突後傾聽對方

1 Byron Katie, with Stephen Mitchell, *Loving What Is: Four Questions That Can Change Your Life* (New York: Harmony Books, 2002).

2 Jayson Gaddis, "Healing Trauma, with Peter Levine—TRS 328," *Relationship School Podcast*, February 2, 2021. https://relationshipschool.com/podcast/healing-trauma-with-peter-levine-peter-levine-328/.

第十二章：在衝突中與衝突後的說話之道

1 Daniel J. Siegel, *The Developing Mind: Toward a Neurobiology of Interpersonal Experience*, 2nd ed. (New York: Guilford Press, 2012), 71–90.

2　Stan Tatkin, *We Do: Saying Yes to a Relationship of Depth, True Connection, and Enduring Love* (Boulder, CO: Sounds True, 2018), 188.

第十五章：十二條緩解衝突的約定

1　Carol S. Dweck, *Mindset: The New Psychology of Success* (New York: Ballantine Books, 2008).

KNOW HOW 001

衝突歸零
Getting to Zero: How to Work Through Conflict
in Your High-Stakes Relationships

作　　者	傑森・蓋迪斯（Jayson Gaddis）
譯　　者	沈志安、郭鋐濬
責任編輯	黃家鴻
美術設計	杜浩瑋
美術協力	郭宇芳

總 經 理	伍文翠
出版發行	知田出版 / 福智文化股份有限公司
	地址 / 105407 台北市八德路三段 212 號 9 樓
	電話 / (02) 2577-0637
	客服信箱 / serve@bwpublish.com
	心閱網 / https://www.bwpublish.com
法律顧問	王子文律師
排　　版	陳瑜安
印　　刷	富喬文化事業有限公司
總 經 銷	時報文化出版企業股份有限公司
	地址 / 333019 桃園市龜山區萬壽路二段 351 號
	服務電話 / (02) 2306-6600 #2111
出版日期	2022 年 5 月　初版一刷
定　　價	新台幣 450 元

ISBN　978-626-95778-1-1

衝突歸零 / 傑森・蓋迪斯（Jayson Gaddis）作 ; 沈志安、
郭鋐濬譯 . -- 初版 . -- 臺北市 : 知田出版，福智文化股份有
限公司 , 2022.05
　　面 ;　公分 . -- (Know how ; 1)
　譯自 : Getting to zero : how to work through conflict in
　　your high-stakes relationships.

　ISBN 978-626-95778-1-1 (平裝)

　1. CST: 人際關係　2. CST: 人際衝突　3. CST: 衝突管理

177.3　　　　　　　　　　　　　　　　111004953